Eine Zeit zum Suchen

Christiane Bundschuh-Schramm/
Judith Gaab/Margret Schäfer-Krebs (Hrsg.)

Eine Zeit zum Suchen

Neue Gottesdienstformen

Schwabenverlag

Die Abkürzungen beziehen sich auf folgende Liederbücher:

EG = Evangelisches Gesangbuch
EH = Erdentöne – Himmelsklang. Neue geistliche Lieder,
        Schwabenverlag, 3., veränderte Auflage 2002.
GL = Gotteslob
NW = Nacht-Wandler. Abendgesänge, zusammengestellt und
        herausgegeben von Alexander Bayer, Schwabenverlag 2001.

Umschlaggestaltung: Finken & Bumiller, Stuttgart
Umschlagmotiv: © Francesco Clemente, XXXI
Satz: Schwabenverlag mediagmbh, Ostfildern
Herstellung: Clausen & Bosse, Leck
Printed in Germany

ISBN 3-7966-1096-X

Inhalt

Vorwort der Herausgeberinnen

»Eine Zeit zum Suchen« (Koh 3,6) ist in der liturgischen Landschaft angebrochen. In Stadtgemeinden, ökumenischen Zentren und christlichen Gemeinschaften entstehen neue Gottesdienstformen. Klingende Namen wie Sternstunde, Abendrot, Thomas-Messe und Nachtausgabe wollen Frauen und Männer ansprechen, die ein alternatives Gottesdienstangebot suchen. Die Gottesdienste werden intensiv vorbereitet und kollegial geleitet, sie sind sinnenfällig und kommunikativ und legen Wert auf Inszenierung und Erleben.

Um über die große Vielfalt neuer Gottesdienstformen zu informieren und um zur Auseinandersetzung mit dem Phänomen »neue Gottesdienstformen« anzuregen, wurde im Frühjahr 2002 vom Institut für Fort- und Weiterbildung der Kirchlichen Dienste in der Diözese Rottenburg-Stuttgart der Liturgiekongress »Heute Gott feiern« veranstaltet. Bei dem Kongress wurden 14 verschiedene neue Gottesdienstformen vorgestellt und teilweise (in Auszügen) gefeiert.

Das Buch greift die Idee des Kongresses auf. Die beim Kongress präsentierten Gottesdienste werden von den Verantwortlichen konzeptionell und anhand von exemplarischen Feiern vorgestellt. Über das Konzept erfahren die Leserinnen und Leser das jeweils Besondere eines Gottesdienstes, seine Ziele, Entstehung, Vorbereitung und Durchführung. Die exemplarischen Feiern geben einen Geschmack von dem spezifischen Charakter und machen den Gottesdienst anschaulich.

Das Buch gibt so einen breiten Überblick über die neuen Gottesdienstformen, ohne Anspruch auf Vollständigkeit. Es möchte Ideen zugänglich machen und die eigene Suche nach neuen Gottesdienstformen unterstützen.

Die neuen Gottesdienstformen sind eine Suchbewegung in der katholischen und evangelischen Kirche. Die Verantwortlichen zeigen Mut zum Experiment und sind bereit, ihre Versuche kritisch zu hinterfragen und weiterzuentwickeln. Daher sind die Leserinnen und Leser eingeladen, ihre persönliche und fachliche Sicht dazuzulegen.

Der einleitende Beitrag »Das Wiederentdecken der Religion in der modernen Gesellschaft« von Wolfgang Fischer führt in die gesellschaftliche Situation ein, in der Liturgie heute stattfindet. Er macht sensibel für die Phänomene der Individualisierung und Pluralisierung und zeigt die Milieubildungen der Erlebnisgesellschaft auf. Denn die Zugehörigkeit zu einem Milieu entscheidet mit, welches liturgische Angebot nachgefragt wird und welches an dem Erlebnisschema der betreffenden Menschen vorbeigeht.

In dem Schlussartikel »Kreativ – kommunikativ – kundenorientiert. Was die neuen Gottesdienstformen ausmacht« zeigt Christiane Bundschuh-Schramm auf, was neu ist an den neuen Gottesdienstformen, wie sie kirchensoziologisch einzuordnen sind und welche theologischen und liturgischen Fragen sich aus dem Phänomen »neue Gottesdienstformen« ergeben.

Das vorliegende Buch wird im Auftrag des Instituts für Fort- und Weiterbildung der Diözese Rottenburg-Stuttgart herausgegeben.

Christiane Bundschuh-Schramm
Judith Gaab
Margret Schäfer-Krebs

Das Wiederentdecken der Religion in der modernen Gesellschaft[1]

Seit Mitte der Achtzigerjahre wächst in der Gesellschaft ein neues religiöses Interesse. Ablesbar ist dies etwa an den vielen Fernsehserien mit religiösen Rollenträgern, die damals einsetzten, an dem zunehmenden Esoterik-Boom, an religiösen Motiven in der Werbung oder auch an Artikelserien der Bildzeitung über die Zehn Gebote, den Schöpfungsglauben der Religionen, Biographien von christlichen Heiligen usw. Alle diese Phänomene gewinnen zunehmend an Bedeutung, während die etablierten Kirchen über sinkende Zahlen bei den Gottesdienstbesuchern und über Kirchenaustritte klagen. Was hat zu dieser Entwicklung geführt? Die folgende Analyse will stichwortartig einige wichtige Phänomene benennen.

INDIVIDUALISIERUNGSDYNAMIK

Die wichtigste Kraft, die die Entwicklung der modernen Gesellschaft bestimmt, ist das Streben nach individueller Freiheit. Selbstverwirklichung ist das oberste Ziel des modernen Zeitgenossen. Der Mensch soll die Möglichkeit haben, sein Lebensglück selbst zu gestalten. Diese Entwicklung hat eine lange geistesgeschichtliche Tradition und hat vor allem durch die Aufklärung ihren entscheidenden Akzent erhalten. Die Aufklärung war angetreten, den Menschen von der Fremd- zur Selbstbestimmung zu führen. Um dieses Ziel zu erreichen, proklamierte sie den Gebrauch der Vernunft als oberstes Prinzip, das Religion und Mythologie ablösen sollte. Eng damit verbunden war die Hervorhebung der Naturwissenschaften und der Technik. Verkürzt könnte man sagen: Der Glaube an die Vernunft, an Naturwissenschaft und Technik sollte den Glauben an Gott ersetzen. Das verspreche wahres Lebensglück und Freiheit. Auch wenn diese Entwicklung nicht geradlinig verlief und immer wieder

---

1 Der Beitrag wurde beim Liturgiekongress »Heute Gott feiern« (25.–26. Februar 2002, Stuttgart Hohenheim) als Vortrag gehalten.

Rückschläge erhielt, ist sie die geistesgeschichtliche Kraft, die die Moderne prägt. Das Maß der Freiheit ist allerdings heute so groß geworden, dass es bereits wieder ins Gegenteil umschlägt. Die Freiheit wird von vielen Menschen inzwischen auch als Last erlebt. Denn die Möglichkeit, sein Leben in freier Selbstbestimmung gestalten zu dürfen, korrespondiert auf der anderen Seite mit der Verpflichtung, sein Lebensglück auch selbst erreichen zu müssen. Jeder ist seines Glückes Schmied. Wer zu den Verlierern gehört, ist dafür selbst verantwortlich. Existentielle Fragen stellen sich, die sich zunehmend als Sinnfragen äußern und damit eine Offenheit für religiöse Antworten schaffen.

PLURALISIERUNG UND DIFFERENZIERUNG

Eng mit der Individualisierung verbunden ist die Pluralisierung und Ausdifferenzierung der Gesellschaft. Erst die Pluralisierung der Angebote auf allen nur denkbaren Gebieten – angefangen vom unüberschaubaren Waschmittelmarkt über ein nie bekanntes Maß an Freizeitangeboten bis hin zur Ausdifferenzierung von Religions- und Sinngebungsangeboten – schafft die Voraussetzung, dass der Einzelne tatsächlich auswählen und damit auch das finden kann, was er für das eigene Lebensglück für notwendig hält. So positiv der Einzelne diese Wahlmöglichkeit erlebt, auf der anderen Seite führt sie zu einem maßlosen Orientierungsbedarf. Das Individuum ist gar nicht mehr in der Lage, den Überblick über die Angebote zu behalten. Welche Angebote tragen wirklich, was gibt Halt, was gibt Sicherheit für das Leben? Fragen, die den Horizont für das Religiöse öffnen.

ENDE DES FORTSCHRITTSGLAUBENS

Spätestens seit der Diskussion um die Gefahren der Atomkraft, um die Zerstörung des Regenwaldes, um Veränderung der klimatischen Bedingungen usw. erfährt der Mensch, dass Wissenschaft und Technik nicht nur Fortschritte bringen, sondern auch ein kaum mehr beherrschbares Maß an Risikopotential. Waren es früher vornehmlich Naturgewalten, Missernten u. Ä., die den Menschen bedrohten, so sind es heute die Mittel, die die Technik selbst hervorgebracht hat. Das bedeutet: Der seit der Aufklärung an die Stelle des Gottesglaubens getretene Fortschrittsglaube zerbricht, eine Leere entsteht, Sinnfragen tun sich auf. Ein Chemiker beispielsweise, der angetreten war, Krankheiten und menschliche Not zu lindern, fragt sich, ob er durch seinen Beruf nicht letztlich zur Zerstörung der gesamten Schöpfung beiträgt. Das Ende des Fortschrittsglaubens erzeugt notwendigerweise eine neue religiöse Suche.

BESCHLEUNIGUNG

Die genannten Faktoren erhalten einen zusätzlichen Akzent durch die maßlose Beschleunigung unserer Zeit. Alles veraltet immer schneller. Man kann immer weniger darauf setzen, dass das heute noch gültig ist, worauf man wie selbstverständlich in der Vergangenheit sein Leben gesetzt hat. Die Fundamente der Vergangenheit zerbrechen. In dem Maß, in dem das der Fall ist, wächst aber gleichzeitig die Zukunftsungewissheit. Ein junger Mensch, der heute einen Beruf erlernt, weiß nicht, ob er diesen in fünf oder zehn Jahren überhaupt noch ausüben kann. Niemand weiß, ob das Wissen, das wir uns heute aneignen, in zehn Jahren schon wieder relativiert ist. Die Freiheit zu lernen wird zum lebenslangen Zwang des Lernens. Alles wird immer mehr Gegenwart. Doch die Gegenwart selbst kann auch nicht mehr gelebt werden, weil man in der Gegenwart schon wieder für die Zukunft planen muss. Ein Teufelskreis, der kaum zu durchbrechen ist und der dem Einzelnen die Basis für ein gelungenes Leben zu entziehen scheint!

NEUER STELLENWERT DER FREIZEIT

In früheren Generationen betrachtete das Individuum die Arbeitszeit als Sinn stiftend und die Freizeit als Erholungszeit von der Arbeit. Diese Vorstellung hat sich in den letzten Jahren zunehmend gewandelt. Immer mehr Menschen sehen nicht mehr nur die Arbeit, sondern auch die Freizeit als Sinn stiftenden Faktor. Deshalb werden die Forderungen, die man an die Freizeit stellt, immer höher, die Freizeitangebote immer qualifizierter. Für die etablierten Kirchen hat dies erhebliche Folgen. Da die Aufklärung die Religion zur Privatsache erklärt hat, die Religion also immer weniger die alles bestimmende Kraft der Kultur ist, rückt sie notwendigerweise in die Nähe der Freizeitaktivitäten. Der

Einzelne darf eine religiöse Praxis pflegen, aber das muss er in der Freizeit tun. Religion ist seine private Angelegenheit. Je stärker diese Tendenz voranschreitet, desto mehr geraten religiöse und gottesdienstliche Angebote in Konkurrenz zu anderen Freizeit-angeboten. Der Gottesdienst wird mit Erlebnisqualitäten anderer Angebote verglichen.

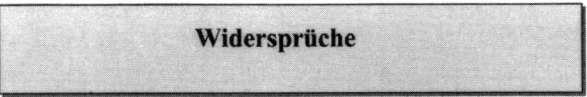

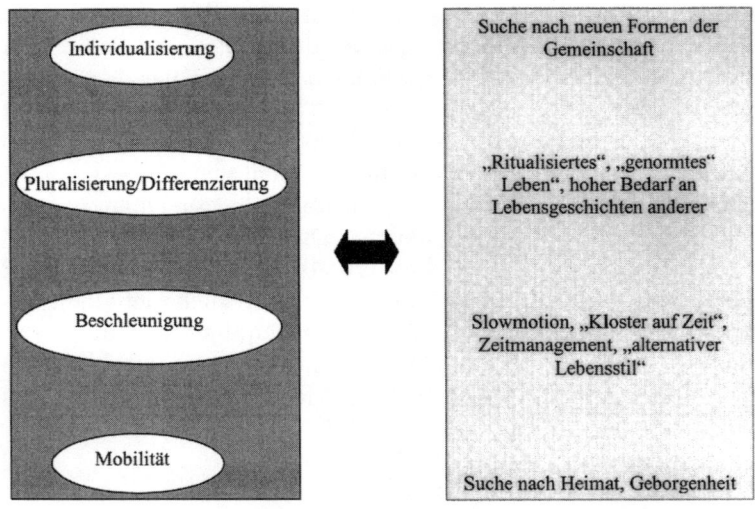

AUSWIRKUNGEN AUF DIE ETABLIERTEN KIRCHEN

Alle diese beschriebenen Faktoren führen im Blick auf die Religiosität dazu, dass einerseits die Offenheit für religiöse Antworten und für Sinnstiftung wächst, dass aber andererseits die Kirchen ihr Monopol für die Befriedigung religiöser Bedürfnisse verlieren. Drei Grundtypen neuer Religiosität scheinen sich herauszubilden:

Die christlich verfasste Religion

Auch in einer postmodernen Gesellschaft ist das Christentum, sind die Kirchen bedeutende Größen. Sie werden auch in Zukunft weiter existieren, wenn auch nicht mehr mit den Mitgliederzahlen, die sie in der Vergangenheit hatten.

Fundamentalismus

Daneben etabliert sich als Reaktion auf die immer größer werdende Differenzierung und Unüberschaubarkeit der Fundamentalismus. Er setzt auf klare Normen, eindeutige Orientierung und strenge Dogmatisierung des Glaubens. Eher unbewusst geht es dem Fundamentalismus darum, den Zustand vor der Aufklärung wieder herzustellen, als die christliche Religion noch die Kernsubstanz der Kultur war. Fundamentalistische Tendenzen etablieren sich in aller Regel innerhalb der bestehenden christlichen Kirchen. Auch wenn sich der Fundamentalismus nicht abspaltet, so lässt sich doch von einer Tendenz zur inneren Abspaltung sprechen.

Die säkulare Religiosität

Die dritte Grundform der Religion ist die säkulare Religiosität. Diese Art von Religiosität ist schwer zu fassen, weil sie kein Bekenntnis und kein Amt kennt. Sie ist sozusagen frei flottierend. Das Individuum stellt sich sein religiöses »Menü« aus den verschiedenen Angeboten zusammen. Wesentliches Kennzeichen dieser säkularen Religion ist ein autonomer Freiheitsbegriff. Individuelle Freiheit ist ein oberster Wert, der nicht zu Diskussion gestellt werden darf und dadurch allgemein verbindlich wird. Eine Rückbindung dieser Freiheit an eine absolute Freiheit, an eine überirdische Macht, lehnt die säkulare Religion ab. Ihr Transzendenzverständnis bleibt letztlich in der Binnentranszendenz verhaftet. Die säkulare Religion scheint immer mehr zur plausibelsten Religionsform der Postmoderne zu werden. Sie bedient sich, wie das häufig passiert, wenn sich neue Religionsformen etablieren, des vorhandenen kulturellen Bestands. Man übernimmt Brauchtum, Feste, Riten, die in der Kultur bekannt sind, und füllt diese mit neuen Inhalten. Ein Beispiel dafür ist das

Weihnachtsfest, das für viele längst zu einem Fest der Familie und des Konsums geworden ist und kaum mehr als Geburtsfest Jesu Christi begangen wird. Für die Kirchen bedeutet diese Situation, dass sie sich auf die Konkurrenz einstellen müssen und dass sie ihre Angebote professionalisieren, gleichzeitig aber auch profilieren müssen.

INDIVIDUALISIERUNG UND NEUE MILIEUBILDUNG

Die oben beschriebene Individualisierung führt nicht automatisch zu einer Atomisierung des Menschen. Diese Befürchtung hatte man noch in den Siebzigerjahren geäußert. Der Bamberger Soziologe Gerhard Schulze hat in seiner Kulturstudie »Die Erlebnisgesellschaft« nachgewiesen, dass diese Vermutung nicht zutrifft. Durch die Individualisierung sind zwar Großfamilie und herkömmliche Milieus zerbrochen, doch an ihre Stelle sind neue Milieus getreten. Den Prozess, der dazu geführt hat, beschreibt Gerhard Schulz als Entwicklung von der Knappheitsgesellschaft zur Erlebnisgesellschaft. Seine Überlegung ist: In der Nachkriegsgesellschaft waren die für das »nackte« Überleben notwendigen Güter so knapp, dass für den Einzelnen das Lebensziel von außen vorgegeben war. Es ging darum, die täglich notwendige Nahrung zu sichern, für ein Dach über den Kopf zu sorgen, die Industrie aufzubauen, um die Grundbedürfnisse des Menschen befriedigen zu können. Je mehr dieses Ziel erreicht war, desto mehr verliert der Mensch seine Lebensperspektive. Die Ziele werden nicht mehr von außen vorgegeben, jeder muss sie von innen heraus selbst schaffen. Das heißt: Lebensqualität wird immer mehr als inneres Erleben definiert. Erlebnis ist alles und ohne Erlebnis ist nichts. Da das Individuum bei der Ausdifferenzierung der Angebote völlig überfordert wäre, stets von neuem seine eigene Lebensqualität zu definieren, bilden sich neue Milieus aus. In diesen Milieus herrschen ganz eigene Wertvorstellungen, Normen und vor allem ästhetische Muster. Obwohl es zwar grundsätzlich eine Milieuoffenheit gibt, leben die Menschen aus den Milieus dennoch ziemlich abgegrenzt nebeneinander. Schulze vergleicht die Abgrenzung der Milieus mit U-Booten, die mit gestörten Radaranlagen durch die Weltmeere fahren. Man weiß zwar, dass es viele U-Boote gibt, eine Kommunikation untereinander findet aber kaum statt. Fünf Milieus, die sich in sich selbst noch einmal differenzieren, macht Gerhard Schulze aus:

Harmoniemilieu

Vorwiegend ältere Menschen über 40 Jahre, niedrige Schulbildung, hohes Harmoniebedürfnis, eine gewisse Vorliebe für das Triviale u. Ä. kennzeichnen das Milieu. Menschen aus diesem Milieu möchten möglichst wenig auffallen. Die Kleidung ist eher zeitlos, sie lieben Heimatfilme, Volksmusik, das Goldene Blatt u. Ä. In Pfarrgemeinden könnte man diese Menschen bei den Putzfrauen oder unter den Helfern, die die Buden für das Pfarrfest herrichten, finden. Für liturgische Dienste stellen sich diese Menschen kaum zur Verfügung. Da würde man zu sehr in das Rampenlicht geraten.

Unterhaltungsmilieu

Menschen mit ebenfalls niedriger Schulbildung, aber niedrigerem Alter, also unter 40 Jahren, findet man vornehmlich im Unterhaltungsmilieu. Action, kurzfristige Ereignisse prägen diese Menschen. Man liebt es, wenn etwas los ist. Man fährt gerne mit dem Motorrad oder mit auffallendem Sportwagen. Religiöse Bindung ist bei diesen Menschen sehr gering. Man findet sie am ehesten bei Motorradsegnungen oder auch bei Pfarrfesten.

Selbstverwirklichungsmilieu

Diese Menschen gehören ebenfalls zur eher jüngeren Generation, sind unter 40 Jahre alt. Sie haben aber eine hohe Schuldbildung, oft ein Studium. Sie sind sehr mobil, kommunikativ, politisch tendieren sie zu der Bewegung der Grünen. Sie lesen die TAZ, wichtig ist ihnen Selbsterfahrung und Selbstverwirlichung. In diesem Milieu ist der Anteil der Singles sehr hoch. Es gibt zwar eine Offenheit für die Hochkulturszene, aber den Besuch eines Jazzkonzerts kann man sich ebenfalls vorstellen. Erlebnisse werden daran gemessen, was sie für einen selbst bringen, wie es einem dabei geht. Diese Menschen sind, sofern sie einen Zugang zur Religion haben, sehr offen für Meditation, Selbsterfahrung, Bibliodrama u. Ä.

Niveaumilieu

Vorwiegend Über-40-Jährige mit hoher Ausbildung, in führenden gesellschaftlichen Positionen mit entsprechend hohem Gehalt finden sich im Niveaumilieu. Diese Menschen haben eine große Vorliebe für Opern, Konzerte, Theater. Sie lieben Karriere, setzen auf »objektive« Werte und Normen, sind sehr mobil, leben entsprechend dem Hochkulturschema. Sie kommen etwa zur Mozartmesse in die Zentralkirche, bezüglich eines Engagements in den Pfarrgemeinderäten sind sie aber eher zurückhaltend.

Integrationsmilieu

Menschen aus dieser Gruppe haben die am wenigsten deutlich ausgeprägten Merkmale. Diese Gruppe zeichnet sich dadurch aus, dass Merkmale, die andere Milieus bestimmen, sich hier »mischen«, freilich nicht in so starker Ausprägung wie in den jeweils anderen Milieus. Eine relativ hohe Nähe zum Harmoniemilieu einerseits und zum Niveaumilieu anderseits ist in dieser Gruppe zu beobachten. Sie zeichnet sich vornehmlich durch eine mittlere Bildung aus. Man schätzt hohe Konformität und das Traditionelle. Man liebt die nette Runde mit Nachbarn. Man kann sich auch vorstellen, gelegentlich einmal eine Oper im Fernsehen anzusehen. Eine gewisse Offenheit für Veränderungen ist für Menschen aus diesem Milieu vorstellbar, aber zu stark sollen die Veränderungen nicht sein. Die Hauptaktiven in kirchlichen Pfarrgemeinderäten oder bei den liturgischen Diensten dürften aus diesem Milieu kommen. Auch die regelmäßigen Kirchgänger rekrutieren sich zu einem großen Teil aus diesem Personenkreis.

Ästhetisches Empfinden und Gottesdienst

Niveaumilieu	Klassische Musik, anspruchsvolle Predigt, »Palästrina-Messe«, wenig, aber »geschmackvoller« Blumenschmuck, nichts »Subjektives«
Selbstverwirklichungsmilieu	Selbsterfahrung ermöglichen, Gottesdienste mit Tanz, Tüchern; meditative Elemente, Panflöte, biografische Elemente
Integrationsmilieu	»Klassischer« Gottesdienst, Neues Geistliches Lied, gelegentlich etwas Neues
Harmoniemilieu	Elemente der Volksfrömmigkeit, Gotteslobmieder, bekannte Gottesdienstformen, reichlich Blumenschmuck, nichts problematisieren, »Kuschelgottesdienste«, andere sollen Dienste übernehmen.
Unterhaltungsmilieu	Es muss etwas »los« sein. Sondergottesdienste, Motorradwallfahrt, Kreuzweg an Straßenkreuzen, die an Unfall erinnern. »Fetzige« Musik, Neues Geistliches Lied möglich, biografische Elemente

DIE HERAUSFORDERUNG AN DIE KIRCHEN

Für die zukünftige kirchliche Arbeit ist eine Beobachtung von Gerhard Schulze besonders wichtig. Schulze zeigt, dass die beiden jüngeren Milieus, also das Selbstverwirklichungs- und das Unterhaltungsmilieu, den Ich-Welt-Bezug sehr stark vom Ich her definieren, während die drei anderen Milieus der Über-40-Jährigen diesen Bezug eher aus der Perspektive »Welt« sehen. Mit anderen Worten: Für die Über-40-Jährigen dominiert ein eher »objektives«, allgemeingültiges und aus der Tradition gewachsenes Werteverständnis. Für die jüngere Generation dagegen sind eher

»subjektive« Wertordnungen von Bedeutung. Die Individualisierungsdynamik ist gerade bei diesen jüngeren Milieus besonders stark ausgeprägt. Vereinfacht verdeutlicht dies folgendes Beispiel: Wenn ein Vertreter aus dem Niveaumilieu und eine Vertreterin aus dem Selbstverwirklichungsmilieu nach Mainz kommen, ist es durchaus vorstellbar, dass beide die Stephanskirche mit den Chagallfenstern besuchen. Die Motivation für den Besuch ist aber grundlegend verschieden. Der Vertreter des Niveaumilieus könnte sagen: Chagall ist Kunst, Chagall muss man gesehen haben. Die Vertreterin des Selbstverwirklichungsmilieus würde dagegen fragen: Was bringt es mir, wenn ich mir die Chagallfenster anschaue? Tut mir das heute gut? Wenn ja, dann würde sie sich auf den Weg nach St. Stephan machen.

Diese Unterschiedlichkeit im Ich-Welt-Bezug erklärt auch, warum das Durchschnittsalter bei Gottesdienstbesuchern immer höher wird. Mit einer Liturgie, die objektive Ansprüche hat, die an ein objektives Ritual gebunden ist und die nicht primär auf religiöse Selbsterfahrung zielt, können jüngere Menschen zunehmend weniger anfangen. Für die Zukunft der Kirchen wird es von wesentlicher Bedeutung sein, ob es gelingt, die christliche Botschaft von Kreuz und Auferstehung so zu verkünden und so zu feiern, dass sie auch dem Bedürfnis nach Selbsterfahrung und Selbstverwirklichung Rechnung trägt. Formen des Bibliodramas könnten dafür eine Richtung weisen, wenn sie nicht zum »Allheilmittel« erklärt werden und wenn man darum weiß, dass diese Form der Bibelarbeit nicht für alle Milieus denselben Stellenwert hat. Was für das Selbstverwirklichungsmilieu gut sein mag, ist noch nicht automatisch auch für das Harmoniemilieu oder für andere Milieus der richtige Weg. Die Pluralität der Gesellschaft setzt auch plurale Formen der Verkündigung und der Liturgie voraus, wobei die Sehnsucht nach individueller Freiheitserfahrung im Blick auf die Zukunft immer stärker im Auge behalten werden muss.

Übersicht über die gesellschaftlichen Milieus

	Niveaumilieu	Harmoniemilieu	Integrationsmilieu	Selbstverwirklichungsmilieu	Unterhaltungsmilieu
Alter	über 40 Jahre	deutlich über 40 Jahre	über 40 Jahre	unter 40 Jahre	unter 40 Jahre
Bildung	hoch, Hochschulstudium	niedrig, Volksschule	mittlere Bildung, Realschule, kein Studium	hoch, Hochschulstudium	niedrig, Volksschule, Realschule
Ich-Welt-Bezug	Welt	Welt	Welt	Ich	Ich
Musikalische Vorlieben	Klassik, gehobene Jazz- und E-Musik, Oper	Volksmusik, deutscher Schlager	Leichte Unterhaltungsmusik, Operette, gelegentlich Oper, Klassik	Rock, Pop, Folk, Hochkulturszene	Rock, Pop, Folk, dt. Schlager, leichte Unterhaltungsmusik
Äußere Erkennungsmerkmale	Elegant und konservativ gekleidet, qualitätsbewusst	Kleidung in Grau, Oliv, Beige, unauffällig	Konservativ-gediegen gekleidet, Mittelklassewagen	Alternative, sportliche Kleidung, oft aus Boutiquen, Rucksacktouristen	Motorrad, getuntes Auto, Tätowierung, sportlich-billige Kleidung, Dialekt
Wo treffen wir sie	Theater, Museum, Hochkulturszene	Volkstheater, beim Fernsehen, Aldi, C&A, zu Hause	Nachbarschaft, bürgerliches Restaurant, Kino, Verein	Bistro, beim „Griechen", Kneipenszene, Neue Kulturszene, Jazzfestival	Spielhallen, Fitnessstudio, Sportszene, Diskos
Abgrenzung von	Handarbeiten, Auto pflegen, Bildzeitung, Trivialromane, Diskobesuch	Suche nach Abwechslung, anspruchsvolle Lektüre, Pop, Selbsterfahrung	Pop, Rock, Kneipenszene, Action, Diskos, Nachtlokale	Talkshows, Naturfilme, Heimatfilme, Volksmusik, Blasmusik, Goldenes Blatt	Politische Diskussion, Oper, Ausstellungen, gehobene Literatur
Religiöse Ansprechbarkeit	„Mozartmesse", Kirchenmusikalisches Konzert	Klassischer Gottesdienst, keine Übernahme von liturgischen Diensten	Tragende Säulen der Pfarrgemeinden (PGR, lit. Dienste usw.), eher klassische Gottesdienste, gelegentl. etwas Neues	Meditatives, Tanz im Gottesdienst, Kloster auf Zeit, „Frauenliturgie", „Bibliodrama"	Religiös kaum ansprechbar, doch für klassischen Riten (Taufe, Hochzeit...) offen. Motorradwallfahrt
Erlebnisparadigma	Nobelpreisverleihung	(Traum-)hochzeit	Nette Runde	Künstler	Miami Beach, Mallorca

Milieubeschreibungen

Frau S.
Frau S. gehört zu denjenigen, die die Welt – wie ihr Therapeut einmal boshaft bemerkte – mit kollektivem Individualtourismus überziehen.
Sonst treffen wir sie im kommunalen Kino, beim »Griechen« oder bei »Da Pietro«; am Freitagabend auch in dem kleinen Café an der Ecke, wo sich ein toller Pianist entfaltet und Texte von Kästner oder Brecht rezitiert werden. Dort und in »ihrem« Bistro trifft sie alte und neue Typen aus ihrem großen Freundes- und Bekanntenkreis. Sie ist 28 Jahre alt, allein stehend mit einem kleinen Kind, wohnt aber in einer WG auf dem ehemaligen Kasernenhof.
In den letzten Jahren war sie mehrfach umgezogen. Jetzt teilt sie die Wohnung mit einer Freundin, mit der sie auch regelmäßig Sport treibt und die es ebenfalls liebt, Obstkistenstil mit sorgfältig komponiertem Wohnungsdesign zu kombinieren. »Provisorisch und provozierend, immer etwas schlampig«, sagt ihr Vater aus dem kuscheligen Mief seines Wohnzimmers heraus.
Im Gegensatz zu ihm sieht sie selten fern; wenn, dann Sendungen zu Wissenschaft und Zeitgeschichte. Die Heimatfilme, die ihre Mutter zum Weinen bringen, findet sie zum Kotzen. Ähnliche Aggressionen spürt sie beim Gedanken an die Bildzeitung in sich aufkommen. Sie liest regelmäßig die Zeit, den Spiegel, das Stadtmagazin und die »taz«. Politisch tendiert sie zu den Grünen, beteiligt sich dann und wann mal an einer Demo, hält sich sonst aber politisch zurück.
Sonst zieht sie sich gern um, probiert mal was Neues aus den einschlägigen Boutiquen aus, wo sie gern herumstöbert: von sportlich über alternativ bis elegant. Der Wechsel von Jeans und T-Shirt zum besonderen Outfit ist für sie etwas Alltägliches.
Von Beruf ist sie Sozialpädagogin mit therapeutischer Zusatzausbildung. Dazu hat sie sich nach einer längeren und zugleich intensiven Selbsterfahrungskarriere entschlossen. Sie ist nicht krank, aber Diagnosebedürftigkeit und Therapiebedürftigkeit

sind etwas, worauf sie nie mehr verzichten wollte. Auch spontane Introspektion – was sagt mir mein »Bauch«? – hält sie für wichtig, selbst um alltägliche Entscheidungen immer wieder neu zu fällen. In Meditations-Workshops und beim kreativen Malen in der VHS sucht sie ihren inneren Kern freizulegen, zu entfalten und sich zugleich von ihren fatalen Über-Ich-Bindungen zu befreien. Das Buch »Die wahre Kraft kommt von innen« hat sie als Schlüsseltext für die eigene Erkenntnis entdeckt und kann es jeder und jedem weiterempfehlen. Ein Satz, den sie dort gelesen hat und oft sagt, heißt: »Weil ich es so will«.

Herr U.
Herr U. ist kaum in der Öffentlichkeit sichtbar, aber nicht Tarnung oder Rückzug sind der Grund dafür. Denn Herr U. verschwindet im Fitnessstudio, im Automatensalon, in der Kneipen- und Diskoszene oder in anderen »Konsumfallen«. Dadurch ist er indirekt unauffällig für andere und allenfalls unterwegs – etwa am rasanten Fahrstil – erkennbar. Denn der ganze Stolz des 27-jährigen Kfz-Mechanikers ist sein Cabrio mit Heckspoiler, breiten Reifen und einer überdimensionalen Stereoanlage. Er fährt auch gern einfach so durch die Gegend.
Seine Frau war Fließbandarbeiterin, arbeitet jetzt aber halbtags in einem Supermarkt als Kassiererin und geht manchmal zum Putzen. Sie haben zusammen ein Kind. Ihre Wohnungseinrichtung wurde im »Roll's raus« gekauft.
Sie lesen gern die Abendzeitung, auch Mode- und Sportzeitschriften, sehen im Fernsehen am liebsten amerikanische Krimis mit viel Action. Politische Diskussionen verabscheuen sie genauso wie Jazz, klassisches Konzert oder Kunstausstellungen. In der Videothek gehören sie zur Stammkundschaft. Überhaupt ist er gern dort, wo Power ist, wo was los ist: in der Disko, wo auch deutscher Schlager gespielt wird, in der Kneipe, beim Flippern im Automatensalon, natürlich auf dem Fußballplatz und manchmal beim Schützenfest oder in der Volksfestszene. Zu ihm passt der Satz: »Ich bin das, was ich gerade will.« Aber auch seiner Frau geht es darum, sich mit dem zu versorgen, was man möchte, unbeschwert vom Ehrgeiz dessen, was die Studierten »inneres Wachstum« nennen. Wenn's nicht so teuer wäre (Flug oder so), würden sie mindestens alle zwei Jahre in Miami Beach Urlaub machen. Aber so prangt »Miami Beach«

halt nur auf der Vorderseite des T-Shirts. Manchmal kann man es ja auch im Fernsehen sehen.

Herr N.

Herrn N. treffen wir im Foyer des Theaters, auswärts auch im Museum. Er geht auf die 60 zu, ist Gymnasialdirektor, Dr. phil. Seine Dissertation hat er über die Reiseberichte des späten 18. Jahrhunderts geschrieben. Er ist verheiratet. Seine Frau ist Ärztin und übt den Beruf mit großer Hingabe aus, seitdem die beiden Kinder das Haus verlassen haben (Abraham studiert internationales Recht in der Schweiz, Rebekka ist inzwischen selbst Ärztin im Anerkennungsjahr). Sie ist Vorsitzende des Kuratoriums für die Angehörigen von MS-Patienten, er bereits seit Jahren im Rotary-Club.

Er liebt es, graue englische Tweed-Jackets zu blauer Hose (Firma Burlington) und Krawatte (Firma Oxford) zu tragen. Zum vergangenen Geburtstag hat ihm seine Gattin ein handgeschneidertes Jacket in italienischem Design – Wolle mit Kaschmir – geschenkt. Etwas übertrieben, denkt er, trägt aber das gute Stück mit großer Leichtigkeit.

Am vergangenen Mittwoch hatte er Gelegenheit, anlässlich einer Vernissage »Nachfolger der Impressionisten« mit einem der Maler persönlich zu sprechen. Nach der Podiumsdiskussion über die »Zukunft der Una Sancta im westlichen Kulturraum« trank er mit den beiden daran teilnehmenden französischen Philosophen noch ein Glas Chateaux Peyraud.

Überhaupt setzt er sich am Ende eines Tages gern in seinen Sessel, genießt die Händel'schen Flötenkonzerte und trinkt ein Gläschen französischen Rotweins. Ein Buch aus seiner Privatsammlung klassischer Literatur führt seine Gedanken zum »Wahren, Schönen, Guten«, das die barbarische Welt von heute ja so schnell hinter sich zu lassen droht. Es ist sein Stolz, fast alle Hauptwerke der Literaturnobelpreisträger der letzten 20 Jahre zu seinem Besitz zu zählen. Er bezieht eine überlokale Tageszeitung und sammelt die Wochenendglanzbeilagen, deren Lektüre er sich konzentriert hingibt. Hin und wieder greift er auch darauf zurück, wenn er die Pflicht übernommen hat, einen Vortrag zu halten.

Die lederne Sitzgarnitur in seinem Wohnzimmer ist ein altes Erbstück seiner Familie, die Vitrinen mit kostbarem Porzellan

*hat seine Frau geschmackvoll ausgesucht und hinzugekauft.
Der Schreibsekretär, geadelt durch einen englischen Dichter,
wurde zu seinem 40. Geburtstag auf einer Auktion erworben.
Ein Perserteppich bedeckt den Parkettboden. Fremde haben
beim Betreten des Raumes das Gefühl, leise sein zu müssen.
Er schätzt: Virtuosität, Charisma, Eloquenz, Gedächtnisleis-
tung, Stilsicherheit, Intelligenz, versteht sich. Er lehnt ab:
Schlampige Kleidung, nachgemachte Stil-Möbel, Barbie-Pup-
pen, das Triviale und Unruhige überhaupt. Dass er eine Disko
von innen kennen lernt, ist jenseits seines Vorstellungsvermö-
gens, ebenso, in der Öffentlichkeit eine Bratwurst zu essen.*

*Herr I.
Herrn I. treffen wir im Schützenverein und im Kegelclub.
Manchmal geht auch seine Frau mit. Sie ist Hausfrau und hat
als Verkäuferin in einem Damenbekleidungsgeschäft gearbeitet, solange das gediegene Reihenhaus noch nicht abgezahlt
war, an dem sie vieles selber gemacht haben. Jetzt hilft sie bei
»Marlene« noch saisonweise aus, auch um den Urlaub mit zu
finanzieren.
Er ist 50 Jahre alt, Bundesbahnbeamter im mittleren Dienst,
fährt einen Audi 80, den er samstags regelmäßig pflegt, auch po-
liert. Lieber hat er für den Autokauf einige Schulden gemacht,
als dass er sich mit einer alten Schrottkiste in der Öffentlichkeit
zeigt. Nach der Erbschaft könnte er sich zwar einen Porsche
leisten, aber das schickt sich »für unsereins« nicht. Auch der
Garten am Haus kann sich sehen lassen.
In der Wohnung ist alles ordentlich, auch die rustikale Bau-
ernecke. Der Kronleuchter ist immer geputzt. An den Wänden
hängen Fotos von den Kindern – bald auch von den Enkelkin-
dern – und einige Kunstdrucke mit braunen Holzrahmen. Darunter ist auch der »Sonntagsspaziergang« von Spitzweg. Frische
Blumen und eine Reihe von Büchern stehen da: Hauptvor-
schlagsbände der Buchgemeinschaft.
Beide gehen gern im benachbarten Stadtwald spazieren. Am
liebsten trifft man sich in einer netten Runde, im Sommer auf
der Terrasse oder im Garten. Früher haben sie oft gegrillt. Jetzt
probiert Frau I. öfter mal neue Kochrezepte aus, die sie in der
Volkshochschule gelernt hat. In ihrer Freizeit trägt Frau I. den
Pfarrbrief aus.*

Manchmal gehen sie zusammen ins Theater, auch mal in ein klassisches Konzert, doch eher in die Operette. Opern schauen sie sich im Fernsehen an, wenn's nicht so modern und außergewöhnlich ist.

Überhaupt ist das, was sich schickt, das was anständig ist, die einzig richtige Möglichkeit, sich auszuleben.

Frau H.

Frau H. ist 60 Jahre alt, aber eigentlich kaum sichtbar; denn sie neigt dazu, es sich zu Hause gemütlich zu machen. Draußen wird's ja auch immer gefährlicher, und Gutes ist von der Welt ohnehin nicht zu erwarten. In der Öffentlichkeit ist Frau H. wie getarnt. Wenn man sie – trotz ihrer Unauffälligkeit – sehen will, dann lässt sie sich mit einer Einkaufstasche auf Rädern im Discount-Markt entdecken, Aldi oder Lidl. Man muss schon genau hinsehen, denn der Mantel auf ihrer Strickjacke aus dem Versandhaus ist zeitlos grau, beige oder oliv. Nur manchmal trägt sie auf ihren Dauerwellen einen Hut (Sonderangebot bei C & A). Überhaupt ist modische Extravaganz nicht ihre Sache. Mögen andere aus dem Rahmen fallen.

Einen Beruf hat sie nicht erlernt, aber sie ist zufrieden, fleißig, sauber und ordentlich und arbeitet stundenweise als Verkäuferin in einer Metzgerei. Ihr Mann geht auf die Rente zu, mag abends manchmal in der Kneipe um die Ecke ein Bierchen trinken; donnerstags ist er in der Singstunde. Auch nach dem Arbeitsleben werden sie wohl in ihrer Dreizimmerwohnung bleiben, wo sie ja schon seit dreißig Jahren wohnen. Manchmal erlaubt sie sich, an einer Busfahrt oder Kaffeefahrt mit dem netten Reisebüro teilzunehmen – eine heizbare Wolldecke hat sie gerade erst letzte Woche erstanden. Man weiß ja nicht, wie der Winter wird.

Abends sehen sie gern fern, am liebsten die Hitparade der Volksmusik oder den Komödienstadel; samstags »Wetten, dass« oder so. Leider ist Kuli nicht mehr im Fernsehen zu sehen. Das ist noch ein stattlicher Mann gewesen. In ihrem Wohnzimmer liegt über dem gemusterten Teppichboden ein anderer gemusterter Teppich, darauf ein verschnörkeltes Glastischchen mit Spitzen- und Brokatdeckchen, die sie aus früheren Sommerurlauben in Österreich mitgebracht haben. Darauf stehen silberne Untersetzer, dann eine Schicht Schnapsgläser,

geschart um eine Kristallvase. Die darin stehenden Papierblu-
men füllen den Luftraum und zeigen auf eine an der Zimmer-
decke befestigte Blumenampel. Auf der Fensterbank stehen
viele Blumenstöcke – dicht beieinander. Alles, auch die Tapete,
ist gemustert und nicht so leer wie bei ihrem Sohn daheim, wo
auch noch die Musik – soll man das überhaupt Musik nen-
nen – so laut ist. Daheim ist halt daheim. Die Schlafzimmertür
steht nicht offen. Im Flur hängt ein geschnitzter Spruch:»Und
wenn du denkst, es geht nicht mehr, kommt irgendwo ein
Lichtlein her«.

Wenn sie ihre Hausarbeit und alles schön sauber gemacht hat
(sie kocht ihrem Mann auch gern etwas Gutes; im Gasthaus
werden heutzutage die Teller auch immer größer und die Bei-
lagen kleiner), liest sie im Goldenen Blatt (das ihr die Nachba-
rin immer vor die Tür legt), am liebsten über die Hochzeiten in
Fürstenhäusern. In der Lokalzeitung bevorzugt sie Heiratsan-
zeigen, natürlich auch die Todesanzeigen – montags die Beilage
mit den günstigen Angeboten.

WEITERFÜHRUNG

Beim Liturgiekongress gab Wolfgang Fischer den Teilnehmenden
folgenden Fragenkatalog an die Hand, um die neuen Gottes-
dienstformen unter Milieugesichtspunkten – welcher Gottes-
dienst spricht welche Milieus an bzw. nicht an – wahrzunehmen.
Bei der Lektüre der Gottesdienste dient er ebenfalls als hilfreicher
Kriterienkatalog.

AUSGEWÄHLTE KRITERIEN UND FRAGEN ZUR
ANSPRECHBARKEIT DER MILIEUS

1. Welchen Gesamteindruck vermittelt der Gottesdienst?

   ☐ anspruchsvolle, »gehobene« Liturgie
   ☐ bekannte liturgische Form mit »zu Herzen gehenden«, volks-
     nahen Elementen
   ☐ klassische Liturgie mit gemischten Elementen (Meditatives,
     Neues Geistliches Lied, Gotteslob, usw.)
   ☐ Liturgie mit vielen Selbsterfahrungs- und kreativen Elementen
   ☐ Gottesdienst mit Eventcharakter

2. Welche Sprache wird bei den Gebeten gewählt?

☐ »objektiv«-theologische Sprache, theologisch anspruchsvolle Predigt und evtl. Lyrik
☐ volksnahe, liturgisch bekannte Sprache
☐ im Wesentlichen liturgisch bekannte Sprache, ergänzt mit ausgewählten »modernen« und zeitnahen Gebeten, Meditationen u. Ä.
☐ stark auf menschliche Erfahrungen bezogene Sprache und Stille als bewusst gewähltes »Sprachelement«
☐ kurze Sätze, auf menschliche Ereignisse bezogene Sprache, nicht problematisierend
☐ provozierende und/oder »politische« Sprache

3. Wahl der Musik

☐ anspruchsvolle, klassische oder gehobene »moderne« Musik
☐ Orgel und Gotteslob mit »Klassikern« wie »Ein Haus voll Glorie schauet«
☐ Mischung aus Gotteslob und Neuem Geistlichem Lied mit meditativer Musik, Kinderliedern, Panflöte u. Ä.
☐ Rock, Pop, Folk
☐ »zu Herzen gehende« Musik (z. B. »Schubert-Heilig«)

4. Wie ist der Raum gestaltet?

☐ mit wenigen »wertvollen« Schmuckelementen, »Leere« als Gestaltungsprinzip
☐ mit vielen bunten Blumen, Bildern, klassisch-religiösen Symbolen
☐ reichlich geschmückt, aber nicht überladen
☐ geschmackvoll mit klassischen und nicht klassischen Symbolen (Tücher, Steine, Dornen usw.)
☐ Raumgestaltung mit Symbolen aus den Ereigniswelten (Motorradhelm, Unfallkreuz an den Wegrändern)

Anmerkung:
Die oben gestellten Fragen stellen keinen vollständigen Kriterienkatalog dar, geben aber in der Summe Anhaltspunkte für die Beurteilung, welche Milieus prinzipiell angesprochen werden.

Wolfgang Fischer

Die Gottesdienste

Nachteulen-Gottesdienst

Ludwigsburg, Friedenskirche

WO DIESER GOTTESDIENST GEFEIERT WIRD

Nachteulen treffen sich in Ludwigsburg, einer Stadt mit 86 000 Einwohnern, etwa 15 km nordöstlich von Stuttgart gelegen, in der Friedenskirche. Die ehemalige Garnisonskirche, im neobarocken Stil errichtet, bietet 1000 Personen Platz.

WAS DIESEN GOTTESDIENST AUSMACHT

Der Nachteulen-Gottesdienst findet einmal im Monat an einem Sonntagabend statt, während der Sommerzeit um 19 Uhr, während der Winterzeit um 18 Uhr.
Er ist geprägt von einer Liturgie, die alle Besucher und Besucherinnen in einen spirituellen Prozess mit einbezieht durch gemeinsame Körperübungen, Meditationen, verschiedene Gebetshaltungen, unterschiedliche Segensformen, professionell geleiteten Gesang und teilweise durch Reaktionsrituale, bei denen die Mitfeiernden mit selbstgeschriebenen Gebeten oder Kommentaren auf das Gehörte reagieren können.
Die Musik im Gottesdienst setzt sich mit professioneller, gediegener Populärmusik (Keyboard, Oboe, Querflöte) ab von traditionellen kirchlichen Hörgewohnheiten. Das gemeinsam gesungene Liedgut erstreckt sich vom Pop-Klassiker über Volkslieder, Neue Geistliche Lieder bis hin zum Choral. Die Orgel schweigt fast grundsätzlich. Verzichtet wird außerdem auf sakrale Kleidung – kein Talar – und vor allen Dingen auf eine kirchliche Insider-Sprache. Ein 30–45-minütiger Vortrag bildet stets den inhaltlichen Schwerpunkt der Nachteulen-Gottesdienste, mit einer besonders hohen Akzeptanz beim Publikum.

WIE ES DAZU KAM

Dieses Abendgottesdienstprogramm wurde entwickelt, weil die jüngeren und mittleren Altersschichten im normalen Sonntagvormittagsgottesdienst fehlen. Dahinter steckt die Grundüberzeugung, dass Religion dem Menschen gerade in seinen Lebenskämpfen zu dienen hat, die sich in jungen und mittleren Jahren einstellen. Ein Verharren auf dem traditionellen Sonntagsvormittagsgottesdienst kommt dem Menschen auf seiner Suchbewegung nach Lebenssinn und -inhalt nicht angemessen entgegen. Prof. Siegfried Zimmer von der Pädagogischen Hochschule Ludwigsburg mit seinem Anliegen, einen studierendengerechten Gottesdienst zu entwickeln, traf sich Anfang des Jahres 1996 mit Pfarrer Georg Schützler von der Friedenskirchengemeinde, dem die wegbleibenden mittleren Jahrgänge ein besonderes Anliegen waren. Beide entwickelten eine Gottesdienstidee, die sie dem Kirchengemeinderat vorstellten. So kam es im Oktober 1996 zum ersten Nachteulen-Gottesdienst, der von 450 Personen besucht wurde. Zur Zeit (Mitte 2002) pendelt der Gottesdienstbesuch zwischen 800 und 1000 Personen.

WEN ER ANSPRECHEN WILL UND WEN ER TATSÄCHLICH ANSPRICHT

Es ist ein Gottesdienst für städtische Menschen, die den Freitag- und Samstagabend sowie teilweise die dazu gehörenden Nächte zum Ausgehen, zur Unterhaltung, zur Teilnahme am kulturellen Leben verwenden. Der Sonntagmorgen dient diesen Menschen weitgehend zur Erholung vom intensiven Wochenenderleben, so dass ein Gottesdienstbesuch nicht in Frage kommt.
Mit der gewählten Liturgieform und dem Sonntagabend-Termin hat sich im Nachteulen-Gottesdienst ein Publikum im Durchschnittsalter von 44 Jahren eingestellt, wobei sich die Altersgruppen relativ gleichmäßig zwischen 20 und 60 Jahren verteilen. Weiter teilen sich die Besucher und Besucherinnen auf in eine Hälfte, die bereits im kirchlichen Leben an anderen Orten zuhause ist und diesen Gottesdienst als »Tankstelle« mitnimmt, und die zweite Hälfte, die ansonsten nicht mehr oder kaum noch im kirchlichen Leben verankert ist.

WIE ER VORBEREITET UND DURCHGEFÜHRT WIRD

Veranstaltet wird der Nachteulen-Gottesdienst von der evangelischen Friedenskirchengemeinde in Ludwigsburg. Verantwortlich für Planung und Durchführung ist der geschäftsführende Pfarrer

Georg Schützler, seit 1994 Pfarrer an der Friedenskirche. Die Planung und Durchführung geht jeweils vom vorgeschlagenen Thema des Referenten aus. In der Vergangenheit war der Referent meistens Prof. Siegfried Zimmer. Über die Liedauswahl und die musikalische Gestaltung, wie z. B. das Einladen von Gastmusikern, entscheiden die verantwortlichen Musiker, bisher der Keyboarder und Komponist Michael Schütz, ab Mitte 2002 der Oboist und Chorleiter Hans-Martin Sauter. Die Liturgie wird von Pfarrer Georg Schützler zusammengestellt, mit eventuellen Aufträgen an weitere Mitarbeiter und Mitarbeiterinnen. Rund 20 Personen sind an der Durchführung eines Abendgottesdienstes beteiligt. Sie sind für unterschiedlichste Aufgaben und Arbeitsbereiche zuständig, wie Technik für die Musiker, Begrüßung am Eingang, Verkauf am Büchertisch, für das Kellerbistros zur Begegnung nach dem Gottesdienst sowie für die Kollekte (im Durchschnitt 2000 Euro pro Gottesdienst).

WELCHE POSITIVEN UND WELCHE NEGATIVEN ERFAHRUNGEN GEMACHT WERDEN

Der Nachteulen-Gottesdienst ist sehr arbeitsaufwändig und verschlingt einen Großteil der pfarramtlichen Dienstzeit. Gleichzeitig schenkt er durch die vielen Rückmeldungen, die es von Frauen und Männern gibt, die diesen Gottesdienst besuchen, das Gefühl, dass hiermit sehr sinnvolle Arbeit geleistet wird. Kirchlicherseits müssen noch Regelungen gefunden werden, Dienstaufträge so zu verändern, dass Pfarrer und Pfarrerinnen solchen Gottesdiensten gerecht werden können.

WIE DIE ZUKUNFT AUSSIEHT

Die nähere Zukunft der Nachteulen-Gottesdienste wird davon geprägt sein, dass wesentlich mehr Referenten und Referentinnen aus der evangelischen wie auch aus der katholischen Kirche den Vortrag im Gottesdienst übernehmen. Dies wird uns hoffentlich eine noch größere spirituelle Weite ermöglichen. Ein Beiprogramm mit Kellergesprächen mit dem Psychotherapeuten Joachim von Lübtow sowie ein anlaufendes Seminarprogramm sollen u. a. dazu beitragen, dass mehr persönliche Vernetzung zwischen den »Nachteulen« entsteht.

Nachteulen-Gottesdienst im Februar

»Die Stimme aus dem Busch«
Über die Berufung zur Befreiung des Menschen

INSTRUMENTALMUSIK *(keine Orgel)*

EINSTIMMUNG UND BEGRÜSSUNG

Ein Schmetterling hatte sich in ein Wohnzimmer verirrt. Unermüdlich stieß er im Fluge gegen die Fensterscheibe. Stets nahm er einen kleinen Abstand von der Scheibe und flog dann wieder dagegen – Abstand und wieder dagegen, solange, bis er ermattet auf die Fensterbank fiel. Nach einer ganzen Weile rappelte er sich wieder auf und setzte zum Flug an nach draußen in die Freiheit. Doch dann wieder: Gnadenlos stieß er mit seinem Kopf gegen die knallharte Fensterscheibe, fiel wiederum auf die Fensterbank, und seine traumhaft schönen Flügel zuckten nur noch nervös. Von wegen Freiheit; von wegen freier Flug unter einem freien Himmel; aus der Traum.

Doch bei all dem hatte unser Schmetterling nicht bemerkt, dass die daneben liegende Balkontüre offen stand.

So weit diese Schmetterlingsgeschichte (in Anlehnung an einen Text von Erika Grube).

Wie viele Menschen haben in unserer Weltgeschichte bis hinein in unsere Gegenwart ähnliche Erfahrungen gemacht wie dieser Schmetterling. Im Herzen, in der Seele eine unbändige Sehnsucht nach Freiheit, nach Freiraum – eine Sehnsucht nach Weite, nach Entfaltungsmöglichkeiten der eigenen schönen Lebensflügel. Doch dann die knallharte Wirklichkeit, die gnadenlosen Widerstände:

Mütter, die die Flügel ihrer Töchter gestutzt haben.
Väter, die ihre Söhne an der kurzen Leine führten.
Vorgesetzte, die ihre Mitarbeiter und Mitarbeiterinnen demütigen.
Diktatoren, die mit Gewalt und Spitzelapparat die Freiheit ihres Volkes einschränken.
Doch die Sehnsucht nach Freiheit, dieses göttliche Urerbe in der Menschenseele, konnte nie zerstört werden.

Zu all dem das Thema: »Die Stimme aus dem Busch«: Über die Berufung zur Befreiung des Menschen.

Liebe Schwestern, liebe Brüder – liebe Freunde, liebe Freundinnen – liebe Frauen, liebe Männer, die Ihr alle zur göttlichen Freiheit berufen seid, ich begrüße Sie/euch alle ganz herzlich zu unserem Abendgottesdienst. Schön, dass Sie sich die Freiheit genommen haben, hierher zu kommen.
Wir feiern diesen Gottesdienst im Namen des Geistes Gottes, von dem es heißt:
»Wo aber der Geist des Herrn ist, da ist Freiheit« (2 Korinther 3,17) Amen.

LIED

»Die Gedanken sind frei« (Volkslied)

MEDITATION

Ich möchte Sie zu einer Meditation einladen, in der wir noch einmal das Bild vom Schmetterling aufnehmen.
Bitte setzen Sie sich so bequem wie möglich in die Kirchenbank ...
Schütteln Sie ihre Arme etwas aus ... Wippen Sie etwas mit Ihren Füßen: Hacke – Spitze, Hacke – Spitze, Hacke – Spitze ...
Legen Sie Ihre Hände auf Ihren Oberschenkel ab ... das Rückgrat gerade aufrichten ... und um nicht abgelenkt zu werden, schließen Sie bitte Ihre Augen ...

Meditative Hintergrundmusik

Und nun beobachten Sie eine Weile Ihren Atem, lassen Sie ihn einfach fließen ...Wenn Sie wollen, können Sie beim Ausatmen ein leises Zischgeräusch von sich geben ...
Und nun stellen Sie sich vor Ihrem inneren Auge einen schönen Frühlingstag irgendwo in der freien Natur vor ... Sie sehen blühende Bäume ... eine löwenzahngelbe Wiese ... Bienen und andere Insekten ... Tiere ...
Auf einmal fällt Ihr Auge auf einen Schmetterling, der sich gerade auf einer Blume niedergelassen hat. Er erhebt sich und fliegt weiter über die Wiese, doch er fliegt nicht weg. Er bleibt in Ihrer Nähe, und Sie können ihn gut beobachten ... Sie beobachten, wie

er sich in einem Gebüsch niederlässt, um dort ganz offenbar seine Eier abzulegen ...

Die Zeit vergeht. Tage und Nächte, Regen und Sonne wechseln. Aus einem Ei schlüpft eine kleine Raupe. Sie klettert los. Sie frisst und wird größer, es geht ihr gut. Nur manchmal hat sie Angst, gefressen zu werden. Doch oft liegt sie faul in der Sonne. Die Raupe wird dicker und träger. Sie sucht einen stillen Platz, um sich zu verstecken. Sie hängt sich an die Unterseite eines kleinen, verborgenen Zweiges und spinnt sich ein mit unzähligen Fäden. Und während sie sich einspinnt, träumt sie ihren Schmetterlingstraum vom freien Flug unter einer wärmenden Sonne über einer Frühlingswiese. Eingewickelt in tausend Fäden stirbt die Raupe in ihrer Puppe. In der Hülle ist keine Raupe mehr. Doch Neues ist im Entstehen. Feine Gliedmaßen bilden sich aus. Zartes Gewebe wächst aus dem Alten. Die Zeit vergeht, die Schutzhülle wird zu eng, der Schutzraum wird zum Gefängnis, und langsam, unter Druck und Schmerz öffnet sich unten die Puppe. Ein kleines Loch wird größer, und vorsichtig schiebt sich eine neue Gestalt ans Licht. Die Sonne erwärmt diese neue Gestalt, sie atmet tief ein, und das Leben fängt an zu pulsieren. Ein neuer Schmetterling breitet sich aus, entfaltet seine Flügel und probiert die ersten Flügelschläge ... und nun fliegt der Schmetterling empor, erhebt sich zur Sonne, erlebt seine Entfaltung zur Schmetterlingsfreiheit. Immer höher fliegt er, immer weiter bis Sie ihn am Horizont aus den Augen verlieren ...

Und nun bleiben Sie noch eine Weile ganz bei sich und vergleichen sich mit diesem Schmetterlingsleben. Wo befinden Sie sich mit Ihrer Lebensgeschichte im Vergleich mit dem Schmetterling ...?
Ei – Raupe – beim Einspinnen – in der Puppe ?
Erleben Sie gerade eine Wandlung?
Erleben Sie gerade Enge?
Brechen Sie gerade aus?
Breiten Sie Ihre Flügel aus?
Erleben Sie zur Zeit die Befreiung Ihres Lebens?
Was erleben Sie gerade, oder was ist dran in Ihrem Leben?
Nun dürfen Sie sich von Ihrem Frühlingstag in Ihrer Fantasie verabschieden und hierher zurück kommen in die Kirche. Öffnen Sie Ihre Augen und entfalten Sie sich wie ein Schmetterling mit Recken und Strecken.

MUSIKBEITRAG

LESUNG

In Erinnerung an die große Exodus-Tradition des israelitischen
Volkes, in Erinnerung an die Befreiung aus dem Sklavenhaus
Ägypten, aus Fron- und Unterdrückungsterror folgender Text,
frei nach Psalm 126.

Wenn Freiheit wahr wird,
wenn Zwänge und Terror zerbrechen,
wird es sein, als ob wir träumen.
Dann werden wir lachen und einen Tanz anfangen.
Unsere Geschichte werden wir allen erzählen.

Auch die Skeptiker werden dann staunen
und zugeben müssen:
Sie sind frei!
Ja, wir sind frei:
Das verdanken wir Gott.
Wir freuen uns nicht umsonst.

Bring die Unterdrückten ans Licht,
die nichts zu lachen haben,
die Ausgebeuteten, die im Schatten der Erde vergehen.
Frei sollen sie werden wie wir und mit uns tanzen und lachen.
Amen.

(Karl Friedrich Barth/Peter Horst; der Text wurde im Gottesdienst
leicht abgeändert vorgetragen)

LIED

Und in Erinnerung an die größte Befreiungserfahrung der alten
Hebräer singen wir den Gospel:
EG 603,1–4 »Go down, Moses«

PREDIGT

Rede über die Exoduserfahrung Israels

BILDMEDITATION

»Schmetterling entfliegt einem Gefängnis«, *begleitet von passender Instrumentalmusik*

Zunächst kein Wortbeitrag, bis die Musik beendet ist.

AKTION: »EIGENE GEBETE SCHREIBEN«

»Und sperrt man mich ein
im finsteren Kerker,
das alles sind rein
vergebliche Werke;

denn meine Gedanken
zerreißen die Schranken
und Mauern entzwei:
die Gedanken sind frei.«

Bei Mose nahm Gott Bezug auf die eingekerkerte Freiheitssehnsucht dieses Mannes, die ihn in jungen Jahren geradezu geschüttelt hat. Gott hat den Seelenpanzer des Mose aufgebrochen, hat ihn berufen zum Befreiungspropheten. Gott hat Mose Flügel geschenkt, die nie verbrennen, so dass er in Ägypten landen und zum Befreier seines Volkes werden konnte.
Gott als Garant der Selbstbestimmung und Entfaltung eines jeden Menschen und eines jeden Volkes.
Ich möchte Sie einladen, das Bild auf der Leinwand nochmals anzusehen. Unten das Gefängnis und oben ein entweichender Schmetterling, den Sie sich ganz bunt vorstellen müssen. Überlegen Sie beim Ansehen einmal:
Wo erfahre ich mich wie in einem Kerker? Wo gibt es äußere Verhältnisse im Beruf, im Vereinsleben, in Beziehungen, in der Familie, wo ich mich wie in einem Gefängnis erfahre, unterdrückt, fremdbestimmt? Oder wo gibt es in mir, in meiner Seele Strukturen, Gefühle, Stimmungen und Komplexe, die mich gefangen halten wie in einem Kerker, sodass meine bunte Freiheitssehnsucht sich nie entfalten kann?
Nehmen Sie das erhaltene Blatt Papier und Ihren Schreibstift, und versuchen Sie, ein ganz eigenes Gebet zu formulieren, indem Sie Gott darum bitten, dass er Sie befreien möge aus äußeren oder in-

neren Gefängnissen. Indem Sie Gott um Freiheit bitten, dass Sie sich wie dieser Schmetterling entfalten dürfen. Oder wenn Sie sich zur Zeit wie so ein bunter Schmetterling erfahren, dann schreiben Sie ein Dankgebet. Oder Sie schreiben ein Fürbittgebet für andere, für Völker, auf dass andere Menschen befreit werden von äußeren oder inneren Versklavungen. Anschließend werden diese Gebete eingesammelt und einige davon stellvertretend vorgelesen. Zum Schreiben unseres Gebetes nehmen wir uns fünf Minuten Zeit.

Leise Hintergrundmusik
Einsammeln und sofortige Auswahl einiger Gebete durch Mitarbeitende, während ein gemeinsames Lied gesungen wird.

LIED

EG 604,1–3 »Im Lande der Knechtschaft«

Mitarbeitende tragen eine vorher vereinbarte Zahl von Gebeten vor.

ABSCHLIESSENDES GEBET

Gott, wir danken dir für die unauslöschliche Sehnsucht nach Freiheit in unserer Seele.
Gott, unser Leben verlangt nach Freiheit,
damit sich all das entwickeln kann, entfalten kann, was da zutiefst in uns angelegt ist,
an Begabungen – an Gefühlen – an Kreativität – an Liebesfähigkeit.
So vieles von dem, was da an bunter Vielfalt in uns vorhanden ist,
fristet ein kümmerliches Dasein im Kerker unserer Verhältnisse.
So vieles ist mitunter unser Gefängnis:
– unser Beruf
– unser Erfolg
– unser Versagen
– unsere Schulden
– dominante Menschen im Nahbereich
– Eltern, von denen wir nicht abgenabelt sind
– Freundeskreise, die uns auf eine Rolle fixieren

– Ängste, die uns nicht loslassen.
Gott, egal wo wir uns gerade befinden,
hauche hinein in unsere Seele,
auf das die Freiheitssehnsucht wieder erglüht,
Gefängnismauern gesprengt werden
und wir ins Leben hinausziehen können,
wie einst dein Volk aus Ägypten.
Abschließend beten wir gemeinsam das Gebet des Jesus von Nazareth, der Freiheit liebte wie kaum ein anderer.
Vater unser im Himmel ...

LIED

»Gott gebe uns ein fröhlich Herz« (Kanon nach GL 267,3)

SEGEN

Versuchen wir ganz vorsichtig, uns die Hände gegenseitig auf die
Schultern zu legen ... und sprechen satzweise folgende Segens-
worte:
Gott sei vor dir,
    um dir den Weg zur Befreiung zu zeigen
Gott sei hinter dir,
    um dir den Rücken zu stärken
Gott sei neben dir,
    wie ein Freund oder eine Freundin an deiner Seite
Gott sei um dich
    wie eine wärmende Decke im kalten Winter
Gott sei in dir und weite dein Herz,
    Freiheit zu leben und für Freiheit zu kämpfen
Gott segne dich mit seinem Geist jetzt und immerdar.
Amen.

INSTRUMENTALMUSIK

MATERIALIEN

Vor Beginn des Gottesdienstes erhalten die Besucherinnen und
Besucher ein Liedblatt, einen Schreibstift und ein leeres DIN-A5-
Blatt. Ein Tageslichtprojektor mit Bildfolie ist vorzubereiten.

Nachteulen-Gottesdienst im November

»Und sprach zu ihr: Weine nicht!«
Vom Leben und vom Sterben

INSTRUMENTALMUSIK
(keine Orgel)

EINSTIMMUNG UND BEGRÜSSUNG

»Wenn einer sich vornähme, das Wort Tod nicht mehr zu benutzen, auch kein anderes Wort, das mit dem Tod zusammen-
hängt, mit Menschentod oder mit dem Sterben in der Natur.
Ein ganzes Buch würde er schreiben, ein Buch ohne Tod, ohne
Angst vor dem Sterben, ohne Vermissen der Toten, die natürlich
auch nicht vorkommen dürften, ebenso wenig wie Friedhöfe,
sterbende Häuser, tödliche Waffen, Autounfälle, Mord.
Er hätte es nicht leicht, dieser Schreibende, jeden Augenblick
müsste er sich zur Ordnung rufen, etwas, das sich eingeschlichen
hat, wieder austilgen. Schon der Sonnenuntergang wäre gefährlich, schon ein Abschied, und das braune Blatt, das herabweht,
erschrocken streicht er das braune Blatt.
Nur wachsende Tage, nur Kinder und junge Leute, nur rasche
Schritte, Hoffnung und Zukunft, ein schönes Buch, ein paradie-
sisches Buch.« Oder doch nicht?
So weit dieser Text von Marie-Luise Kaschnitz.

Volkstrauertag, Buß- und Bettag, Totensonntag, November, der
Monat des Sterbens: Zu all dem das Thema: »Und sprach zu ihr:
Weine nicht!« – Vom Leben und vom Sterben.

Liebe Frauen, liebe Männer – liebe Schwestern, liebe Brüder,
egal nun, ob Sie sich auf der Frühlingsseite oder auf der Herbst-
seite des Lebens befinden, ob Sie gerade mehr Verlusterfahrun-
gen machen oder sich eher auf der Gewinnerseite fühlen, ich
begrüße Sie alle ganz herzlich zu unserem Abendgottesdienst.
Wir feiern diesen Gottesdienst im Namen Gottes, von dem es
heißt: »Er wird die Tränen von allen Angesichtern abwischen.«
(Jes 25,8).

LIED

NW 106 »Ich bin ein Gast auf Erden«

MEDITATIVE KÖRPERÜBUNG: »PENDEL«

Leben und Sterben, das hat mit Atmung zu tun; Einatmen – Ausatmen; Lebensgeister einatmen – Sterbegeister ausatmen. Ich möchte Sie zu einer Atemübung einladen.
Setzen Sie sich so bequem wie möglich in Ihre Kirchenbank oder auf Ihren Stuhl … mit dem Rückrat möglichst gerade, so als wenn sie mit einem Gummiband nach oben gezogen werden … Um nicht abgelenkt zu sein, schließen Sie bitte Ihre Augen …

Beginn von meditativer Instrumentalmusik, die die Übung begleitet

Zunächst versuchen Sie sich zu entspannen, das können Sie beispielsweise so tun:
Während Sie einatmen versuchen Sie alle Muskeln Ihres Körpers gleichzeitig anzuspannen. Diese Anspannung versuchen Sie fünf Sekunden zu halten, bis Sie mit einer tieferen Ausatmung alle Anspannung wieder loslassen. Einatmen … anspannen … ausatmend loslassen …
Nun stellen Sie sich ein Pendel vor wie bei einer alten Pendeluhr, welches vor Ihren Augen hin- und herschwingt, hin und her – hin und her. Wenn Sie wollen, können Sie mit einer Kopfbewegung dem Pendelrhythmus nachgehen – hin und her … Und nun stellen Sie Ihre Atmung auf die Schwingung des Pendels ein.
Zur einen Seite einatmen … zur anderen Seite ausatmen …
zur einen Seite einatmen … zur anderen Seite ausatmen …
zur einen Seite einatmen … zur anderen Seite ausatmen …
Wenn Ihr Atem noch zu flach ist und nicht bis in den Beckenboden vordringt, dann stellen Sie sich ein noch größeres, schwereres Pendel vor, das langsamer und tiefer schwingt.
Lassen Sie nun langsam das Pendel vor Ihrem inneren Auge sich auflösen und kommen Sie zu Ihrem ganz gewöhnlichen Atem zurück. Öffnen Sie die Augen und recken und strecken Sie sich wie eine Katze nach ihrem Mittagsschlaf.

Ende der Musik und Pause zum Recken und Strecken

LESUNG

Viele von Ihnen kennen sicher das kleine Büchlein von Khalil Gibran »Der Prophet«, in dem der Weisheitsprophet Almustafa vor seiner Abreise auf das große, weite Meer 26 Fragen beantworten muss, über die ganze Breite des Lebens, von der Geburt bis zum Tod. Und auf die Frage nach dem Tod antwortet er: »Ihr möchtet das Geheimnis des Todes kennen lernen. Aber wie werdet ihr es finden, wenn ihr es nicht im Herzen des Lebens sucht? Denn Leben und Tod sind eins, so wie der Fluss und das Meer eins sind.

In der Tiefe eurer Hoffnungen und Wünsche liegt euer stilles Wissen um das Jenseits. Und wie Samen, der unter dem Schnee träumt, träumt euer Herz vom Frühling. Traut den Träumen, denn in ihnen ist das Tor zur Ewigkeit verborgen.

Denn was heißt sterben anderes, als nackt im Wind zu stehen und in der Sonne zu schmelzen? Und was heißt nicht mehr zu atmen anderes, als den Atem von seinen rastlosen Gezeiten (von seinem rastlosen Pendelschlag) zu befreien, damit er emporsteigt und sich entfaltet und ungehindert Gott suchen kann?

Nur wenn Ihr vom Fluss der Stille trinkt, werdet ihr wirklich singen. Und wenn die Erde eure Glieder fordert, dann werdet ihr wahrhaft tanzen.«

LIED

Alles auf der Erde wächst und vergeht

(Kanon)

T: Rüdiger Maschwitz, nach Kohelet
M: Norbert Schoog

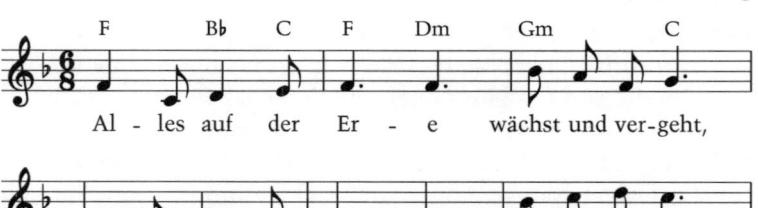

Al - les auf der Er - de hat sei - ne
Zeit, ___ der Schmerz und die Hei - ter-keit.
Al - les auf __ der Er - de at - met dei - nen
Geist, der uns im Dun - keln Licht ver - heißt.

Aus: Maschwitz, Gemeinsam Stille entdecken. Kösel-Verlag, München 1995.

MAL-SCHREIB-MEDITATION: »UHR MEINES LEBENS«

Liebe Frauen, liebe Männer, sehen Sie sich das erhaltene Blatt mit der abgebildeten Uhr an. Die beiden Zeiger, die hier übereinander stehen, zeigen auf die Stunde null. Sie sollen hier für den Anfang Ihres Lebens stehen, für die Stunde Ihrer Geburt.
Nun hat jede und jeder von Ihnen eine Lebenszeit, die sich über zwölf Einheiten erstreckt, über zwölf ganz eigene Lebensabschnitte und es ist jetzt unwichtig, wie viele Kalenderjahre Ihr Leben am Ende haben wird.
Hier ist Ihre Lebenszeit in zwölf Abschnitte geteilt. Und jetzt lassen Sie die Frage in Ihre Seele sinken: Wie spät ist es in meinem Leben? Wo müssten diese Zeiger jetzt stehen? Wie viel Lebenszeit meine ich bereits hinter mir zu haben, wie viel Lebenszeit meine ich noch vor mir zu haben? Welcher Zeigerstellung könnte ich zustimmen: »Okay, so stehen die Zeiger richtig«?... Wenn Sie Ihre Zeigerstellung nach reiflicher Überlegung gefunden haben, dann zeichnen Sie diese Stellung mit einem Stift ein. Dazu nehmen wir uns ein paar Minuten Zeit ...

Tun Sie jetzt Folgendes: Tragen Sie in den Vergangenheitsbereich Ihres Zifferblattes all das ein, was bereits zu Ihrer Geschichte gehört, oder etwas schwerer gesagt: Tragen Sie hier all das ein, was aus Ihrem Leben bereits weggestorben ist. Geliebte Menschen – Lebensträume – Fähigkeiten – Berufliches – Lebensziele – Beziehungen, über deren Verlust Sie vielleicht immer noch Schmerz und Trauer empfinden. Dazu nehmen wir uns fünf Minuten Zeit ...

Nun sehen Sie sich die andere Seite an, die noch verbleibende Zeit. Was möchten Sie hier eintragen? Was haben Sie noch vor sich, welche Ziele, welche Erfahrungen möchten Sie noch machen? Welche Menschen sollen hier im Zukunftsbereich Ihres Lebens noch eine Rolle spielen? Tragen Sie nun in den Bereich Ihrer Zukunft all das ein, was Sie noch von Ihrem Leben erwarten, egal ob das realistisch oder unrealistisch ist. Was soll auf dieser Seite stehen, damit Sie mit Lust, Freude und Hoffnung in die Zukunft gehen? Auch dazu nehmen wir uns fünf Minuten Zeit ...

Nun beenden Sie bitte das Schreiben und sehen Sie sich Ihr Zifferblatt, ihr Lebensblatt an. Wie sieht die Gewichtung aus zwischen Vergangenem und Zukünftigem? Was nimmt mehr Raum ein? – Wie viel ist bereits weggestorben und wie viel kann noch zum Leben erweckt werden? – Haben Sie eine starke Trauerseite und eine schwache Hoffnungsseite oder ist es eher umgekehrt, eine starke Hoffnungsseite und eine schwache Trauerseite oder ist es ausgewogen?

Später werden wir in einer Kerzenprozession all dies nochmals aufnehmen und weiterführen.

LIED

Kanonwiederholung: »Alles auf der Erde wächst und vergeht«

PREDIGT

Rede über die Auferweckung des Jüngling zu Nain (Lk 7,11–17)

RUHIGE INSTRUMENTALMUSIK

KERZENPROZESSION

Wir möchten Sie zu einer Kerzenprozession einladen. In katholischen Kirchen gibt es diese schöne, sympathische Tradition, dass man vor einem Altar eine Kerze entzünden kann, um an einen Menschen zu denken, den man verloren hat, oder um ein Gebet zu sprechen für einen anderen Menschen, den man liebt oder um den man Sorge trägt.

Lassen Sie uns diese katholische Tradition aufnehmen. Sie zünden hier im Altarraum an den Altarkerzen Ihre Kerze an und stecken Sie dann in die vorbereiteten, mit Sand gefüllten Gefäße. Machen Sie all dies in dem Bewusstsein, dass Sie damit etwas Heiliges tun. Für welchen Menschen möchten Sie eine Kerze anzünden, an welchen Menschen möchten Sie sich vor Gott erinnern, egal nun, ob dieser Mensch noch lebt oder nicht mehr. Oder möchten Sie diese Kerze anzünden für eine Lebensphase, die hinter Ihnen liegt, für einen Traum, der gestorben ist, oder für eine Beziehung, die sich nicht aufrecht halten ließ, von der Sie sich verabschieden mussten. Oder möchten Sie diese Kerze anzünden für die Zukunft, für einen Menschen, auf den Sie hoffen, ein Ziel, das Sie anstreben, für einen Traum, den Sie umsetzen möchten, für eine alte Beziehung, auf dass sie neu mit Leben gefüllt werde. Entscheiden Sie sich, wählen Sie das Thema, die Person, die Hoffnung, die Trauer, die Sie hier mit der Kerze ausdrücken möchten, und tun Sie all dies vor Gott, der hier liebevoll mitten unter uns ist. Sie dürfen darauf vertrauen, dass Gott Ihnen ganz nahe ist, egal mit welchem Thema, mit welchem Anliegen, mit welcher Erinnerung Sie hier nach vorn kommen.

Kommen Sie nun mit Ihrer Kerze in den Altarraum, zünden Sie die Kerze an, bleiben Sie eine Weile in Andacht stehen und setzen Sie sich wieder.

LESUNG ZUM ABSCHLUSS DER KERZENPROZESSION

»Nur ein Stück weit konnten wir
den Weg des Lebens gemeinsam gehen:
Verhallt sind Worte, die uns bewegten.
Verwehrt sind Blicke, die uns beschenkten.
Verflogen sind Gedanken, die uns bereicherten.
Vergangen sind Zärtlichkeiten, die uns beglückten.

Verflossen sind Träume, die uns bezauberten.
Und doch schimmert durch alle Schleier der Trauer
ein Licht der Hoffnung:«

Eine Kerze für dich, eine Kerze für mich.

»Wir werden uns wieder nahe sein,
zeitlos und glückselig.«

(Peter Friebe)

GEMEINSAMES LIED

This little light of mine

I'm gon-na let it shine! Let it shine,
let it shine, let it shine!

GEBET

Gib uns die Gabe der Tränen, Gott.
Gib uns die Gabe der Trauer, Gott.
Gib uns die Kraft, Schmerz in der Seele zuzulassen.
Schütze uns vor einer kalten, zynischen Welt, die Tränen, Trauer
und Schmerz ausgrenzt.
Schütze uns vor einer Welt, die nur das Jugendliche, das Wachsende, das Aufblühende kennt.
Schütze uns vor einer Welt, die das vielfache Sterben zum Tabu
erklärt, zur Peinlichkeit, über die man nicht spricht.
Nur wenn die Sonne untergehen darf, sterben darf,
wird es einen neuen Morgen geben, der neues Leben schenkt.
Und da, wo wir ganz persönlich dieses Sterben in unserem Leben
erfahren
– mit einem Abschied von Lebensphasen
– mit einem Abbruch von Beziehungen
– mit dem Sterben eines geliebten Menschen,
überall dort, Gott, schenk uns spürbar deine Nähe.
Schenk uns die Erfahrung, dass unsere Tränen weggewischt werden.
Schenk uns die Erfahrung, dass unsere Seele im tiefsten Grunde
getröstet wird.
Schenk uns die Erfahrung, dass Menschen uns in den Arm nehmen
und tatsächlich unsere Tränen wegwischen.
Gott, so wird unsere Welt menschlich, so wird unsere Welt zu einem Ort der Liebe,

mit der innersten Gewissheit, dass es ein ewiges Leben gibt bei dir.
Gib mir die Gabe der Tränen, Gott.
Gib mir die Gabe der Trauer, Gott.
Gib mir die Kraft, Schmerz in meiner Seele zuzulassen.
Gemeinsam beten wir das Gebet unseres Herrn Jesus Christus:
Vater unser im Himmel ...

LIED

EG 361,1–4 »Befiehl du deine Wege«

SEGEN

Zum Segen geben wir uns die Hände.
Gott segne uns mit der Behutsamkeit seiner Hände,
Gott segne uns mit dem Lächeln seines Angesichts,
Gott segne uns mit der Wärme seines Herzens,
Gott segne uns mit der Güte seiner Augen,
Gott segne uns mit der Freude seines Geistes,
Gott segne uns mit dem Geheimnis seiner Gegenwart,
jetzt, in der Nacht, am Morgen und am Abend unseres Lebens.
Amen.

INSTRUMENTALMUSIK

MATERIALIEN

Vor dem Beginn des Gottesdienstes erhalten die Besucherinnen und Besucher ein Liedblatt, einen Schreibstift, ein DIN-A4-Blatt, auf dem ein Zifferblatt abgebildet ist mit zwei Zeigern, die beide auf 12 stehen, und eine Kerze. Vorzubereiten sind im Altarraum Behältnisse mit Sand, in die während des Gottesdienstes Kerzen gesteckt werden können.

Georg Schützler

ThomasMesse
Ein Gottesdienst für Zweifler und andere gute Christen
Marienkirche Reutlingen

WAS DIESEN GOTTESDIENST AUSMACHT

In der ThomasMesse sollen Kopf, Herz und alle Sinne angesprochen werden. Im Vergleich zu traditionellen Gottesdiensten legt die ThomasMesse einen besonderen Schwerpunkt auf Gebet, Musik und liebevolle Gestaltung, z. B. Blumenschmuck. Obwohl sie das Ziel hat, die Sprache von Gebet und Musik zu modernisieren, spiegelt sie dennoch die alten Traditionen der christlichen Kirche wider. Jeder Gottesdienst enthält die Feier des Heiligen Abendmahls und gibt auch Gelegenheit, sich segnen und salben zu lassen. Durch die im Mittelteil offene Gestaltung – »offene Phase« oder »offene Gebetszeit« – werden die Gottesdienstbesucherinnen und -besucher ermutigt, sich auf ihre eigenen spirituellen Bedürfnisse und Erfahrungen zu besinnen.
Durch einen jederzeit offenen Kreis von Mitarbeiterinnen und Mitarbeitern wird das »Priestertum aller Gläubigen« praktiziert. In Reutlingen gestalten diese den Gottesdienst, der alle zwei Monate sonntags um 18 Uhr in der Reutlinger Stadtkirche gefeiert wird.

WIE ES DAZU KAM

Die ThomasMesse wurde im lutherisch geprägten Finnland entwickelt. Dort wurde sie 1988 zum ersten Mal in der Agricola-Kirche in Helsinki gefeiert. Rund 1000 »Gläubige und Zweifler« lassen sich Sonntag für Sonntag zu dieser besonderen Messe einladen. Für den Namen der neuen Feier stand der »ungläubige Thomas« Pate (Joh 20). In der evangelisch-lutherischen Kirche in Finnland heißen alle Gottesdienste »Messe«, daher die Bezeichnung, die auch von den über 50 ThomasMesse-Initiativen in Deutschland übernommen wurde.
Anregungen für die ThomasMesse in Reutlingen kamen über das Gemeindekolleg der Vereinigten Evangelisch-Lutherischen Kir-

che in Deutschland (VELKD) und die ThomasMesse in München. Eine Sozialpädagogin und ein Pfarrer ließen sich in Reutlingen für die ThomasMesse begeistern. Man lud über die Presse zu einem ersten Vorbereitungstreffen ein, nach achtmonatiger Vorbereitungszeit startete die ThomasMesse und wird seither ganz regelmäßig jeweils am dritten Sonntag in den »ungeraden« Monaten gefeiert.

WEN ER ANSPRECHEN WILL UND
WEN ER TATSÄCHLICH ANSPRICHT

Die ThomasMesse ist – wie es im Untertitel heißt – »ein Gottesdienst für Zweifler und andere gute Christen«. Es sind Menschen angesprochen, die nach einem Ort suchen, an dem sie sich mit ihren Zweifeln, Fragen und Einwänden akzeptiert und aufgehoben fühlen. Insofern ist die ThomasMesse sicher weniger ein Angebot für die so genannte Kerngemeinde, sondern eher für Kirchendistanzierte. Besonders angesprochen fühlen sich auch Menschen, die auf der Suche nach einer neuen Spiritualität sind. Zwischen 250 und 350 Menschen finden sich normalerweise zur ThomasMesse in Reutlingen ein. Bei einer Umfrage im November 2000 bezeichneten sich über die Hälfte der Besucherinnen und Besucher als »glaubend«. 35 Prozent gaben an, »suchend« zu sein. Knapp 20 Prozent schätzten sich als »zweifelnd« ein (Mehrfachnennungen waren möglich). 60 Prozent gehörten der Evangelischen Landeskirche an, 20 Prozent waren katholisch, rund 10 Prozent gaben an, keiner Kirche anzugehören. 20 Prozent besuchen »selten« oder »nie« andere Gottesdienste. Die ThomasMesse spricht vor allem Menschen im mittleren Alter zwischen 30 und 60 Jahren an.

WIE ER VORBEREITET UND DURCHGEFÜHRT WIRD

Die ThomasMesse wurde von evangelischen Christen initiiert, war aber von vornherein als ökumenisches Projekt geplant. Die Mitarbeiterschaft vertritt ein breites Spektrum innerhalb der evangelischen Kirche und der Ökumene (z. Zt. Mitwirkende aus der katholischen und der evangelisch-methodistischen Kirche). Jede ThomasMesse wird von rund 25 Mitarbeiterinnen und Mitarbeitern aus einem Kreis von z. Zt. 40 Personen (Theologen und

Nichttheologen) vorbereitet und durchgeführt. Der Mitarbeiterkreis ist für jede und jeden offen.

Ohne einen intensiven Diskussions- und Vorbereitungsprozess (in Reutlingen über rund neun Monate) lässt sich die nötige breite Basis für die ThomasMesse wohl kaum herstellen. Die ThomasMesse findet in Reutlingen zweimonatlich statt. Zwei jeweils zweistündige Plenumssitzungen sind zur Vorbereitung jeder ThomasMesse nötig. Hinzu kommen zusätzliche Treffen verschiedener Arbeitsgruppen (z. B. Predigt bzw. Thema, Abendmahl, Segnen und Salben, Kirchenschmuck, Öffentlichkeitsarbeit). Mit Vor- und Nachbereitung müssen am Tag der ThomasMesse selbst rund fünf Stunden veranschlagt werden. In manchen Städten trifft sich die ThomasMesse-Gruppe wöchentlich. Anliegen von der Gebetswand werden in diesen Gruppen im gemeinsamen Gebet vor Gott gebracht.

WELCHE POSITIVEN UND WELCHE NEGATIVEN ERFAHRUNGEN GEMACHT WERDEN

Am meisten geschätzt werden die »offene Phase«, die Musik und die Atmosphäre der ThomasMesse. In den zwanzig Minuten der »offenen Phase« gibt es derzeit folgende Angebote: Kerzen anzünden, Taizé-Lieder singen, Gebetswand, meditativer Tanz, Raum der Stille, Gespräch mit Predigerin oder Prediger, Einzelgespräch, Segnen und Salben. Von Kritikern wurde dies als »Fast-Food-Seelsorge« bezeichnet. Wir haben ein eigenes Musikteam, welches die Gemeindelieder begleitet und während der Austeilung des Abendmahls spielt. Außerdem laden wir jeweils Gäste ein, die sich auf hohem Niveau mit Jazz- oder Gospelmusik einbringen (das lassen wir uns auch etwas kosten). Eine liebevoll geschmückte Kirche und eine Mitarbeitergruppe, der man anmerkt, dass sie wirklich ein Team ist, sind wichtige Voraussetzungen für eine gute Atmosphäre. Eine großartige Erfahrung ist es, dass hier Christen mit ganz unterschiedlichen Prägungen an einem Strang ziehen. Stramme Katholiken gehören ebenso zum Team wie missionarisch ausgerichtete Evangelikale. Manche haben Interessen an einer feierlichen Liturgie, andere schätzen den seelsorglichen Charakter der Messe. Allen gemeinsam ist eine gehörige Portion Neugier und das Bedürfnis, einen Gottesdienst zu feiern, bei dem Raum ist, wo Gott wirken kann. Auffallend ist die bunte Vielfalt derer, die sich zur ThomasMesse einladen lassen. Das Spektrum ist deutlich breiter als im herkömmlichen Sonntagsgottesdienst. Die knapp zweistündige Feier stellt sich dar als gelungene »Mixtur aus Ökumene, Kirchentag und charismatischer Versammlung«, wie jemand einmal formuliert hat. Es verbindet sich der Ernst katholischen Glaubens mit der Unbefangenheit eines freikirchlichen Gottesdienstes. Dennoch, und das ist das Erstaunliche, entsteht nicht der Eindruck eines beliebigen religiösen und liturgischen Gemischtwarenladens. Es hat sich eine in sich stimmige Form mit der regelmäßigen Feier des (evangelischen) Abendmahls am Schluss entwickelt. Entscheidend für die ThomasMesse ist die Möglichkeit für Teilnehmende, das Maß an Distanz und Nähe selbst zu bestimmen.

WIE DIE ZUKUNFT AUSSIEHT

Ist die ThomasMesse die neue Idealgestalt von Gottesdienst? Wohl kaum. Der Aufwand, den wir treiben, ist nur mit einem großen Team zu leisten. Gerne würden wir monatlich feiern, müssen uns aber derzeit mit einer zweimonatlichen ThomasMesse begnügen. Der wöchentliche Sonntagsgottesdienst ist daher keineswegs wegzudenken. Auch ökumenische Frühlingsgefühle kommen nur schwer auf. Noch können unsere katholischen Brüder und Schwestern offiziell nicht am Abendmahl, das ein evangelischer Pfarrer oder gar eine evangelische Pfarrerin austeilt, teilnehmen. Wir träumen weiter davon! Umso mehr sind wir überzeugt, dass der Weg, den die ThomasMesse einschlägt, der richtige ist:
- ökumenischer Ansatz,
- gleichberechtigte Mitwirkung von Laien und Theologen,
- emotionale Zugänge zum Glauben,
- Möglichkeit, Distanz und Nähe selbst zu bestimmen.

WIE DER GOTTESDIENST GEFEIERT WIRD

Die ThomasMesse beginnt mit dem liturgischen Einzug der Mitarbeiterinnen und Mitarbeiter. Gekennzeichnet sind die Mitarbeitenden mit einem weißen Seidenschal. Beim Einzug werden Kerzen und ein Taizé-Kreuz getragen.
Der Ablauf im ersten Teil der ThomasMesse unterscheidet sich nicht wesentlich von anderen Gottesdiensten. Die Lieder werden

allerdings in der Regel nicht von der Orgel, sondern von einer Musik- und Gesangsgruppe begleitet. Zudem werden jedes Mal Musikgruppen oder Instrumentalisten als Gäste eingeladen. Die Dauer der Predigt ist auf zehn Minuten beschränkt.

In der »offenen Phase« können sich die Mitfeiernden selbst einbringen – oder auf Distanz bleiben. Die während der »offenen Phase« an der Gebetswand gesammelten Gebete werden beim anschließenden Fürbittengebet vorgetragen.

Es folgen Friedensgruß, Lied und eine Abendmahlsfeier im großen Kreis. Zahlreiche Mitwirkende helfen bei der Austeilung des Abendmahls (Brot und Traubensaft). Die Hälfte des Gottesdienstopfers kommt einer Gruppe oder Institution zugute, über die man sich bei der »offenen Phase« informieren kann und für die gebetet wird. Segen und Auszug der Mitwirkenden beschließen die Messe. In der Turnhalle besteht die Möglichkeit zum weiteren Austausch bei einer Tasse Tee oder einem Glas Saft.

Die einzelnen Elemente der ThomasMesse werden von verschiedenen Personen gestaltet, so dass möglichst alle Mitarbeiterinnen und Mitarbeiter nicht nur an der Vorbereitung, sondern auch an der Durchführung der ThomasMesse beteiligt sind.

ThomasMesse im September

Lebens-Labyrinth

- 1. Teil: Wir lassen uns in den Gottesdienst hineinnehmen

EINZUG DER MITWIRKENDEN

GEMEINSAMES LIED

EH 68 »Laudate omnes gentes«

BEGRÜSSUNG

MUSIK

Jazz-Duo: Posaune und Piano

GEBET – STILLE

GEMEINSAMES LIED

EH 152,1–3 »Suchen und Fragen«

MEIN ZUGANG ZUM THEMA

*Eine Mitarbeiterin oder ein Mitarbeiter verbindet eine eigene Er-
fahrung mit dem Thema der ThomasMesse und macht so »Lust«
auf den Gottesdienst.*

MUSIK

Jazz-Duo: Posaune und Piano

• 2. Teil: Wir lassen uns Gottes Freundlichkeit zusagen

PREDIGT ZUM THEMA »LEBENSLABYRINTH«

Liebe ThomasMesse-Gemeinde,
acht Apostel schmücken unseren spätgotischen Taufstein in der
Marienkirche. Der liebste unter ihnen ist mir Jakobus der Ältere.
Mit Hut, Mantel und Stab ist er als Wanderer dargestellt. Er ist
der Patron aller Pilger. Eine Muschel dient ihm als Trinkgefäß.
Die Jakobsmuschel ist zum Zeichen für den Pilgerweg nach San-
tiago de Compostela geworden. Gerne würde ich Sie jetzt mitnehmen auf eine Gedankenreise. Auf eine Reise, in der Sie Ihre
Lebenswege noch einmal in Gedanken abschreiten. (Vielleicht
können Sie dazu Ihre Augen schließen.) Stellen Sie sich den Ort
vor, an dem Sie Ihre ersten wackeligen Schritte taten. Können Sie
sich erinnern: an Ihren Schulweg; an die Orte Ihrer Ausbildung,
an Begegnungen mit dem anderen Geschlecht, süße und bittere
Erfahrungen? Vielleicht sind Sie umgezogen und haben viel gesehen, oder Sie bauten ein Haus, wurden sesshaft. Auf welche
Wege haben Sie Ihr Beruf, Ihre Familie geführt? Ging alles grad-
linig? Waren Sie immer gesund? Was hat dazu geführt, dass Sie
sich heute in diese Kirche aufmachten?
Wenn Sie diese ganzen Wege zurückblicken, welches Bild entsteht vor Ihren Augen? Kommt Ihnen Ihr Leben vor wie ein langer, ruhiger Fluss? Oder wie ein steiler Bergpfad, oder wie eine
Wanderung durch die Dettinger Höllenlöcher? Wenn Sie Ihren
Lebensweg malen sollten, was würden Sie aufs Papier bringen?
Es ist erstaunlich: In ganz verschiedenen Kulturen wurde das
Symbol des Labyrinths entwickelt, um mit ihm den Lebensweg
zu versinnbildlichen. Ich meine jetzt nicht einen Irrgarten, in
dem man sich verlaufen kann, sondern das Labyrinth, wie es sich
auf alten kretischen Münzen findet oder auf Felsbildern in Li-
byen, auf etruskischen Vasen oder in der Kathedrale von Chartres. Auch bei den Indianern und Indern wurden alte Labyrinth-
Darstellungen entdeckt. Auf Ihrem Gottesdienstblatt ist das so
genannte klassische oder kretische Labyrinth abgedruckt.
Was ist das Besondere? Welches Geheimnis steckt im Labyrinth?
Wer sich auf das Symbol einlässt – und das ist nicht ganz einfach
in unserer schnelllebigen, digitalisierten Welt –, wird viele Aspekte entdecken. Für manche ist das Gehen durchs Labyrinth wie

ein Geburtsvorgang. Andere lieben die Konzentration (im wahrsten Sinne), weil sie ihnen beim Meditieren hilft. Wer ein großes Labyrinth betritt, wird es erleben: Zweifel und Unsicherheit – »Bin ich noch auf dem richtigen Weg?« – Nähe und Ferne zur Mitte.

Du musst den Weg nicht erfinden.

Für mich hat das Labyrinth eine außerordentlich beruhigende Ausstrahlung. Es lehrt mich: Du musst den Weg nicht erfinden. Du musst die Schneisen nicht schlagen. Du kannst deinen Lebensweg (beruflich, familiär) und deine Karriere nicht erzwingen. Beim Labyrinth lasse ich mich ein auf einen Weg – und der wird mich bis zur Mitte bringen und wieder heraus. Schritt für Schritt. Manches scheint mühsam, manches kommt mir als unnötiger Umweg vor. Aber nichts kann ausgelassen und nichts übersprungen werden, keine Kehre und kein Umdenken, keine gute und keine schlechte Erfahrung, kein Tag, kein Schritt.

Umkehr und Umdenken gehört zum Leben.

In jedem Labyrinth gibt es spitze Kehren (die Amerikaner sagen U-turns). In unserer christlichen Tradition sprechen wir von Umkehr oder Buße. Wer ein Labyrinth begeht, merkt, ohne solche Kehren gelange ich nicht ans Ziel. Umkehren und Umdenken ist kein Zeichen von Schwäche, sondern – im Gegenteil – ein Zeichen von Reife.
Da ist eine vierzigjährige Frau, die vor etlichen Jahren aus der Kirche ausgetreten ist. Heute denkt sie anders darüber, hat neue Erfahrungen gesammelt und wendet sich wieder der Kirche und Gemeinde zu. Ist das nicht eine gewaltige Wendung?
Da ist ein älterer Mann, der lange Jahre PS-starke Wagen gefahren hat. Heute ist er umgestiegen auf Bus und Bahn, beschäftigt sich mit Sonnenenergie und Windkraft, weil er nicht zusehen möchte, wie unser Planet kaputtgeht. »Schöpfung bewahren« ist für ihn nicht mehr nur ein kirchliches Schlagwort. Er will seinen Teil dazu beitragen. Ist das nicht eine gewaltige Wendung?
Ist es ihre Leistung, ihrem Leben eine neue Richtung gegeben zu haben? Ist es unser Verdienst, wenn wir Entscheidungen treffen und Taten folgen lassen? Zunächst ja.

Aber im Rückblick werden wir vielleicht entdecken: Wir wurden geführt. Da war schon jemand da, der mir den Weg gebahnt hat. Da war jemand zur Seite mit Stecken und Stab (vgl. Psalm 23,4).

Unvollkommenheit und Schuld gehören zum Weg des Menschen.

Das große gotische Labyrinth in Chartres hat elf Umgänge, elf Kreise. Elf ist in der christlichen Zahlensymbolik die Zahl der Unvollkommenheit. Das heißt für mich: Auch diejenigen, die sich auf eine ehrliche und gläubige Suche nach sich selbst und nach Gott begeben, auch diejenigen, die sich führen lassen, bleiben unvollkommene Menschen. Auch wir vom ThomasMesse-Team verheddern und verzetteln uns, auch wir verrennen uns in Ideen oder stehen manchmal in der Gefahr, den Faden zu verlieren. Unvollkommenheit, ja Schuld gehören zum Weg des Menschen.

In unserem Labyrinth, das wir im Chorraum der Marienkirche aufgebaut haben, da wartet in der Mitte nicht Minotaurus, das gefährliche Ungeheuer, sondern eine Schale mit Wasser. Dieses Wasser soll Zeichen des Lebens sein, vielleicht Erinnerung an die Taufe, jedenfalls erfrischend, stärkend. Wer will, kann hineinfassen und sich bekreuzigen. Für uns Christen ist der dreieinige Gott die Mitte. Er begleitet uns, er stärkt uns, er vergibt uns unsere Schuld.

Raus aus der Mitte – hinein ins Leben.

Und dann führt der Weg wieder heraus aus der Mitte. Zurück ins Leben. Auch diese Wegstrecke hat ihre Bedeutung. Auf dem Berg der Verklärung wollte Petrus Hütten bauen, weil's so schön war. Aber sie mussten wieder hinunter in die Niederungen des Lebens (Matthäus 17,9). Am Ende des Markus-Evangeliums heißt es: »Gehet hin in alle Welt« (Markus 16,15).
Wie der Gang durchs Labyrinth, so kann auch die ThomasMesse alle zwei Monate ein Ort sein, an dem wir auftanken. Aber sie ist kein Ort, an dem wir uns gemütlich einrichten. Der Weg führt zum Schluss wieder hinaus. Hinein ins Leben. Hinein in eine neue Arbeitswoche. Ich wünsche uns, dass wir – die Erfahrung des Labyrinths hinter uns – mutig losgehen. Schritt für Schritt.

»Es gibt nur einen schmalen Einschlupf in das Labyrinth.
Nur hier kannst du eintreten.
Es ist nicht einfach; der Lärm muss draußen bleiben.
Unterwegs weißt du meistens nicht, wo du bist, ob nah oder fern
dem Ziel.
Scheint es nah, ist es gleich darauf ungewiss –
wie immer auf dem Lebensweg.
Aber gib nicht auf!
Geh Schritt für Schritt, die Mitte umkreisend.
Wenn du sie findest, findest du dich selbst,
deine eigene Mitte
und zugleich Gott,
der alles umfasst und in dem
die Welt, ein jeder Mensch und du selbst
ihren Grund haben.«
Amen.

GEMEINSAMES LIED

EG 656 »Wir haben Gottes Spuren festgestellt«

OFFENE PHASE

Sie haben 20 Minuten Zeit um:
- Kerzen anzuzünden (bei der Kanzeltreppe),
- sich Zeit fürs Gebet zu nehmen und Fürbitten zu formulieren
  (Gebetswand),
- die Marienkapelle als Raum der Stille zu nutzen,
- Taizé-Lieder zu singen,
- mit dem Prediger ins Gespräch zu kommen,
- meditativ zu tanzen (Turmvorhalle),
- jemandem Ihre Sorgen anzuvertrauen (Personen mit weißem
  Schal und Namensschild),
- sich segnen und salben zu lassen (beim Taufstein),
- sich über »Wirbelwind e.V.« zu informieren (Informations-
  tisch),
- oder das im Chorraum gestaltete Labyrinth abzuschreiten.

Beispiel für ein trinitarisches Wort zum Segnen-und-Salben-Ritus:

N. *(wir reden mit dem Vornamen an)*, ich segne und salbe dich
im Namen Gottes, der dir das Leben gab und dich erhält,
im Namen Jesu Christi, der dich liebt und von der Last der Vergangenheit befreit,
im Namen des Heiligen Geistes, der dich belebt und begabt.

*Wir machen mit Duftöl das Kreuzzeichen auf Stirn und beide
Hand-Innenflächen. Außerdem wird ein Bibelwort zugesprochen.*

MUSIK

Die »offene Phase« wird mit Musik beendet.

Jazz-Duo: Posaune und Piano

• 3. Teil. Wir bringen vor Gott, was uns bewegt

OPFERANKÜNDIGUNG

Die eine Hälfte des Opfers ist für »Wirbelwind e.V.« und die andere Hälfte für die Organisation der ThomasMesse bestimmt.

GEMEINSAMES LIED

EG 361,1–4.12 »Befiehl du deine Wege«

FÜRBITTENGEBETE

Drei mal drei Gebete von den in der »offenen Phase« auf Gebetskärtchen geschriebenen Gebeten werden vorgelesen. Jeweils dazwischen wird ein Liedruf gesungen:

EG 178,12 »Kyrie eleison«

VATERUNSER

• 4. Teil: Wir feiern das Heilige Abendmahl

Wir wollen nun gemeinsam das Abendmahl feiern. Gott schenkt sich uns darin in Brot und Wein. Ob ich mich im Glauben gerade vertrauensvoll bei Gott aufgehoben weiß oder an ihm und seiner Güte zweifle – zu Gott darf ich kommen, so wie ich bin. Seine Nähe in Brot und Wein will uns stärken:
– zum Träumen
– zum Wagen neuer Schritte
– zum Loslassen lähmender Illusionen
– zum Leben.
Im nächsten Lied bringen wir vor Gott, was uns belastet und beengt, damit sein weiter Horizont auch immer mehr der unsere werde.

LIED

EG 589 »Meine engen Grenzen«

GABENDARBRINGUNG

Gepriesen seist du, Herr, unser Gott, Schöpfer der Welt. Wir kommen mit Freude und bringen unsere Gaben. Wie die Körner, einst zerstreut auf den Feldern, und die Beeren, einst zerstreut in den Weinbergen, jetzt auf diesem Tisch vereint sind, so, Herr, lass dein ganzes Volk versammelt werden von den Enden der Erde in deinem Reich.

PRÄFATION

Es ist würdig und recht, dass wir dir, guter Gott, ein Lied vom Leben singen. Denn du hast dein Volk befreit aus der Knechtschaft, du hast Menschen befreit aus Zwängen. Du befreist auch uns immer wieder zu neuem Leben und lässt uns aufbrechen. Dafür danken wir dir und stimmen dir mit allen, die mit uns im Glauben verbunden sind, ein Lied des Lebens an.

GROSSES LOBGEBET

EH 226 »Sanctus« *(Kanon zu vier Stimmen)*

EINLADUNG

Das Mahl der Befreiung und des Friedens schließt niemanden aus. Christus, der Einladende, will alle um seinen Tisch versammeln. So sind wir alle eingeladen, daran teilzunehmen. Wir feiern mit Brot und Traubensaft. Wir bilden dazu einen großen Kreis im vorderen Teil der Kirche, den wir dann in den Mittelgang hinein verlängern, sodass die Form eines Kreuzes entsteht. Einzelkelche werden im Chorraum ausgeteilt. Bitte achten Sie darauf, möglichst keine Lücken zu lassen, und kommen Sie auch auf den Seitengängen nach vorn. Wenn Sie sich nicht einreihen wollen, können Sie selbstverständlich auch sitzen bleiben und in aller Stille mitfeiern. Und nun kommt, denn es ist alles bereit.

Warten, bis alle ihren Platz gefunden haben.

FRIEDENSGRUSS

Haben Sie schon nach rechts und links geschaut? Lasst uns das tun, bevor wir teilen: uns gegenseitig wahrnehmen, aufeinander zugehen und uns ein Zeichen des Friedens geben – einen Händedruck, einen guten Wunsch – z. B. mit den Worten: »Friede sei mit dir!«

EINSETZUNG

Als Israel aus ägyptischer Knechtschaft befreit wurde, da musste das Mahl in aller Eile genommen werden. Ungesäuerte Brote aß man – bereit zum Aufbruch. In Erinnerung an diese Befreiung aus Ägypten feiert das Volk Israel bis heute das Passahfest, das Fest der ungesäuerten Brote, das Fest der Befreiung aus Ägypten. Auch Jesus feierte mit seinen Jüngern dieses Fest- am Abend vor seinem Tod.
Erinnern wir uns: In der Nacht, als er verraten wurde, nahm Jesus das Brot, dankte und brach's und sprach: Das ist mein Leib, der für euch gegeben wird; das tut zu meinem Gedächtnis! Denn sooft ihr von diesem Brot esst und aus diesem Kelch trinkt, verkündigt ihr den Tod des Herrn, bis er kommt.
Schmecket und sehet wie freundlich der Herr ist.

AUSTEILUNG

Ich verteile nun zuerst Brot und Kelch unter den Mitarbeitern. Diese bringen dann die Gaben zu Ihnen. Einzelkelche im Chorraum, sonst Gemeinschaftskelch. Wenn Sie nicht aus dem Becher trinken wollen, behalten Sie einfach das Brot in der Hand und tauchen es ein. Oder Sie geben dem oder der Austeilenden ein Zeichen, weiterzugehen.

AUSTEILUNG AN DIE MITARBEITENDEN

Nehmt und esst vom Brot des Lebens!
Nehmt und trinkt vom Kelch des Heils!

Mitarbeiterinnen und Mitarbeiter gehen jeweils zu zweit zum Austeilen, der eine nach rechts, die andere nach links. Sie reichen das Brot und den Kelch den Teilnehmenden. Dabei sind sie frei in dem, was sie dazu sagen wollen:

Brot des Lebens/Kelch des Heils
Christi Leib/Blut für dich gegeben

DANKGEBET NACH DEM MAHL

Wir danken dir, guter Gott, dass du uns gibst, was wir brauchen zum Leben, und dass du bei uns bist. Lass uns nicht los, auch wenn wir dich manchmal loslassen und nicht wissen, wo wir hingehören. Hilf uns, frei und geborgen als deine Kinder zu leben. Amen.

• 5. Teil: Wir nehmen Gottes Zutrauen mit in unseren Alltag

ABSCHLUSS

Ich möchte Sie an dieser Stelle einladen zu einem Glas Saft oder Tee in der Westvorhalle. Sie können uns vom Mitarbeiterteam auch gerne ansprechen, Fragen stellen oder noch etwas loswerden.
Die ThomasMesse ist nun bald vorbei. Trotzdem bleiben wir miteinander verbunden: Durch das, was wir erlebt haben, durch un-

ser Singen und Beten, durch Gottes guten Geist. Dass dies so sei, darum lasst uns bitten und uns einander an den Händen fassen beim Singen.

GEMEINSAMES LIED

EG 171,1–4 »Bewahre uns Gott, behüte uns Gott«

EINLADUNG ZUM SEGEN

Zum Wort der Sendung und des Segens sind Sie (wenn Sie möchten) alle eingeladen, sich in den Kreis mit einzureihen.
Wenn wir jetzt auseinander gehen,
verlässt uns die Zusage Gottes nicht.
Er lasse unsere Träume blühen,
Wurzeln in der Erde schlagen,
wachsen und Frucht tragen.
Er segne uns.
Der Friede Gottes, der höher ist als alle Vernunft,
bewahre unsere Herzen, Sinne und Gedanken in Jesus Christus.
Amen.

Johannes Eißler

FlaminGo
Jugendgottesdienst
Nikolaikirche Reutlingen

WAS DIESEN GOTTESDIENST AUSMACHT

Der FlaminGo findet monatlich am zweiten Sonntagabend in der Nikolaikirche in Reutlingen statt. Er ist ein Gottesdienst von Jugendlichen für Jugendliche. Ein Großteil der Mitarbeiterinnen und Mitarbeiter entspricht vom Alter her der Zielgruppe. Das hat den Vorteil, dass der Gottesdienst nahe an den Bedürfnissen und den Lebensthemen der Besucherinnen und Besucher gestaltet wird.

Der FlaminGo lädt Jugendliche ein, Gemeinschaft mit anderen Christen zu haben und zusammen Gottesdienst zu feiern. Ein besonderes Anliegen ist es, den Besuchern die Möglichkeit zu geben, sich selbst mit einzubringen. Das kann beispielsweise bedeuten, dass sie künftig selbst mitarbeiten. Den Mitarbeitenden bietet der Gottesdienst Raum, eigene Fähigkeiten und Gaben auszuprobieren. Offiziell veranstaltet und unterstützt wird der FlaminGo von gut einem Dutzend evangelischer landeskirchlicher und freikirchlicher Gemeinden.

Inhaltlich konzentrieren wir uns auf das Leben und Wirken Jesu Christi. Zentral ist Christi Tod und Auferstehung und deren heutige Bedeutung für uns. Unser Ziel ist es, dass junge Menschen zum Glauben an Jesus Christus finden, dass sie darin vergewissert werden und dass sie diesen Glauben im Lebensalltag gestalten und vertiefen können.

WIE ES DAZU KAM

Die Idee zur Entstehung von FlaminGo wurde 1999 geboren. Einer der »Väter«, Gerd Voß, beschreibt im Folgenden, wie dieser Gedanke entstand und was sich daraus entwickelte: Zeitgleich mit der Projektgruppe Junge Erwachsene trafen sich in Reutlingen sechs Diakone und Jugendreferenten in einer informellen Initiativgruppe, zu der auch drei Personen der Projektgruppe gehörten. Thema war, über neue Wege zur Zielgruppe der 16–20-Jährigen nachzudenken.

Ein neuer Zugang muss eröffnet werden

Wir stellten fest, dass die bisher klassische Gruppenarbeit in den letzten Jahren immer weniger Jugendliche als Quereinsteiger erreicht. Die meisten sind mit der Jungschar aufgewachsen und durchlaufen die kirchlichen Gruppen. Die Gruppe ist als Einstiegsangebot für Neueinsteiger der heutigen Generation Jugendlicher zu verbindlich und damit abschreckend (Ausnahmen bestätigen die Regel!).
Inspiriert durch ein Video über englische Jugendgottesdienste kamen wir auf den Gedanken, eine Veranstaltung anzubieten, die die Schwelle zum Einstieg niedriger macht. Sie musste folgende Kriterien haben:
– Eventcharakter: »Es sind außer mir noch viele andere da.«
– Unverbindlich: Man kann kommen, ohne sich als Gruppenmitglied festzulegen.
– Regelmäßig: Was weniger als monatlich läuft, gehört nicht zum Lebensvollzug.
– Lebensnah in Thematik und Darbietung: »Da komme ich vor.«
– Authentisch: Christen verstecken sich nicht, sondern äußern und feiern ihren Glauben gerade heraus.
– Elementar: Christlicher Glaube wird in verständliche Formen und Formeln verpackt.
– Kultig: Jugendliche haben heute durchaus ein Faible für Spiritualität.
– Beteiligend: Nicht wir machen was für sie – sie sollen mitgestalten!

Von den Jugendlichen her denken

Wir lieben die Unverbindlichkeit nicht, aber die Jugendlichen leben so. Wir sind nicht »eventgeil«, aber Jugendliche lassen sich dafür begeistern. Wir haben Angst, mit klaren Statements zum Glauben zu radikal zu wirken oder Jugendliche abzuschrecken, aber Jugendliche wollen klare Sache. Wir wissen gar nicht immer, wie Jugendliche leben, aber wir müssen uns da hinein begeben. Glaube ist uns selbst in theologischer Ausbildung und persönlichem Leben immer komplizierter geworden. Wir können ihn kaum noch elementarisieren, ohne ihn zu verkürzen. Aber Jugendliche brauchen einen einfachen und elementaren Einstieg – vor allem, wenn wir nicht nur Gymnasiasten erreichen wollen. Darum: lieber verkürzen als verschweigen. Wir stecken bis zum Hals in Arbeit. Nun noch eine monatliche Veranstaltung? Wenn wir bis zum Hals in kirchlicher Arbeit stecken, aber trotzdem nicht an die Jugendlichen herankommen, müssen wir darüber nachdenken, was da nicht stimmt. Also los – auch wenn's weh tut!

Miteinander auf dem Weg – ein Forum schaffen

Das oben genannte Problem ist kein rein landeskirchliches Problem. In Reutlingen und Umgebung kämpfen auch die Freikirchen mit den gleichen Fakten. Es schien uns an der Zeit, über die konfessionellen Grenzen und Frömmigkeitsstile hinweg Menschen einzuladen, die eine Leidenschaft für das Evangelium und für junge Menschen haben. Ein ökumenischer Aufbruch.

Wir luden die Vertreter der Freikirchen persönlich zu einem Forum zu diesem Thema ein und siehe da, sie kamen! Schon im ersten Forum wurde klar: Es soll nicht einfach eine Veranstaltung, sondern ein Gottesdienst sein – urchristliche Lebensäußerung trifft jugendliche Lebenskultur.

In fünf Foren entwickelten wir gemeinsam den FlaminGo. Von der Namensgebung über die Wahl der Kirche, von unverzichtbaren Elementen zu den Variablen: Finanzen, Mitveranstalter, Rechtsträger, inhaltliches Leitbild, Organisationsstruktur – ein manchmal mühsamer und langwieriger Prozess, der sich über ein Dreivierteljahr hinzog.

In der Zusammenarbeit verschiedener Kirchen erwies sich als wichtig:

– Die Initiative muss von einer integrativen Kraft ausgehen: In Reutlingen war dies das Evangelische Jugendwerk Bezirk Reutlingen. Es stand theologisch in der Mitte der eingeladenen Gemeinden und war mit gesprächsfähigem Personal besetzt.

– Karten auf den Tisch: Was wollen wir, was wollen wir nicht, wovor haben wir Angst? Jeder muss das sagen dürfen, und dafür muss ein eigener zeitlicher und methodischer Rahmen geschaffen werden.

– Gespräch hinter den Kulissen: Die Mitglieder der oben genannten Initiativgruppe waren im ständigen Gespräch mit den
Vertretern der Gemeinden auch außerhalb der Foren.
– Transparenz: Solche Zusammenarbeit wird von allen Seiten
kritisch beäugt. Wir haben nach einem halben Jahr, als FlaminGo anfing, Gestalt anzunehmen, einen Brief an sämtliche
Pfarrerinnen und Pfarrer, Gemeindeleiter und -leiterinnen sowie Kirchengemeinderäte der Region Reutlingen geschrieben,
um sie sachlich darüber zu informieren, was da passieren wird.
Acht Mitveranstalter schlossen sich zusammen zur AG FlaminGo. Sie wollen den FlaminGo prägen und durch Mitarbeit,
Gebet und Geld tragen. Darum herum gab es neun unterstüt-
zende Gemeinden und christliche Vereine, die FlaminGo besonders durch Finanzen in die Startlöcher halfen.

Im Gebet begleitet

»Mit unserer Kraft ist nichts getan, wir sind gar bald verloren.«
(Martin Luther)
Im ersten Forum sagte ein Teilnehmer:»So ein geistliches Projekt
muss aus Gebet geboren und von Gebet getragen sein.« Wir haben Gebetsgruppen eingerichtet, die sich regelmäßig treffen, um
für die Anliegen des FlaminGo zu beten. Mitglieder einer mit-
veranstaltenden Freien Gemeinde treffen sich während des FlaminGo, um ihn im Gebet zu stützen. Wir sind Mitarbeiter im
Reich Gottes. Ohne den Kontakt zum Auftraggeber verschwim-
men sowohl Auftrag als auch Motivation im Nebel von Wünschen, Gelüsten, Stolz und Empfindlichkeiten. FlaminGo wird
vom Gebet getragen, das der Verheißung vertraut:»Wo zwei sich
eins werden auf Erden, worum sie bitten wollen, wird es ihnen
vom Himmel widerfahren« (Mt 19).

WEN ER ANSPRECHEN WILL UND
WEN ER TATSÄCHLICH ANSPRICHT

Der FlaminGo hat als Zielgruppe Jugendliche von 16–20 Jahren.
Tatsächlich ist die Altersspanne aber größer. Die meisten Besucherinnen und Besucher sind zwischen 14 und 25 Jahren.
Der Gottesdienst ist mit dem Ziel entstanden, nichtchristliche Jugendliche zu erreichen. Doch das ist nicht eindeutig: Was heißt

eigentlich nichtchristliche Jugendliche? Die Jugendkulturen sind so vielschichtig (Bildung, Herkunft, Musikgeschmack, usw.), dass es nicht möglich ist, mit einem Projekt alle zu erreichen. Entscheidend ist die authentische und lebensnahe Verkündigung, weil viele Besucher großes Interesse an der Botschaft haben. Wir sind daher mehr und mehr von dem Ziel abgekommen, »nur« Nichtchristen anzusprechen. Im Team wurde immer wieder diskutiert, ob wir einen Gottesdienst für Nichtchristen oder Christen machen wollen. Dabei wurde oft deutlich, dass er schon hauptsächlich für Christen sein sollte. Dies ist natürlich ausschlaggebend für die Themenwahl. Dadurch wird es schwerer für Besucher, die eingeladen werden und keine Christen sind.

Da es einige Besucher gibt, die nur in den FlaminGo kommen, möchten wir unseren Gottesdienst auch nutzen, um suchenden Christen Kontakte zu Gemeinden zu ermöglichen. FlaminGo will keine eigene Gemeinde, sondern eine Brücke zu den Gemeinden sein.

WIE ER VORBEREITET UND DURCHGEFÜHRT WIRD

Leitbild

Gerade wenn verschiedene Kirchen zusammenarbeiten, ist eine grundlegende gemeinsame Absichtserklärung wichtig. Ziele und Wege müssen formuliert und beschlossen sein. Neue Mitarbeiterinnen und Mitarbeiter müssen wissen, worauf sie sich einlassen. Nach außen muss FlaminGo – außer durch den Gottesdienst selbst – darstellbar sein. Darum haben wir ein Leitbild mit den wesentlichen inhaltlichen und konzeptionellen Eckpunkten verfasst. Dieses Leitbild ist nicht der Heiligen Schrift gleichzusetzen. Es kann verändert werden – aber nur durch einen Beschluss vom Forum FlaminGo.

Gremien und Strukturen

Bei einem Projekt in der Größe des FlaminGo ist die Schaffung von Strukturen unabdingbar. Einige davon werden im Folgenden vorgestellt:
Rechtsträger und Geschäftsstelle. Rechtsträger ist bisher das Evangelische Jugendwerk Bezirk Reutlingen (ejr). Die Geschäfts-

stelle des ejr ist die Kontaktadresse und dient für administrative Aufgaben (Adressverwaltung, Bankkonto, Kopien, Postversand). Das Haushaltsvolumen des FlaminGo betrug 10.500 Euro für das Jahr 2001. Da FlaminGo sich hauptsächlich aus den Beiträgen der Mitveranstalter und aus Spenden finanziert, muss das Geld sauber verplant und verwaltet werden. Zweimal jährlich wird im Forum der Haushalt offen gelegt.

Zweimal jährlich findet das Forum FlaminGo statt. Alle Mitveranstalter, Mitarbeitenden und Unterstützer der AG FlaminGo sind eingeladen. Das Forum überprüft die Gestalt des FlaminGo am Leitbild und bestimmt die FlaminGo-Themen der nächsten Periode. Außerdem wählt das Forum FlaminGo das Leitungsteam.

Das Leitungsteam fungiert als Ansprechpartner und nimmt alle Belange des FlaminGo auf. Es trifft sich monatlich, um die Vorbereitungstreffen vorzubereiten sowie geschäftsführende und konzeptionelle Aufgaben wahrzunehmen. Es ist zuständig für die Leitung von jeglichen Teamtreffen (Leitungsteam, Forum, Gesamtteam und Programmteam), für die Außenvertretung, Finanzen, für die inhaltliche und organisatorische Planung der Gottesdienste, Werbung, Adressverwaltung und Versand (z. B. für den Infobrief), für das Netzwerk der Angebote aus den Gemeinden und die Vorstellung von Jugendgruppen im FlaminGo.

Beim Gesamtteamtreffen finden die ersten Vorbereitungen für den Gottesdienst statt. Hierzu sind alle Mitarbeitenden und speziell der Prediger eingeladen.

Das Programmteam ist für die konkrete Umsetzung des FlaminGo verantwortlich und setzt sich aus den Vertretern der jeweils am Gottesdienst beteiligten Gruppen zusammen.

Schritte der Vorbereitung (Gesamtteam)

Nach einer Ankommphase werden zu Beginn speziell die Neuen in der Runde begrüßt. Mit einem Gebet wird der Abend eröffnet. Danach gibt es ein ca. 15 Minuten langes Feedback zum letzten Gottesdienst. Es werden positive und negative Erfahrungen ausgetauscht und daraus evtl. Konsequenzen für die Zukunft gezogen. Der Prediger des vorzubereitenden Gottesdienstes legt eine inhaltliche Spur, um alle Mitarbeiter in das neue Thema einzuführen. In Kleingruppen werden Gedanken unter folgenden Stichworten gesammelt: Allgemeines zum Thema – die Jugendlichen und das Thema – die Bibel und das Thema – Gestaltungsvor-schläge. Jede Kleingruppe schreibt ihre Ergebnisse auf Folie un-ter den Stichworten mit und stellt sie nach einer Brainstorming-phase vor.

Die Ergebnisse zu den ersten drei Stichworten sind besonders für die Verkündigerin bzw. den Verkündiger wichtig und werden zur Predigtvorbereitung mitgegeben. Die Gestaltungsvorschläge sind wichtig für die konkrete Gestaltung des gesamten nächsten FlaminGo. Die darunter aufgeführten Ideen werden schon wäh-rend der Vorstellung unter Aspekten geordnet auf einer Folie mit-geschrieben, wie z. B: Liturgisches und Meditatives – Theater/ Tanz – Äußerer Rahmen (Dekoration, Licht, Technisches) – Ak-tion mit Teilnehmenden (Saalinterview, Spiel ...) – Medien (Vi-deo zum Thema, Bilder, Musik).

In der anschließenden Pause wird schriftlich abgestimmt, welche von den vorgeschlagenen Elementen im nächsten FlaminGo vor-kommen sollen. Es kann vorkommen, dass vorgeschlagene Pro-grammpunkte nochmals genauer erläutert werden müssen oder dass über einen Vorschlag nochmals in der großen Runde mit Handzeichen abgestimmt werden muss. Es bilden sich nun Teams, welche die beschlossenen Elemente realisieren sollen. Gegebenenfalls suchen sie sich weitere Hilfe aus ihrer Ge-meinde, ihrem Verein, ihrem Bekanntenkreis, um das Beschlos-sene umsetzen zu können.

Gegen Ende des Vorbereitungsabends sind noch ca. 15–20 Mi-nuten Zeit, Dinge anzudenken und Beziehungen untereinander zu nutzen, um manches schon in die Wege zu leiten (Du kennst doch..., ihr habt doch ..., frag mal deinen Bruder, ob ...). Die ein-zelnen Gruppen bestimmen noch eine Vertreterin oder einen Vertreter für das Programmteamtreffen und arbeiten dann in den verbleibenden Wochen selbständig ihren Programmpunkt aus.

Das Programmteam trifft sich ca. zwei Wochen vor dem Fla-minGo. Jede Gruppe ist durch eine Person vertreten. Dieser teilt den anderen den Stand der Vorbereitungen mit. Manchmal zeigt sich, dass sich Programmpunkte nicht umsetzen lassen oder dass sie eher unpassend sind. Es kann sich auch herausstellen, dass ein wichtiges Gestaltungselement fehlt, welches aber auf jeden Fall noch von »spontanen« Mitarbeitern eingebaut werden sollte. Die einzelnen Programmpunkte werden dann in einen chrono-logischen Ablauf gebracht.

Etwa eine Woche vor dem Gottesdienst wird an alle Mitarbeitenden und Interessierten aus den Gemeinden ein Infobrief verschickt. Dieser enthält üblicherweise ein kurzes Anschreiben mit Vorstellung des Themas und aktuelle Gebetsanliegen. Im Anhang sind jeweils ein Programmplan und ein Organisationsplan beigefügt.

Im Programmplan steht der zeitliche Ablauf des FlaminGos und wer für welchen Programmpunkt zuständig ist. Der Organisationsplan gibt den Ablauf des Aufbaus vor.

Einer oder eine aus dem Team ist für die gesamte Koordination am Tag der Gottesdienstfeier verantwortlich. Hier laufen in organisatorischer Hinsicht die Fäden zusammen. Er oder sie hat die Kompetenz, auf unvorhergesehene Ereignisse entsprechend zu reagieren, um einen reibungslosen Verlauf zu gewährleisten.

WELCHE POSITIVEN UND WELCHE NEGATIVEN ERFAHRUNGEN GEMACHT WERDEN

Der FlaminGo ist für viele Jugendliche in und um Reutlingen nicht mehr wegzudenken. Es gibt sowohl einen Besucherstamm als auch immer wieder Neue, die durch Freunde mitkommen oder aufgrund der zentralen Lage hereinschnuppern. Viele Gemeinden nutzen die Möglichkeit und besuchen den FlaminGo mit ihren Jugendgruppen.

Überkonfessionelle Zusammenarbeit

Die überkonfessionelle Zusammenarbeit ermöglicht einen vielseitigen Gottesdienst. So kommen beispielsweise die Prediger aus verschiedenen Gemeinden. Sowohl Mitarbeitende als auch Mitglieder von Jugendgruppen, die den Gottesdienst besuchen, begegnen Gleichaltrigen aus anderen Gemeinden. Sie stellen Gemeinsamkeiten und Verschiedenheiten fest – erweitern ihren Horizont. Es ist nicht von der Hand zu weisen, dass eine überkonfessionelle Zusammenarbeit immer wieder Konflikte mit sich bringt. Dies geschieht trotz eines gemeinsam angefangenen Weges und trotz eines gemeinsam verfassten Leitbildes, welches z. B. besagt:

»Darum konzentriert sich die AG FlaminGo auf die Mitte des Evangeliums: Die Verkündigung von Leben und Werk des geschichtlichen Jesus von Nazaret und seine Auferweckung durch Gott. Theologisch unterschiedliche Verständnisse, z. B. in Fragen der Taufe, der Ethik, des Schriftverständnisses und der Lehre vom Heiligen Geist, sollen uns nicht in dieser gemeinsamen Aufgabenstellung behindern.«

Die verschiedenen Frömmigkeitsstile der Gemeinden prägen immer auch die Wahrnehmung und die Beurteilung eines Gottesdienstes. Was für den einen schon zu radikal ist, ist für den anderen noch zu liberal. Die Kunst besteht darin, dass Beteiligte in ihren Unterschieden im Dialog miteinander bleiben und dass eine offene Gesprächskultur gepflegt wird. Ein gewisses Maß an Streitfähigkeit und Toleranz ist gefordert.

Mitarbeiterinnen und Mitarbeiter

Seit dem Start des Projekts FlaminGo stellen wir ständig fest, dass Aufgaben und Verantwortung immer mehr von jungen Mitarbeiterinnen und Mitarbeitern wahrgenommen werden. Dies liegt daran, dass der FlaminGo Raum bietet, eigene Gaben zu entwickeln und kreativ zu sein. Erwachsene Mitarbeitende ziehen sich zurück oder arbeiten im Hintergrund, wenn sie merken, dass das Programm auch ohne sie gestaltet werden kann.
Leider gibt es im FlaminGo auch Aufgaben, die nicht wahrgenommen werden, weil es an entsprechenden Mitarbeitenden fehlt, die Erfahrung und Zeit mitbringen.

Ort der Begegnung

Vor allem räumlich sind den Möglichkeiten der Begegnung Grenzen gesetzt. Zwar ist die Nikolaikirche von der Lage her optimal. Sie befindet sich in der Reutlinger Fußgängerzone, nahe an den Jugendlichen und zentral. Jedoch ist sie aufgrund ihrer Größe »nur« für einen Frontalgottesdienst geeignet, und es ist schwierig, die Besucher durch »Mitmachaktionen« oder dergleichen aktiv zu beteiligen. Deshalb ist leider ein beteiligender Gottesdienst, was eigentlich eines unserer Ziele ist, derzeit kaum möglich.
Ein weiteres Ziel ist es, Kontakte zu Besuchern zu knüpfen. Wir haben versucht, eine Ecke der Nikolaikirche mit Bistrotischen, Snacks und Getränken herzurichten, um eine geeignete Atmo-

sphäre zu schaffen. Die Erfahrung zeigte aber, dass das mit dem Abbau, der gleichzeitig stattfindet, konfligiert. Wir starteten einen zweiten Versuch. Eine Gemeinde, die FlaminGo unterstützt, bot uns ihre Räume zur Nutzung an. Obwohl die Räumlichkeiten nur ca. 100 Meter von der Kirche entfernt sind, wird das Angebot von den Besuchern kaum wahrgenommen.

Musik

Musikalisch war der FlaminGo lange Zeit durch die Lobpreisband Access geprägt. Sie setzte einen Standard, der es vielen möglich machte, durch Musik tatsächlich Gottesdienst zu »feiern« und Gott zu loben. Durch den Weggang von Access bietet der FlaminGo jetzt gerade auch jungen Bands die Möglichkeit, sich zu entwickeln und auszuprobieren. Die Musik nimmt zeitlich gesehen viel Raum im FlaminGo ein. Einerseits wurde schon die Erfahrung gemacht, dass sich die Musik zu sehr verselbständigte und nicht direkt zum Rest des Gottesdienstes passte. Andererseits haben wir auch schon oft erlebt, dass ein verantwortungsvoller Umgang mit Musik vor Gott und Menschen sich bereichernd für den gesamten Gottesdienst auswirkt. Eine gute Abstimmung zwischen Band, Prediger und Mitarbeitern ist von großer Bedeutung. Bisher haben sich alle Bands inhaltlich hauptsächlich auf Lobpreislieder, etwa im Spektrum der »Feiert Jesus«-Liederbücher, konzentriert. Dies wurde von den meisten Besuchern und Mitarbeitern positiv aufgenommen. Dennoch gibt es auch kritische Stimmen, die bemängeln, dass das Liedgut zu einseitig ist.

WIE DIE ZUKUNFT AUSSIEHT

Der FlaminGo ist, bei allem was hier beschrieben wurde, ein überaus dynamisches Projekt und unterliegt somit ständiger Veränderung. Es finden immer wieder Wechsel in der Mitarbeiterbesetzung statt. Viele jungen Mitarbeiterinnen und Mitarbeiter kommen in einen Lebensabschnittswechsel, beginnen ein Studium usw. Gleichzeitig eröffnen sich dadurch natürlich auch neuen Mitarbeitern mit neuen Ideen Chancen. Erfahrungsgemäß erfordern personelle Wechsel oft auch eine Anpassung der vorhandenen Strukturen.

FlaminGo ist ein Projekt, das ständig in Bewegung ist. Zum einen befindet man sich bei einem monatlichen Gottesdienst im Stile von FlaminGo, der einen gewissen Eventcharakter hat, eigentlich immer in Aktion. Wenige Tage nach einem Gottesdienst wird mit der Vorbereitung des nächsten FlaminGos begonnen. Zum andern ist jedoch nicht nur die Arbeit bzw. »Produktion« an sich wichtig. Für ein homogenes Mitarbeiterumfeld ist es lebensnotwendig, dass der persönliche Kontakt gepflegt wird, dass der Austausch über den persönlichen Glauben stattfindet und die Gemeinschaft als Geschwister gelebt wird.

Immer wieder stellen wir fest, dass es mehr Begleitung der jungen Mitarbeiterinnen und Mitarbeiter braucht. Viele haben nicht nur den Wunsch, sich im FlaminGo einzubringen, sondern selbst auch Bedürfnisse und Fragen. Diese Aufgabe anzugehen, dürfte für die Zukunft wichtig sein, weil letztendlich vom Zustand des Mitarbeiterteams das Bestehen des Projekts mit abhängt. Nicht zuletzt ist der Kontakt zu den Veranstaltern von großer Bedeutung, um den gemeinsamen Weg im Auge zu behalten.

Allein die Mitarbeiter- und Veranstaltersituation zeigt, dass der FlaminGo einen hohen Aufwand braucht, der oft nicht direkt mit dem »Kerngeschäft«, dem Gottesdienst an sich, zu tun hat. Im Prinzip wäre für den FlaminGo in seiner momentanen Lage eine hauptamtliche Kraft nötig, z. B. ein Jugendreferent zu mindestens 50 Prozent. In diesem Zusammenhang bemerkte auch Gerd Voß: »Im Grunde aber braucht es hauptamtliches Personal dazu. Wenn ein Bezirksjugendwerk oder eine Gesamtkirchengemeinde (o. Ä.) sich auf den Weg zu einem solchen Projekt machen möchte, muss ihr das klar sein. Das Reutlinger »Pioniermodell« kann in dieser Hinsicht kein Modell sein.«

Trotz dieser Probleme gibt es viele Mitarbeiter und Gemeinden, die von dem Projekt FlaminGo total begeistert sind. Viele Mitglieder des Teams sind durch FlaminGo in ihrem Glauben und ihrer Persönlichkeit gereift. Sie sehen ihre Mitarbeit als Dienst für ihren Herrn an und erfahren sie als sinnstiftend. Ebenso zeigt die volle Kirche, dass der FlaminGo sich in Reutlingen etabliert und Anklang gefunden hat.

»FlaminGo«-Gottesdienst im April

Definition: Christ

Wichtig für die Durchführung des Gottesdienstes ist eine gute Planung. Vor dem Gottesdienst erhält jede und jeder Mitarbeitende einen genauen Programmplan mit Zuständigkeiten und Zeiteinteilung. Im Folgenden ist ein Gottesdienst mit Ablaufplan und einzelnen Elementen beispielhaft dargestellt.

PROGRAMM

Zeit	Was?	Wer?
18:55	Brockhaus & Bilder, Beginn des Countdowns (über Beamer)	Michael, Daniel
19:00	Begrüßung: Thema, Nicki & Kathrin vorstellen, Votum, Gebet	Ilona & Kathrin
19:08	Anspiel »Def. Christ« mit Prof. Dr. Dr. Steffen Bauer	Steffen, David, Benny, Heike
19:17	Musik I	Newcomer
19:35	Nikodemusgeschichte	Micha, Steffi, Daniel
19:42	Predigt	Nicki
20:05	Nikodemusminute	Nicki
20:06	Musik II (ruhiges Lied zum Beenden der Nikodemusminute)	Newcomer
20:20	Schlussmoderation mit allen Infos	Ilona & Kathrin
20:28	Opferansage; Einsammellied	Moderation, Newcomer
20:30	Segenslied – Segen – Segenslied	Moderation, Newcomer
20:35	Verabschiedung, Praystation, Teekeller	Ilona & Kathrin

ORGANISATIONSPLAN

12:00 Uhr	Aufbau Lichttechnik/Tontechnik
13:00 Uhr	Aufbau und Soundcheck Newcomer
16:15 Uhr	Aufbauteam Papphocker/Deko
16:45 Uhr	Aufbau Beamer und Powerpointprobe
17:00 Uhr	Teekeller aufbauen
17:30 Uhr	Teamtreffen für letzte Absprachen und Gebet. Bitte seid dann alle da. Wir brauchen noch Leute, die so im Programm nicht auftauchen, für einzelne Aufgaben wie Opfer und Begrüßung am Eingang.
18:30 Uhr	Wäre super, wenn jetzt wirklich alles fertig wäre, damit wir uns darauf einstellen, dass jetzt Gottesdienst ist, und wir die Leute begrüßen können, die kommen.
18:50 Uhr	Go

Abbau

Bitte helft mit beim Abbau! Abbau bitte frühestens 20 min nach Gottesdienstschluss beginnen. Wir brauchen auch noch Leute, die im Teekeller aufräumen, das wird zwar spät, wäre aber auch superwichtig, danke!

BEGRÜSSUNG

Hallo und herzlich willkommen zum FlaminGo »Definition: Christ«.
Ich freu' mich total, dass ihr heute Abend hier seid. Ich hoffe, ihr freut euch auch! Lasst mal was von euch hören …
Wir wollen Gott unseren Vater in den Mittelpunkt stellen, und dazu lade ich jeden von euch ein. Freu dich über das, was du Jesus zu verdanken hast, bete ihn an, und hör hin, auf das, was er dir sagen will.

GEBET

Jesus danke, dass wir heute FlaminGo feiern können.
Danke, dass du jetzt hier bist und jeden von uns kennst.
Du gibst so viel Grund zum Feiern.

Schenk uns die nächsten zwei Stunden echt 'ne Zeit,
wo wir dir begegnen und etwas von deiner Freude mitbekommen.
Amen

THEATERSTÜCK ZUM THEMA »DEFINITION: CHRIST«

Spieler: Nikodemus (N), Seine Frau (F)
Nikodemus' Frau wartet ziemlich »versifft« am Küchentisch, evtl.
im Bademantel; schlürft Kaffee leer, gähnt, geht zur Kaffeemaschine, macht sich noch mal eine Tasse, gammelt, pennt fast ein.
Nikodemus stürmt begeistert herein.

Nikodemus *(rüttelt an F.)* Oh Mann, zieh dir das rein – du wirst es nicht glauben! Ich muss dir unbedingt was erzählen.

F *(fährt erschrocken auf, blinzelnd, mit zusammengekniffenen Augen, »vertrielt« ins Publikum glotzend)* Hääääh? *(dann – ihren Mann erkennend – genervt, wütend – knallt die Kaffeetasse auf den Tisch.)* Da bist du ja endlich! Ich hab mir schon solche Sorgen gemacht! Wo warst du denn? Ich hab stundenlang auf dich gewartet und du ...

N *(sprudelt):* Hey, ich war gerade noch 'ne Runde dappen und hab ...

F ...und *du* bist einfach verschwunden, ohne irgendwas zu sagen! Ich sitze hier und trinke eine Tasse Kaffee nach der anderen und schlucke Baldriankapseln, um meine Nerven zu beruhigen, und überhaupt: *Was* machst du mitten in der Nacht draußen? Das ist doch gefährlich!

N *(immer noch mit den Gedanken woanders)* Weißt du, ich war doch bei diesem Jesus – ich hab ihn endlich gefunden, wollt ihn schon lang mal kennen lernen und ...

F *(aufbrausend):* Bist du ganz verrückt geworden? Zuerst schleichst du dich mitten in der Nacht durch die dunklen Gassen *(besorgter Unterton mitschwingend)* – dir hätte alles Mögliche passieren können – und dann auch noch, um zu diesem verrückten Wanderprediger zu gehen!!!

N Jetzt komm erst mal runter und lass mich erzählen. Gib dir mal das: Der ist nämlich gar kein verrückter Prediger!

F Denkst du denn gar nicht weiter? Stell dir vor, was morgen im Tempel los sein wird, wenn die Leute das erfahren! Du als

Pharisäer kannst dir doch so was gar nicht leisten! Unser Ruf!
Nikodemus, denkst du eigentlich auch mal an mich?

N *(gequält)* Natürlich, ich denke pau-sen-los an dich! *(wieder mit Begeisterung)* Und dieser Jesus – der hat mich so fasziniert.

F Jetzt hör doch mit diesem Jesus auf! Ich höre jeden Tag die schrecklichsten Sachen von ihm! Ich will, dass du dich von diesem Mann fern hältst! Hörst du?! Das wird alles nur noch schlecht enden! Du weißt, dass ich bei so was immer Recht habe!!

N *(in beruhigendem, besänftigendem Tonfall – etwas verzweifelt)* Aber jetzt komm schon, lass dir doch erst mal erzählen, was er gesagt hat!

F Vergisst du eigentlich, dass ich schwanger bin? Glaubst du für mich ist das einfach? *(Setzt sich erschöpft hin, ziemlich mit den Nerven fertig, leicht schluchzend)* Ich will doch nur ein ruhiges Leben und eine Familie! Aber du scheinst mich gar nicht zu verstehen!

N Natürlich versteh ich dich. Ich will ja auch ein entspanntes Leben! Aber mein Besuch bei Jesus hat doch gar nichts damit zu tun!

F *(zieht die Nase hoch.)* Gibst du mir mal die Tempos vom Schrank? Und meine Beruhigungstabletten?

N *(reicht ihr die gewünschten Sachen und nutzt die Pause, in der sich F die Nase putzt.)* Du, was ich gerade erlebt habe ist so unglaublich! Lass mich mal erzählen, und du wirst dich schon wieder beruhigen – wirklich! Jesus ist viel mehr als nur ein Wanderprediger – bei ihm spürt man richtig, wie viel Gott ihm bedeutet!

F *(schlürft wieder ihren Kaffee.)* Weißt du eigentlich, wie spät es ist? Reicht das nicht auch noch morgen?

N *(F ignorierend, wieder mit den Gedanken bei dem Treffen)* Ich bin heimlich zu ihm gegangen, um ihm zu sagen, dass …

F Ni-ko-de-mus ! Hallo – es ist mitten in der Nacht. Ich will ins Bett!

N Du wirst es nicht glauben, aber ich hab voll lang mit ihm gesprochen und …

F Ni-ko-de-mus, ich will jetzt schlafen …

N Ich muss dir das aber unbedingt noch erzählen …

F *(der Widerstand in der Stimme sinkt merklich.)* Nikodemus, ich verstehe dich wirklich, aber...

N Nein, hör mir doch zu. Der Mann ist der Hammer! Ich hab zwar nicht alles, was er gesagt hat, so ganz verstanden, aber allein schon seine Ausstrahlung hat mich umgehauen! Ich glaube wirklich, dass dieser Mensch von Gott kommt, und das hab ich ihm auch gleich am Anfang gesagt.

F Und, war er wenigstens ein bisschen geschmeichelt?

N Nee, er hat überhaupt nicht darauf reagiert.

F Sondern? Was hat er denn gemeint?

N Er hat gesagt: »Nikodemus, ich sage dir eins: Wenn ein Mensch nicht von neuem geboren wird, wird er das Reich Gottes nie zu sehen bekommen.«

F Mal langsam. Was hältst du davon, wenn du dir erst mal Gedanken darüber machst, dass unser Kind gut auf die Welt kommt, bevor du dich um irgendwelche anderen Geburten kümmerst?

N Ach was, jetzt warte mal ab, bei Jesus geht's um was ganz anderes ...

F Aha, hast du mir nicht gerade selbst so was erzählt wie: »Ein Mensch soll noch mal neu geboren werden, um in Gottes Reich zu kommen« !? – So ein Quatsch.

N Lass mich doch mal ausreden! Ich hab's zuerst ja auch nicht verstanden und hab deshalb noch mal nachgehakt. Und dann hat er's mir erklärt: »Wenn ein Mensch nicht umkehrt und durch Gottes Geist neu geboren wird, kann er nicht in Gottes Reich kommen.« Und später hat er noch gesagt, dass Menschen immer nur vergängliches Leben hervorbringen können, aber dass Gott uns durch seinen Geist neues, ewiges Leben schenken kann!

F *(immer noch skeptisch)* »Gott will uns noch mal völlig neu machen?« – Und wie soll das gehen? Klonen?

N Keine Ahnung. Er hat dazu nur was ganz Merkwürdiges gesagt – lass mich mal überlegen... äh genau, das ging ungefähr so: »Mit dieser Geburt durch den Heiligen Geist ist es wie beim Wind. Du kannst den Wind nicht begreifen, man weiß nicht so genau, wo er herkommt und wo er hingehen wird. Aber du siehst seine Auswirkungen. Und genauso ist es bei dieser Geburt durch den Heiligen Geist auch: Du kannst diese neue Geburt nicht erklären, du weißt nicht, was da überhaupt vor sich geht, aber jeder spürt, dass sich was verändert hat, und jeder bemerkt die Auswirkungen.

F Findest du nicht, dass sich das alles sehr seltsam anhört?

N Warte mal ab, das Krasseste kommt erst noch. Er hat davon gesprochen, dass jemand, den er »Menschensohn« genannt hat, an einem Pfahl hängen wird. Und dann hat er gesagt: »Jeder, der voll Vertrauen auf diesen Menschensohn sieht, wird ewiges Leben haben.«

F Einen gepfählten Menschen ansehen soll uns ewiges Leben bringen. Nikodemus, ich bitte dich!!! Jetzt wird's echt eklig ... – Komm, lass uns jetzt schlafen gehen! *(Geht ein Stück von der Bühne.)* Also, ich geh jetzt zumindest ins Bett!

N *(nur noch im Selbstgespräch)* Coole Sachen, die er da gesagt hat. Allerdings muss ich das alles erst noch verdauen ... *(nachdenklich)* Man muss noch mal geboren werden, durch Gottes Geist, aber wie das dann funktionieren soll, weiß niemand so richtig. Aber jeder wird die Auswirkungen mitkriegen und die Veränderung, die da vor sich geht, spüren ... und dann diese Sache mit diesem gepfählten Menschen, den man ansehen soll, um dadurch ewiges Leben zu bekommen. Hm, hm ... da muss ich noch mal gründlich drüber nachdenken! Mann, dieser Jesus hat mich ganz schön durcheinander gebracht. Das Ganze scheint mir aber ziemlich wichtig zu sein, und ich glaube, es ist die Wahrheit. Na ja, ich geh jetzt erst mal schlafen. Ich kann ja meine Frau nicht ewig warten lassen, die scheint sowieso schon ziemlich gestresst zu sein ...

F *(ruft im Hintergrund.)* Nikodemus, kommst du endlich!

PREDIGT

Was treibt einen Menschen, der im Leben alles hat, Ansehen, Sicherheit, Gehalt, frommes Profil, dazu, mitten in der Nacht aufzustehen, um Gott zu suchen? Kommt nicht oft vor! Vielleicht irgendein Schicksalsschlag? – Im einen Moment noch fröhlich beschäftigt mit dem Kleinkram des Alltags: auf eine Klausur lernen, Geld von der Bank holen, Kuchen für die Party backen, und dann passiert was: Flugzeuge stürzen sich in einen Turm, oder jemand, den du kennst, ist in einen Autounfall verwickelt, oder du wirst von einer unerwarteten Kündigung, einer Trennung oder einer Krankheitsdiagnose überrascht. Ein klaffendes Vakuum öffnet sich vor dir: Die Unsicherheit des Lebens glotzt dir ins Gesicht.

Ich weiß nicht, was bei Nikodemus der genaue Anlass war, aber wir spüren hier eine Art existentielle Zermürbtheit. Man muss eher aus Jesu Antworten heraus schließen, was die Fragen waren: »Wie mache ich es Gott recht? Komme ich ins Reich Gottes? Gibt es so was wie eine absolute Gewissheit? Vor allem, was muss ich tun?«

Da sind wir schon bei »Definition: Christ«! Ein mit Sicherheit übermüdeter Jesus lässt sich aus dem Bett holen und schaltet sich mit vollem Einsatz in die Geschichte ein. Nur weil ein Mann zu suchen anfängt, fängt Jesus an, sich dem unbequemsten Thema zu stellen, das es gibt, der Frage der persönlichen Rechenschaft vor Gott, der Schuldfrage: »Was muss ich tun?« Es macht viel mehr Spaß zu fragen: »Was muss der andere tun, was hat *der* falsch gemacht?« Ist es euch aufgefallen, wie viele Ausweichmanöver wir erfunden haben, wenn es um das Wort »Schuld« geht? Du merkst es in deinem Umgang mit Menschen, wenn du über jemanden herziehst, heißt es: »Meine ehrliche Art, mein gutes Recht auf meine Meinung.« Wenn jemand über dich herzieht: »Wie kann er nur, er hatte schon immer was gegen mich!«. Wenn du beleidigt bist: »Ich bin so verletzt, wie kann man mich nur so behandeln?« Wenn jemand anders auf dich sauer ist, heißt es: »Seine Überempfindlichkeit, soll sich 'ne dicke Haut zulegen.« Wenn du eine gute Note schreibst: »Klar, steht mir zu«, tut's ein anderer, ist er ein Streber usw.

Was macht Gott mit einem elenden Haufen Menschheit, fest gefangen in diesem Kreislauf der – man könnte fast sagen – Selbstzerstörung? Es braucht Information und Hilfe von außen. Die Theologen nennen es »Offenbarung«. Und gerade hier kannte sich Herr Doktor Theologe Nikodemus bestens aus. Der Umgang mit Gottes psychologischer »Schocktherapie« war sein tägliches Geschäft: Zwei steinerne Tafeln, beschriftet mit zehn einfachen Sätzen, die selbst ein Kind verstehen kann, Sätze, die die Verantwortung für eine überlebensfähige Gesellschaft kompromisslos auf deine, meine Schulter legen mit diesen gnadenlosen Worten »Du sollst nicht ....«. Nikodemus saß in einer Zwickmühle. Als ehrlicher Mensch hat er diese Forderungen nicht raffiniert uminterpretiert wie seine Kollegen, die sich dadurch mächtig Zoff mit Jesus reinjagten, dass sie ihre Petersilienblätter sorgfältig verzehnteten, dabei aber in wilder Ehe gelebt und ihre Eltern verunglimpft hatten. Wenn er gedacht hat, Jesus ist doch gnädig und findet für mich Sondererlass, war er an der falschen Adresse. Jesus hatte noch eins draufgesetzt, von wegen »Hassen ist genau so schlimm wie Mord, lüstern Blicken so schlimm wie Ehebruch«. Sprich: es gibt keine ›Ernsthaftigkeitsstufen‹ in Sachen Sünde, zuerst die harmloseren, salonfähigeren, dann die harten Brocken. Ich kann gesellschaftlich total der brave coole Nicky sein, aber moralisch vor Gott genauso im Eimer wie ein schlimmer Verbrecher. Sackgasse pur! Ich nehme an, genau das war Nikodemus Problem.

Gott sucht die Verzweifelten

Aber mitten in dieser Sackgasse finden wir den Clou: Gott antwortet immer und wirklich immer auf den Schrei von verzweifelten, suchenden Menschen. Der Hirtengott, der alles fallen lässt, um das schreiende Schaf zu holen, der mit Herzklopfen auf dem Balkon wartet, bis der abgehaute Sohn heimkommt. Gott verzeiht einem verurteilten Schwerverbrecher kurz vor dessen letztem Atemzug. Er lobt das schluchzende Gebet »Erbarme dich« eines reumütigen Betrügers. Er lässt sich aufhalten auf dem Weg nach Jerusalem von einem blinden Bartimäus und einem depressiven Finanzminister, der so verzweifelt ist, dass er auf einen Baum steigt, um einen Blick von Jesus zu erhaschen. Ganz klar, dass dieser Jesus auch für einen psychisch belasteten Doktor der Theologie mitten in der Nacht aufsteht. Ein Gott, der quasi magisch angezogen ist durch alles, was zerknirscht ist und nach Hilfe schreit. Hier machen wir auch die umwerfende Entdeckung: Egal wie stark deine Sehnsucht nach ihm ist, seine nach dir geht viel tiefer! Er hat Heimweh nach mir. Er hält an wegen mir, macht einen Umweg, ändert seinen vollgepackten Terminkalender – wegen mir!
Und hier kommen wir zum Hauptproblem. Es ist schwierig, sich verloren zu fühlen, sich auf die Suche zu machen, wenn das neue Motorrad draußen steht, wenn du die Klassenspitze bist, wenn der coolste Typ der Clique sich in dich verliebt, du dein neues Softwaresystem gerade eingerichtet hast, genauso wie für Nikodemus mit seiner erstklassigen Bildung, seinem gutem Gehalt. Es kostet Zivilcourage zuzugeben: »Das befriedigt nicht.« Es ist

schwierig, dich als Täter zu fühlen, wenn du in den Augen des Gesetzes nie irgendwas angestellt hast! Deshalb ist der Weg so schmal, das Tor so klein wie ein Nadelöhr. Deshalb sind die Gutbetuchten dieser Welt besonders benachteiligt. Nicht weil sie diese Rettung nicht nötig hätten, sondern weil sie die Not nicht spüren! Auch ein Nikodemus mit seinem gesamten frommen Beiwerk musste zu diesem »Erbarme dich« kommen. Auch er war »arm im Geist«, trotz seinem BMW draußen. Definition Christ ist also: Der Sucher, der am Nullpunkt angelangt ist und es weiß. Der Rest ist relativ einfach.

Gott lässt sich finden

Der, der sucht, findet. Der Schritt dazu ist einfach, er braucht nur zu schauen. Jesus malt es hier aus. Eine Figur hängt oben an einem Pfahl. Jesus erinnert an die prophetische Vorschau im 4. Buch Mose. Nach einer Attacke von giftigen Wüstenschlangen wurden die Kranken durchs Schauen auf die bronzene Schlange geheilt. Nikodemus kennt sich in dieser Geschichte bestens aus. Doch auf einmal hängt dort nicht mehr eine Schlange, sondern ein Mensch, zwar als solcher unerkennbar, splitternackt, den Rücken zerfleischt durch eine römische Peitsche, das Gesicht verzerrt durch blaue Flecken, Blut, Tränen, Dreck, Schaum am Mund. Er kann, und zwar stundenlang, dem grausigen Erstickungstod nur dadurch entkommen, dass er sich qualvoll hochzieht an durchstochenen Hand- und Fußgelenken. Von wegen Schauen, es wird mir dabei übelst schlecht! Das muss doch irgendein gemeiner Sklave sein, der etwas Furchtbares angestellt hat. Aber dann wird mir erzählt, das ist Gott selber, Gott selber aufgespießt, gedemütigt. Ein Unschuldiger war gefunden worden, der sich für die Schuldigen hinhält, na ja klar, für Hitler und Bin Laden! Sie sollen nur hinschauen. Aber nein, jetzt wird's mir schwindelig, ich bin genauso gemeint, meine Sticheleien, Selbstsüchteleien, Manipulationen, schlechten Launen, Rachefantasien, Faulheit, Neid, Lieblosigkeit, Meckern, Undankbarkeit, Angeberei, Rechthaberei, Gleichgültigkeit gegen Gott und andere – die Liste ist endlos! Meine Anklageschrift liegt da, aber er hat seinen eigenen Namen da reingesetzt, meinen gestrichen. Er hat meinen Fall zur Chefsache gemacht, und wie! Warum lässt es uns so kalt? Gott selber steht für mich nachts auf im Garten Getsemani, macht wegen mir einen Umweg und hält auf dem Berg Golgota wegen mir an.

Es bleibt nicht ein Schauen aus Schadenfreude, makabrer Neugier, sondern verwandelt sich in ein Glauben. Ich stelle mich diesem brutalen Angebot. Ich sage: »Ja, es war nötig, ist gut so, ich nehme es an, danke Jesus.« Kostet mich nichts und doch alles, meinen letzten Rest Stolz, weil ich nichts dazu tun kann. Ein totaler Strich durch die Rechnung meiner eigenen Leistungskultur! Tolle Bildung, Geld, gute Noten, nette Lobpreiskassetten, Konfirmation, Taufe, fromme Eltern, Jungschararbeit, Fisch auf Auto, unterstrichene Bibel, Kirchensteuer, all die Dinge, mit denen wir versuchen, bei Gott Eindruck zu machen, die gesamte Checkliste, ist durchgestrichen, nützt nichts. Ich kann das Angebot nur annehmen oder ablehnen. Es ist ein Neuanfang. Das Anklageprotokoll läuft auf seinen Namen. Der Staatsanwalt ist zufrieden, die Strafe abgebüßt, meine Handschellen weg. Ich kann gehen.

Es kommt darauf an, solche Nikodemusaugenblicke zu suchen. Es gibt Momente, in denen Gott an deinem Herzen zupft, dich nervt, du spürst sein Herzklopfen, dein Herz klopft zurück. Es gibt auch so was wie ein »Vorbeigehen« des Herrn, ein Vorbeigehen dieser Momente. Der Alltag holt uns sehr schnell wieder ein. Ablenkungen ringen um deine Zuwendung. Vielleicht ist heute Abend die Gelegenheit für einen solchen Nikodemusaugenblick! Schaffe Tatsachen. Vielleicht bist du auch ein Nikodemus heute Abend.

Nicky Vollkommer

VERTIEFUNG ZUR PREDIGT

L 1 Das wollen wir jetzt tun: aufbrechen in Richtung Gott. Wenn wir uns aufmachen, wird nicht alles in deinem Leben perfekt werden, aber eines ist sicher: Gott wird bei dir sein, er interessiert sich für deine ganze Person, für deine Stärken und deine Schwächen.

L 2 Wir wollen euch einladen, dass ihr es einfach mal versucht, mit Gott zu reden, denn Gott hat andere Maßstäbe, bei ihm müssen wir nicht perfekt sein. Deshalb kannst du jetzt zu ihm gehen und ihm sagen, wie's dir geht, was dir wichtig ist, was dich bewegt, was dich ankotzt, worüber du dich total freust, was du nicht verstehst.

L 1   Nehmt euch jetzt einfach Zeit, wir schließen am Ende mit einem gemeinsamen Gebet ab.

Stille

GEBET

L 1   Ich möchte dich erleben Herr,
       ich möchte erleben wie deine Kraft in mein unperfektes Leben kommt,
       damit ich lerne, die Dinge so zu sehen, wie du sie siehst.
L 2   Zeig mir den weiten Raum, wo ich mich ausruhen und entfalten kann.
       Du bist wirklich für uns da. Ich danke dir dafür.
       Amen

SEGEN

Ich ermutige euch jetzt am Ende des Godi,
Gott nicht aus den Augen zu verlieren.
Bleibt dran, mit Gott zu reden und nach ihm zu fragen,
auch wenn's nicht immer einfach ist;
denn eins ist sicher, Gott verliert uns nicht aus den Augen!
Das möchte ich euch jetzt zusagen, dass Gott mit euch geht:
Gott segne dich,
er wünscht dir Gutes.
Er kennt Wege für auswegslose Situationen.
Er segne deine Gedanken
und alles, was dir heute Abend wichtig geworden ist.
Er geht mit dir zurück in den Alltag,
bei ihm bist du immer gewollt,
er liebt dich bedingungslos.
Amen.

Steffen Bauer

Auszeit
Der offensive Gottesdienst für Kirchenmüde

Zentrum der Gemeinschaft Immanuel Ravensburg

WAS DIESEN GOTTESDIENST AUSMACHT

Der 90-minütige Gottesdienst findet an jedem dritten Sonntag im Monat jeweils um 11 Uhr statt. Wir wünschen uns, dass durch die »Auszeit« viele kirchenmüde Menschen in Ravensburg und Umgebung angezogen werden. Unsere Gäste sollen sich in einer entspannten, vom Geist Gottes geprägten Atmosphäre mit Gott und Kirche so auseinandersetzen können, dass ihre Vorurteile und Ängste abgebaut werden, sie Interesse bekommen, Gott persönlich kennenzulernen und Beziehung zu anderen Christen aufzubauen.

Der Gottesdienst setzt sich zusammen aus Musik, einem kreativen Anspiel, gemeinsam gesungenen Liedern und einer Predigt mit anschließendem Kreuzverhör. Zwei Elemente ermöglichen es den Mitfeiernden, sich ins Geschehen einzuschalten. Nach der Predigt haben alle die Möglichkeit, eine Frage zu notieren. Der Moderator wählt einige davon aus und stellt sie dem Prediger.

Darüber hinaus gibt es auf jedem Platz Auswertungsbögen, die von den Besucherinnen und Besuchern ausgefüllt werden können. Hier können die einzelnen Programmteile bewertet werden, und es gibt Platz, Themenvorschläge für kommende Auszeiten zu machen. Diese leiten das Vorbereitungsteam wesentlich bei der Suche und Auswahl neuer Themen.

WIE ES DAZU KAM

Die Idee, einen Gottesdienst für Kirchenmüde zu konzipieren, hat mehrere Gründe. Als Gemeinschaft ist eines unserer Grundanliegen die Evangelisierung. Herkömmliche Gottesdienste eignen sich dazu nur begrenzt. In einer Straßenumfrage, die wir in Ravensburg zur Relevanz und Gestaltung von Gottesdiensten durchführten, wurde vor allem der Wunsch nach mehr Alltagsnähe in den Predigten und nach moderner Musik geäußert. Bereits in der Vergangenheit hatten wir mit neuen Elementen der Gottesdienstgestaltung experimentiert und waren auf positive Resonanz gestoßen. Dadurch ermutigt, haben wir das Projekt »Auszeit« in Angriff genommen. Zusätzlich inspiriert wurden wir durch einen befreundeten Pastor einer evangelischen Gemeinde in Frankfurt, die bereits über längere Zeit hinweg mit einem ähnlichen Gottesdienstmodell gute Erfahrungen gesammelt hatte.

WEN ER ANSPRECHEN WILL UND
WEN ER TATSÄCHLICH ANSPRICHT

Zielgruppe sind Menschen zwischen 20 und 40, die mit Kirche wenig oder nichts zu tun haben und von der Gemeindepastoral nicht oder kaum mehr erreicht werden. Von den 140 bis 180 Besucherinnen und Besuchern ordnen sich 20–30 Prozent selbst so ein.

WIE ER VORBEREITET UND DURCHGEFÜHRT WIRD

Die Vorbereitung hat drei Schwerpunkte. Ein erster Schwerpunkt ist das monatliche Teamtreffen. Das Team besteht aus Mitgliedern der Gemeinschaft Immanuel Ravensburg und mehreren Auszeitbesuchern und -besucherinnen, die während der Veranstaltung mitarbeiten. Im Team wird die letzte Auszeit ausgewertet und der nächste Gottesdienst vorbesprochen. Gibt es interessante Gesprächspartner, die eingeladen werden sollten? Welche Inhalte sollen vermittelt werden? Wird Gebet angeboten? Wie läuft die Werbung? Das sind nur einige der Fragen, die das sechsköpfige Team zu klären hat.
Neben dem Teamtreffen gibt es die Arbeit der einzelnen Mitwirkenden als zweiten Schwerpunkt: die Proben der Band; die Konzeption eines passenden Anspiels durch das Comedy-Duo »Thilo & Bernd«; die Vorbereitung der Predigt; das Schreiben eines Presseartikels, das Plakatieren; die Vorbereitung der Interviews oder der Versand eines »Auszeit-Reminders« (Erinnerungs-E-Mail).
Die dritte Säule schließlich ist das Gebet. Das Team trifft sich am Freitag vor der nächsten Auszeit zur Fürbitte. Und – in unregel-

mäßigen Abständen wird ein Gebetsbrief an verschiedene Klöster in der Umgebung verschickt mit der Bitte, die Veranstaltung im Gebet mitzutragen.

Der Gottesdienst selbst wird durchmoderiert. Die Besucher werden am Eingang begrüßt. Parallel zur »Auszeit« im Saal wird eine »Kinderkirche« angeboten. Im Anschluss an den Gottesdienst gibt es Kaffee und Snacks im Foyer.

Die Nachbereitung hat ebenfalls mehrere Schwerpunkte. Neben persönlichen Gesprächen und der Möglichkeit zum Gebet direkt im Anschluss an den Gottesdienst können die Besucherinnen und Besucher ihre Bewertungen und Vorschläge auf einem Rückmeldebogen abgeben. Dort kann auch der Wunsch nach einer Kleingruppe o. Ä. angekreuzt werden. Und – die jeweilige Predigt gibt es einen Tag später im Internet nachzulesen (www. immanuel-online.de).

WELCHE POSITIVEN UND WELCHE NEGATIVEN ERFAHRUNGEN GEMACHT WERDEN

Wir freuen uns über viele Rückmeldungen, die uns deutlich machen, dass wir viele der Kirchenmüden unter den Mitfeiernden ansprechen. Die kommunikativen Elemente werden geschätzt, die entspannte, gute Atmosphäre bei gleichzeitigem geistlichem Tiefgang hervorgehoben, Menschen kommen neu in Kontakt mit Gott oder bekommen Interesse an Kirche. Immer wieder melden sich Besucherinnen und Besucher im Anschluss bei einem der angebotenen Glaubenskurse an oder stoßen zu einer der Zellgruppen unserer Gemeinschaft.

Wirklich negative Erfahrungen gibt es keine. Eine Beobachtung, die uns umtreibt, ist die Fluktuation der Mitfeiernden. Ein Grund sind sicher die unterschiedlichen inhaltlichen Schwerpunkte.

WIE DIE ZUKUNFT AUSSIEHT

Unser Wunsch ist, dass wir mit der »Auszeit« noch mehr kirchenmüde Menschen ansprechen und sie auf ihrer Suche und ihrem Weg mit Gott begleiten können.

WIE DER GOTTESDIENST GEFEIERT WIRD

Der hier aufgeführte Ablauf ist sehr typisch. Weitere Elemente, die wir hin und wieder einsetzen sind Interviews (etwa mit Fachleuten zu einem bestimmten Thema) oder Erfahrungsberichte.

- Intro (Band)
- Begrüßung der Gäste (Moderator)
- Lobpreis (Band)
- Krea-Teil (Thilo & Bernd)
- Statement (Prediger)
- Musikstück (Band)
- Kreuzverhör (Prediger und Moderator)
- Gebetssong (Band)
- Flotter Song/Kollekte (Band)
- Verabschiedung/Ansagen (Moderator)
- Vaterunser (Alle)
- Schlusslied (Band).

Auszeit-Gottesdienst im November

Knocking on heaven's door
Was passiert nach dem Tod?

Der Moderator ist mit M gekennzeichnet, der Prediger des Gottesdienstes im Kreuzverhör mit P. Die Lieder werden von einer Band begleitet.

LIED

»Fly me like the wind«

BEGRÜSSUNG

M Herzlich willkommen bei der Auszeit, dem Gottesdienst für Kirchenmüde. Unser Thema heute: »Knocking on heaven's door. Was passiert nach dem Tod?« Bevor wir uns mit der Ewigkeit auseinander setzen, werde ich uns hier im Irdischen etwas Licht machen. Zunächst werde ich unsere Kerze entzünden. Christus ist das Licht. Wir glauben, dass er heute morgen hier unter uns ist. Und jetzt gebe ich weiter an Matthias und die Band.«

LIEDER

- »Over all the earth«
- »Lord I lift your name on high«
- »Einer von uns«
- »I believe in you Lord«
- »Unseren Augen verborgen«

Fortsetzung der Begrüßung

M Jetzt begrüßen wir unser Comedy-Duo Thilo & Bernd, die uns unser Thema heute wieder auf ihre Weise erschließen …

VORFÜHRUNG

Comedy-Duo Thilo & Bernd

PREDIGT

Die Beschäftigung mit dem Tod

Interessante Perspektiven, die uns Thilo und Bernd hier auftun. Und ungewöhnliche zugleich. Die meisten von uns beschäftigen sich sonst kaum mit diesem Thema. Zumindest nicht persönlich. Solange die Toten nur in New York, Afghanistan, in irgendwelchen Krankenhäusern oder Hospizen beklagt werden, mag dies traurig oder erschreckend wirken; mich selbst betrifft es aber nur bedingt. Das Leben geht weiter, ist viel zu spannend und interessant, um sich zu früh mit der Ewigkeit auseinander zu setzen. Die persönliche Auseinandersetzung mit der Frage nach dem Tod und dem Danach ist für nicht wenige Zeitgenossen eher störend. Das schieben wir möglichst weit von uns. Die Gegenwart, das Hier und Jetzt, das schöne, angenehme Leben sollen möglichst lange andauern, sollen uns ewig himmlische Perspektiven bieten. »Eternity« by Calvin Klein.

Das war nicht immer so. Im Altertum gehörten der Tod und die Beschäftigung mit dem Danach mitten ins Leben. Auch die Menschen des Mittelalters integrierten den Umgang mit dem Tod bewusst in ihren Alltag. Die Friedhöfe wurden neben der Kirche und dem Markt angelegt. Die radikale Hinkehr zur Erde und die Verdrängung des Todes sind ein neuzeitliches Phänomen.

Die Bibel bemerkt zu diesem Thema hintergründig: »Bedenke Mensch, dass du sterben musst, damit du klug wirst.«

Was bedeutet dieses Nachdenken über den Tod? Haben Sie über Ihr eigenes Sterben schon nachgedacht? Wie das ist, wenn das Leben abgeschnitten wird? Wenn keine Zeit zum Abschiednehmen bleibt? Wie das ist, wenn Sie Ihren Partner, Ihre Freunde, Ihre Kinder verlieren und umgekehrt? Haben Sie darüber nachgedacht, was mit den Dingen passiert, die Sie nicht mehr erledigen konnten, mit den ungeklärten Beziehungen? Und vor allem, was nach dem Tod kommt?

Was passiert denn dann? Schwingt sich unsere Seele fröhlich und direkt gen Himmel (im Sinne des alten Faschingsschunklers »Wir kommen alle, alle, alle in den Himmel ...«)? Wartet auf die Alten das Jüngste Gericht oder ist mit dem Tod schlichtweg alles zu Ende?

Unterschiedliche Perspektiven über den Tod hinaus

Antworten auf diese Frage gibt es ja eine ganze Reihe. Neben der Auffassung, dass nach dem Tod alles zu Ende ist, will ich zunächst zwei weitere Ewigkeitsperspektiven kurz benennen: Die Reinkarnationslehren und die Sterbeforschung.

Reinkarnationslehren

Bis tief hinein ins Denken vieler Europäer des 21. Jahrhunderts wirken altindische Vorstellungen von einem Leben nach dem Tod. In einem Prozess der Wiedergeburten befreit sich die Seele des Menschen von der Identität des eigenen Ichs, um schließlich zu verschmelzen mit dem Kosmos, unterzugehen in der All-Seele einer unpersönlichen Gottheit.

Eine Spielart bzw. Weiterentwicklung dieses Gedankens spiegelt sich im Entwurf von Rudolf Steiner, dem Begründer der Anthroposophischen Gesellschaft wieder. Die Seele schöpft nach dem Tod Kraft in höheren Welten. Sie soll dort weitere Erfahrungen sammeln und reifen, um später wieder zurück in eine neue irdische Existenz zu finden. Notwendig wird dies, weil, so der katholisch erzogene Steiner, Christus zwar für einen Teil der Schuld des Menschen eintritt, der Mensch selbst aber persönliche Sünden durch Selbsterlösung ausgleichen muss.

Sterbeforschung

Für eine weitere recht populäre Vision des Lebens nach dem Tod steht die Schweizer Sterbeforscherin Elisabeth Kübler-Ross. Als Wissenschaftlerin hat sie tausende Erfahrungsberichte von Menschen mit so genannten »Todesnähe-Erfahrungen« gesammelt und hat durch ihr Arbeiten wesentlich dazu beigetragen, dass die Tabuisierung des Sterbens in der abendländischen Welt durchbrochen wurde.

Kübler-Ross will durch die von ihr dokumentierten Berichte von Erlebnissen an der Schwelle des Todes nicht nur beweisen, dass es ein »Danach« gibt, sondern sie beschreibt diese Existenz auch als eine grundsätzlich positive. Jeder Mensch wird bei seinem »Hinübergehen« von einer geliebten, bereits verstorbenen Person empfangen. Er geht auf eine Lichtfülle zu, ein Wesen totaler und bedingungsloser Liebe, das niemanden verurteilen wird. Später werden all unsere irdischen Taten, Worte und Gedanken an uns vorbeiziehen, und wir – nicht ein Gott – werden diese neu einschätzen und beurteilen können.

Der Vollständigkeit halber müsste man beim Stichwort Sterbeforschung auch anmerken, dass es auch ganz andere Berichte über das »Danach« gibt. Der US-amerikanische Herzspezialist und Reanimationsexperte Maurice Rawlings hat bereits vor einigen Jahren ein Buch mit dem Titel »Zur Hölle und zurück« publiziert, in dem er einschlägige Berichte wiederbelebter Patienten veröffentlichte. Eine Sammlung fürchterlicher »Schnupperbesuche in der Hölle«.

Wie sieht die biblische Perspektive des Lebens nach dem Tod aus?

»Ich glaube an die Auferstehung der Toten«
»Es ist dem Menschen gesetzt, einmal zu sterben ...«, lesen wir kürz und bündig im Hebräerbrief (Hebr 9,27). Das heißt, die Bibel kennt den Weg der Selbsterlösung über verschiedene Wiedergeburten nicht. Das irdische Leben des Menschen hat einen Anfang und ein Ende. Beides ist ihm von seinem Schöpfer gesetzt. Dieser wünscht sich nichts sehnlicher, als dass der Mensch sein Leben aus der Beziehung zu ihm heraus gestaltet. Er versucht sich durch Menschen, verschiedene Lebensumstände, durch die Heilige Schrift oder durch die Natur bemerkbar zu machen; versucht deutlich zu machen, dass er uns liebt und dass unser Leben letztlich nur im Dialog mit ihm gelingen kann; versucht uns zu gewinnen als Mit-Liebende in und für diese Welt – immer und immer wieder, bis zum Augenblick unseres Todes. Und doch: Er gewährt dem Menschen die Freiheit, sich dieser Beziehung zu verweigern, eben weil es eine Liebesbeziehung ist.

Die Qualität dieser Beziehung setzt sich über den Tod hinaus fort. Die Bibel, Jesus selbst, spricht in großer Klarheit davon, dass sich jeder Mensch letztlich vor ihm (eben nicht vor sich selbst) für sein Leben verantworten muss. Dies geschieht zunächst im Moment des Todes. Die Bibel spricht von zwei Möglichkeiten: Zum einen: Die lebendige und persönliche Beziehung zum dreifaltigen Gott findet in der Begegnung mit dem Vater ihre Fortsetzung (1 Joh 3,2). Er hat seinen Sohn Jesus Christus auferweckt und wird auch uns zu sich holen. Bei ihm finden wir Heimat, Schutz, Geborgenheit und Glück. Wir werden Gott dienen, ihn anbeten, und wir werden einander als Christen wiedersehen. Die

Tradition nennt diese Realität »Himmel«. Kein Ort also, sondern jetzt im wahrsten Sinne des Wortes unsere himmlische Beziehung zu Gott (Joh 14,3; 1 Thess 4,17).
Die Alternative dazu ist die vom Menschen selbst gewählte Gottesferne. Gott will, so schreibt Paulus in seinem Brief an Timotheus, »dass alle Menschen sich der Wahrheit zuwenden und gerettet werden« (1 Tim 2,4). Und doch: In seiner Freiheit kann der Mensch Gottes Liebe und Vergebung endgültig ablehnen, selbst im Augenblick des Todes. Damit entzieht er sich für immer der Gemeinschaft mit Gott. Auch über diese Realität, die die Tradition »Hölle« nennt, spricht die Bibel sehr klar (Mt 25,41; Mt 13,41–42).

Eine neue Erde
Dies ist also eine erste Phase des Lebens nach dem Tod. Damit ist die biblische Perspektive aber noch nicht vollständig. Eine zweite Phase beginnt, wenn Christus dieser Welt ein Ende setzt. In diesem Augenblick werden alle Verstorbenen von Christus aus ihren Gräbern leiblich herausgerufen (Apg 24,15), um vor ihm zu erscheinen (Joh 5,28–29). Dort wird unsere wahre Beziehung zu Gott endgültig offengelegt werden. Dort werden die Folgen unseres Lebens und Handelns im Guten wie im Schlechten deutlich werden. Dort wird klar werden, dass die Gerechtigkeit Gottes über alle Ungerechtigkeiten, die von seinen Geschöpfen verübt wurden, siegt, und dass seine Liebe stärker ist als der Tod. Die Freunde Gottes werden bei diesem letzten »Gericht« »aufleuchten wie Funken, die durch ein Stoppelfeld sprühen«, sagt das Buch der Weisheit (2, 23–3,9). »Sie werden Völker richten und über Nationen herrschen, und der König wird ihr König sein in Ewigkeit.« Biblische Bilder, die nur ansatzweise die Rolle verdeutlichen, die die Freunde Jesu bei der von Gott angezielten, geheimnisvollen Erneuerung des Weltalls und der Erde spielen (vgl. 2 Petr 3,13).
Das ist die letzte, die großartigste Perspektive der Ewigkeit, der Zeit nach dem Tod: »Das Leben in der kommenden Welt« (Glaubensbekenntnis). Gott wird alles neu machen. Gott wird das, was durch das Böse zerstört wurde, wiederherstellen. So wie es seiner ursprünglichen Absicht mit seiner Schöpfung entsprach. Er wird unter den Menschen »wohnen«. Er wird von den Augen seiner Freunde »alle Tränen abwischen, der Tod wird nicht mehr sein,

keine Klage, keine Trauer, kein Mühsal. Denn was früher war, ist vergangen« (vgl. Offb 21,4f).

»Bedenke, Mensch, dass du sterben musst,
damit du klug wirst ...«
Wie kann uns die biblische Perspektive des Lebens nach dem Tod in unserer persönlichen Auseinandersetzung mit dem Sterben helfen? Ich glaube, dass ein solches Wissen über die Ewigkeit unsere Einstellung zum Leben selbst verändern kann. Wenn ich weiß, dass sich die Qualität meiner Beziehung zu Gott über den Tod hinaus fortsetzt, bin ich herausgefordert, jetzt darüber nachzudenken, wie viel mir diese Beziehung wert ist. »Denk an deinen Schöpfer in deinen frühen Jahren..., bevor der Staub zur Erde zurückfällt ...«, mahnt uns der Schreiber des Buches Kohelet. Denken wir nach über dieses Angebot Gottes, mit ihm Beziehung zu leben. Eine Beziehung, die ihre himmlischen Qualitäten nicht durch Werbespots suggerieren muss, sondern uns tatsächlich einen Vorgeschmack aufs Paradies geben kann, eine Beziehung, die unser Heute und Morgen prägt und verändert, eine Beziehung schließlich, die mit dem Tod nicht endet, sondern sich in eine faszinierende Ewigkeit hinein fortsetzt.

KREUZVERHÖR

M Auch heute haben Sie wieder die Möglichkeit, im Kreuzverhör Ihre Fragen zum Thema zu stellen. Schreiben Sie diese auf den weißen Zettel, der auf Ihren Stühlen liegt.

LIED

»Knockin' on heaven's door« *(Lied der Band)*

M Eine ganze Menge Fragezettel sind hier vorne angekommen; ich habe einige Fragen aus ihnen herausgesucht, die ich jetzt stellen werde:
»Kann es bei einem barmherzigen Gott eigentlich eine ewige Verdammnis geben?«

P Gott »will, dass alle Menschen sich der Wahrheit zuwenden und gerettet werden«, schreibt Paulus in seinem Brief an

Timotheus (1 Tim 2,4). Das heißt, Gott wird dem Menschen bis in dessen Todesstunde hinein immer wieder vermitteln, dass er ihn liebt und zu ihm eine Beziehung aufbauen will. Trotzdem wird er ihm die Möglichkeit lassen, eine freie Antwort auf dieses Angebot zu geben. Ansonsten wäre die Antwort des Menschen von Gott manipuliert. Der Mensch kann also in seiner Freiheit die Liebe und Vergebung Gottes endgültig ablehnen und sich somit der Gemeinschaft mit Gott für immer entziehen. Diesen Zustand der vom Menschen ausgehenden ewigen Trennung von Gott bezeichnet die Tradition der Kirche als »Hölle«.

M »Welche praktischen Schritte sind zu tun, damit ich in die Beziehung zu Jesus und Gott Vater kommen kann?«

P Zwei Dinge: umkehren und glauben. Stellen Sie sich vor, Sie haben auf der Autobahn eine falsche Ausfahrt erwischt und wissen, dass Sie so immer weiter vom Ziel wegkommen. Sie müssen also anhalten, wenden und in die richtige Richtung fahren. Umkehr bedeutet Überprüfung des Lebens und einen Richtungswechsel. Bitten Sie Gott um Vergebung für alles, was in Ihrem Leben falsch gelaufen ist. Laden Sie Ihn ein, in Ihr Leben zu kommen und unterstellen Sie ihm Ihr Leben.
Diese Entscheidung, Gott zu vertrauen, zu glauben, dass er Sie erlöst hat und eine Beziehung zu Ihnen aufbauen will, ist kein Gefühl. Es ist eine Entscheidung auf die Zusagen Gottes hin: »Ich stehe vor der Tür und klopfe an. Wenn jemand meine Stimme hört und öffnet, werde ich bei ihm einkehren« (Offb 3,20). Und: »Jeder, der den Namen des Herrn anruft, wird gerettet« (Röm 10,13).

M »Was ist mit den Menschen, die Gott nie kennengelernt haben?«

P Die Chance, Gott nicht kennen zu lernen, haben wohl nur ganz wenige Menschen, aber für all jene, die irgendwo auf einer Südseeinsel ohne jeglichen Kontakt zu einer Zivilisation bzw. zu christlichen Kirchen und Missionaren gelebt haben, schreibt der Apostel Paulus im Römerbrief (Röm 2,14–16): »Obwohl es (das Gesetz Gottes) ihnen nicht bekannt gemacht worden ist, tragen sie es in sich selbst. Ihr Verhalten zeigt, dass ihnen die Forderungen des Gesetzes ins Herz geschrieben sind, und dasselbe beweist ihr Gewissen, dessen Stimme sie abwechselnd anklagt oder verteidigt. Wenn Gott über die geheimen Gedanken der Menschen Gericht halten wird, kommt das alles an den Tag. So bezeugt es die Botschaft, die Jesus Christus mir aufgetragen hat.«

M »Warum ist der letzte Wegabschnitt des Lebens, der Tod, für viele Menschen solch eine Marter?«

P Leid und Schmerzen sind Teil unseres Lebens und Teil einer noch nicht vollständig erlösten Schöpfung. Was vielen Menschen heute mindestens so viele Probleme macht wie die Schmerzen, ist aber das Alleingelassensein in diesem letzten Abschnitt ihres irdischen Daseins. Schmerzen können teilweise therapiert werden, Einsamkeit nicht.

M »Was verstehen Sie unter Fegefeuer?«

P Die Katholische Kirche versteht unter »Fegefeuer« eine Art Reinigungszustand. Viele Menschen haben sich zwar Gott geöffnet, aber das Leben mit ihm blieb unvollkommen: »Wer in der Gnade und Freundschaft Gottes stirbt, aber noch nicht vollkommen geläutert ist, ist zwar seines ewigen Heils sicher, macht aber nach dem Tod eine Läuterung durch, um die Heiligkeit zu erlangen, die notwendig ist, in die Freude des Himmels eingehen zu können« (Katechismus der Katholischen Kirche, 1030).

M »Wenn der Glaube an Christus uns ewiges Leben bringt, warum gibt es dann noch das Gebet für Verstorbene?«

P Die Praxis innerhalb der Katholischen Kirche, für Verstorbene zu beten, stützt sich auf eine Stelle der Bibel: »Darum veranstaltete Judas, der Makkabäer, das Sühneopfer für die Verstorbenen, damit sie von der Sünde befreit werden« (2 Makk 12,45). Solche Gebete, die etwa seit dem 3. Jahrhundert nach Christi Geburt zur Praxis der Christen gehörten, beziehen sich auf Verstorbene, die sich grundsätzlich für Gott entschieden haben, aber eine »abschließende Läuterung« durchmachen.

M Vielen Dank für die Antworten! Wir kommen zur Kollekte. Heute sammeln wir für kleine Stühle für die Kinderkirche. Danke für Ihre Spende.

GLAUBENSBEKENNTNIS

Die Band lädt ein, das Glaubensbekenntnis zu singen.

Ich glaube

T u. M: Albert Frey

Ich glau - be an Gott, den Va - ter, den all -

mäch - ti - gen Schöpfer der Welt. ___ Ich

glau - be an Je - sus Chris - tus, sei - nen

ein - zi - gen Sohn, un - sern Herrn. Wah-rer Mensch und

wah - rer Gott, __ er ist für uns am Kreuz ge -

stor - ben. Am drit-ten Ta - ge stand er auf vom

Tod, in Herrlichkeit wird er wieder - kom-men. Ich

glau - be an den Hei - li - gen Geist, an die

ei - ne Kir - che, die uns ver - eint. __ Ich

glau - be an die Ver - ge-bung der Sün - den und das

Le - ben in der kom-men-den Welt. __

EINLADUNG

M So, 90 Minuten Auszeit sind fast um. Die wichtigsten Informationen stehen auf unserem Infoblatt, das auf Ihren Stühlen ausliegt. Bitte vergessen Sie nicht, Ihre Rückmeldebögen auszufüllen. Wir laden Sie ein zu Snacks und Kaffee im Foyer! Bevor wir das Schlusslied singen, beten wir zusammen das Vaterunser.

VATERUNSER

SEGEN

M Herr, segne uns und die vor uns liegende Woche. Amen.

LIED

»Du bist gut, Herr«

Michael Rathgeb

Sternstunde auf der Diezenhalde
Abendgottesdienst für alle Sinne

Böblingen, Ökumenisches Gemeindezentrum Diezenhalde

WAS DIESEN GOTTESDIENST AUSMACHT

Wie der Name »Sternstunde« andeutet, macht diesen Gottesdienst aus, dass er weder alltäglich noch allsonntäglich ist. Die sorgfältige, auf Qualität und Ästhetik bedachte und dementsprechend aufwändige Vorbereitung macht den Gottesdienst zu einem herausgehobenen Erlebnis und beschränkt ihn auf drei bis vier Termine pro Jahr. Auch die Uhrzeit, Sonntagabend um 19 Uhr, hebt die Sternstunde von den regelmäßigen Gottesdiensten ab.
Seine besondere Prägung erhält der Gottesdienst durch eine sorgfältige Raumgestaltung, durch hochwertige Musik, vor allem aber durch ganzheitliche Elemente und die inhaltliche Gestaltung. Thematisch setzt er bei Erfahrungen und Motiven aus dem Leben an, die dann religiös beleuchtet und gedeutet werden. Der Gottesdienst lässt Zeit, sich auf unterschiedlichen Erfahrungsebenen auf das jeweilige Thema einzulassen (z. B. durch szenisches Anspiel, Körperübungen, Fantasiereise), bietet eine Sicht des christlichen Glaubens auf das Thema und gibt Gelegenheit, das Erfahrene mit unseren Sinnen zu erleben, zu erproben, zu vertiefen. Um Letzteres zu ermöglichen, ist die so genannte »offene Phase« ein fester Bestandteil der Sternstunde: ein Zeitraum mitten im Gottesdienst, in dem die Teilnehmenden an verschiedenen Stationen ihren Zugang zum Thema vertiefen können (z. B. durch Tanzen, Malen, Lesen, Schmecken, Riechen, Schreiben, Beten).
Schließlich gehört zu jeder Sternstunde die Möglichkeit, nach dem Gottesdienst noch bei Getränken und Knabbereien untereinander und mit den Gottesdienst-Gestalterinnen und -Gestaltern ins Gespräch zu kommen.

WIE ES DAZU KAM

Inspiriert vom Kirchentag und auf der Suche nach einem Ersatz für die Veranstaltung »Meditatives Tanzen und Lebensthemen«

bildete sich im Frühjahr 2000 um die evangelische Pfarrerin eine gemischtkonfessionelle Gruppe mit der Motivation, eine besondere, kreative Form von Gottesdienst auf der Diezenhalde zu installieren. Die örtlichen Gegebenheiten (ökumenisches Gemeindezentrum) und die ausgezeichnete ökumenische Zusammenarbeit legten es nahe, die katholische Pastoralreferentin in das Vorhaben einzubeziehen.

Über den Zeitraum eines Vierteljahrs traf sich die Gruppe, um gründlich zu überlegen, welche Besonderheiten ihr neuer Gottesdienst haben sollte, welche Zielgruppe angesprochen werden sollte, welche Schwerpunkte gesetzt werden sollten usw. In dieser Zeit besuchten die Interessierten verschiedene »alternative« Gottesdienste in der Umgebung, um Ideen zu sammeln und herauszufinden, was als sinnvoll und schön erlebt wurde und was nicht gelungen erschien.

Nach den Sommerferien nahm die Gruppe die Vorbereitung ihres ersten Sternstunden-Gottesdienstes in Angriff, welcher dann im Dezember 2000 unter dem Titel »Augen für das Unsichtbare« stattfand.

WEN ER ANSPRECHEN WILL UND WEN ER TATSÄCHLICH ANSPRICHT

Als »ökumenischer Sonntagabendgottesdienst für alle Sinne« richtet sich die Sternstunde an alle, die sich von diesen Vorgaben angesprochen fühlen. Unsere anfängliche Überlegung, eine bestimmte Altersgruppe gezielt, eventuell brieflich einzuladen, erübrigte sich, weil bereits die erste Sternstunde sehr gut und übrigens von ganz unterschiedlichen Leuten besucht war. Was die Sternstundenteilnehmenden verbindet, ist wohl das Bedürfnis nach einem kreativen, ganzheitlichen, von alten Sprachmustern freien Gottesdienst zum Wochenwechsel. Mittlerweile kommen auch jedes Mal Kinder (und sind begeistert!).

Der Sternstundengottesdienst wird in ganz Böblingen und hier und da im Umland beworben, in den evangelischen und katholischen Kirchengemeinden, aber auch durch Plakate in Geschäften, Handzettel in Arztpraxen, über die Veranstaltungshinweise in Zeitung und Wochenblatt, wenn möglich auch durch einen Zeitungsartikel. Wir haben festgestellt, dass gute und umfangreiche Werbung sich lohnt.

WIE ER VORBEREITET UND DURCHGEFÜHRT WIRD

Die Sternstundengottesdienste werden von einem 12- bis 15-köpfigen Team vorbereitet und durchgeführt, dessen Besetzung immer ein bisschen variiert, da wir bei jedem Gottesdienst zur Mitarbeit einladen.

Die Vorbereitung

Die Pfarrerin und die Pastoralreferentin moderieren die circa sechs Treffen, die notwendig sind, bis ein Gottesdienst »steht«: In ein bis zwei Treffen werden das Thema und die Grundaussagen des Gottesdienstes festgeklopft. Dann wird in zwei Untergruppen weiter gearbeitet: Die »Textgruppe« sucht passende Texte und Lieder, die »Kreativgruppe« denkt sich Anspiel, Körperübung, Elemente zum Tun usw. aus. In zwei weiteren Treffen werden die Ergebnisse aufeinander abgestimmt und die Aufgaben verteilt. Am Tag vor dem Gottesdienst gehen wir in den Räumlichkeiten den Ablauf des Gottesdienstes gemeinsam durch, proben das Anspiel, hören die ausgewählten Texte im Vortrag usw. Unmittelbar vor dem Gottesdienst brauchen wir gut zwei Stunden Zeit, um in Ruhe die Räume, die Stationen für die offene Phase und die Sachen für den Stehempfang herzurichten. Gut eine Stunde vor Gottesdienstbeginn trifft sich die Pianistin mit Interessierten, die bereits vorab die Lieder einüben. Es hat sich bewährt, alle Vorbereitungen spätestens eine Viertelstunde vor Gottesdienstbeginn zu beenden, damit die Teammitglieder nochmals durchatmen und die Teilnehmerinnen und Teilnehmer in Ruhe ankommen können.

Die Durchführung

Im Gottesdienst übernehmen die Teammitglieder verschiedene Aufgaben: Begrüßung und Moderation, Anspiel, Vortrag von Texten, Anleitung der Körperübung oder Fantasiereise, Auswahl und Vortrag von Fürbitten, die in der offenen Phase von Gottesdienstteilnehmenden aufgeschrieben wurden, usw. Dabei achten wir darauf, dass der Wechsel unterschiedlicher Personen nicht überhand nimmt, sondern ein roter Faden erkennbar bleibt.

Eine zentrale Rolle spielt die Musik, die nicht nur der Liedbegleitung dient, sondern auch der Sammlung, der Gliederung und dem Zusammenrufen nach der offenen Phase.

Wichtig sind auch die Orte, an denen der Gottesdienst »spielt«. Die gemeinsamen Teile finden im großen Sakralraum des Gemeindezentrums statt, die offene Phase verteilt sich auf die komplette Etage mit drei Arbeitsräumen, kleinem und großem Sakralraum, wobei sich die Teilnehmerinnen und Teilnehmer im ganzen Sakralraum bewegen: im Publikumsraum, hinter dem Altar, auf der Empore, auch in der Sakristei. Zum abschließenden Stehempfang, der im Foyer angesiedelt ist, ziehen manchmal alle mit einem Bewegungslied aus.

WELCHE POSITIVEN UND WELCHE NEGATIVEN ERFAHRUNGEN GEMACHT WERDEN

Als positive Erfahrung darf sicherlich die gute Resonanz der Mitfeiernden gewertet werden, die sich sowohl zahlenmäßig ausdrückt (zwischen 120 und 170 Personen) als auch in inhaltlichen Rückmeldungen mündlicher Art oder in Form von Eintragungen in das ausliegende Feedbackbuch. Vereinzelt findet sich darunter auch Kritik zu einzelnen Gottesdienstteilen, wobei wir feststellen, dass derselbe Teil den einen zu lang und den anderen zu kurz, derselbe Gottesdienst den einen zu lebhaft, den anderen besinnlich erschien, so dass sich die Urteile meist aufheben. Selbstverständlich bemüht sich das Team, die Anregungen aufzugreifen. Spürbar wird aus den Rückmeldungen, dass der Gottesdienst ein Ort spirituellen Erlebens ist, was natürlich besonders erfreulich ist. Was die Teilnehmendenzahl angeht, wird ein Zuwachs teilweise eher »befürchtet«; manche Gottesdienstteilnehmerinnen und –teilnehmer empfinden eine nicht voll besetzte Kirche als angenehmer.

Für das Team erstaunlich und sehr erfreulich ist die gemischte Altersstruktur, die es allerdings auch im Team selbst gibt, und die Begeisterung der Kinder für die Sternstunde, welche zunächst gar nicht als Zielgruppe vorgesehen waren und auf die in der Gestaltung auch keine besondere Rücksicht genommen wird. Positiv ist auch die Erfahrung, dass die Sternstunde sowohl im Team als auch im Gottesdienst die Gemeindegrenzen überwindet.

Schließlich macht das Team mit den Vorbereitungszeiten sehr positive Erfahrungen. Nicht erst der Gottesdienst ist Auseinandersetzung mit einem Thema und seinen religiösen Aspekten, immer ist auch die Vorbereitung eine Herausforderung, ein gemeinsamer spiritueller Weg und nicht zuletzt Ort schallenden Gelächters – eine Besonderheit in einer Kirchengemeinde? Als besonders wertvoll erleben wir Hauptberuflichen, dass im Sternstundenteam wirklich die Charismen, die Begabungen und Neigungen gelebt werden können. Nicht jeder muss alles machen, nicht jede muss für alles zur Verfügung stehen, sondern jeder und jede kann das tun, was ihm oder ihr besonders liegt oder worin er oder sie sich einmal ausprobieren möchte. Dabei erleben alle aufrichtige Wertschätzung für ihre Beiträge – sei es der wunderschöne Plakatentwurf oder das notwendige Tischeaufstellen für den Stehempfang oder das Entwerfen und Anleiten einer Körperübung.

WIE DIE ZUKUNFT AUSSIEHT

Im Augenblick scheint die Sternstunde, so wie sie ist, Zukunft zu haben. Der Kreis der Interessierten und der Teilnehmenden wächst durch Mundpropaganda und Werbung. In dieser Phase ist eine Veränderung nicht notwendig. Da das Team sich durch die Arbeit mit der Sternstunde selbst fortentwickelt, ist zu hoffen, dass auch der Sternstundengottesdienst sich kontinuierlich weiterentwickelt, bis er vielleicht eines fernen Tages von neuen Formen ersetzt wird. Sicherlich wird sich auch dann eine Veränderung ergeben, wenn sich die Besetzung der hauptberuflichen Stellen ändert, da die Arbeit des Teams doch von den beiden Hauptberuflichen und deren konstruktiver Zusammenarbeit geprägt ist.
Beim Vorbereiten erlebt das Team das Entstehen einer Routine im positiven Sinne: Die Gottesdienstvorbereitung geht schneller und eingespielter vonstatten. Auch ist es mittlerweile möglich, auf Bewährtes zurückzugreifen und nicht alles immer neu erfinden zu müssen. Die Intensität der Vorbereitung bleibt dabei unvermindert.

Sternstunde
auf der Diezenhalde im November

Tears in Heaven – oder weinen verboten?

BEGINN

Zu Beginn des Gottesdienstes stehen auf dem Altar mit Wasser ge-
füllte Einmachgläser, die unterschiedlich beschriftet sind. Die
Gottesdienstteilnehmerinnen und -teilnehmer werden am Ein-
gang begrüßt und bekommen einen blauen Glasstein.

MUSIKALISCHER EINSTIEG

Dacapo, S. 238 »Tears in Heaven« *(Gitarre und Sologesang)*

ANSPIEL

Eine grau gekleidete Frau mit großer, schwarzer Tasche steht
vorne: »Es ist das Jahr 2100 …«
Weitere grau gekleidete Personen kommen durch die Gänge nach
vorn, dabei bestaunen sie das »Publikum« *und den Raum mit Sät-*
zen wie:

»Farben – das gibt's nicht mehr.« »Blumen – das gibt's nicht
mehr.« »Kerzen – das gibt's nicht mehr.« »Lachen – das gibt's
nicht mehr.«

Die grauen Personen entdecken die Einmachgläser auf dem Altar,
betrachten sie, nehmen einzelne in die Hand und kommentieren
die Beschriftungen. Dabei zieht die jeweilige Sprecherin ein bun-
tes Tuch aus ihrem Ärmel, die Frau mit der Tasche entreißt es ihr
und steckt es in die schwarze Tasche, sodass nichts Buntes mehr
zu sehen ist. Die Sprecherin nimmt eine stramme Haltung an.

Erste Frau   Tränen der Trauer – mein Großvater hat geweint,
als seine Frau gestorben ist, und wenn ich mich
daran erinnere …!

Zweite Frau   Tränen der Wut – manchmal steigt schon noch
Wut in mir auf, und ich könnte heulen vor Wut …

Dritte Frau	Tränen des Schmerzes – als Kind habe ich schon geweint, wenn ich hingefallen bin, aber es durfte keiner sehen …

Frau mit Tasche Kinder weinen nicht!

Vierte Frau	Tränen der Freude – …
Fünfte Frau	Warum gab es denn Freudentränen?
Vierte Frau	Meine Mutter hat mir erzählt, dass sie nach meiner Geburt Freudentränen vergossen hat …
Zweite Frau (nimmt ein leeres Glas)	Auch damals schon: ungeweinte Tränen …

Alle Sprecherinnen ziehen noch einmal bunte Tücher aus ihren Ärmeln; die Frau mit der Tasche lässt alle verschwinden.

Zweite Frau … wie heute!

Die Frau mit der Tasche holt ein Buch aus der Tasche. Während sie vorliest, gehen die anderen Frauen zurück hinaus und schauen sich dabei nochmals staunend um.

Ach übrigens, damals hat sogar einer was über Tränen aufgeschrieben, ein Herr Canacakis, nämlich »dass Männer viermal weniger weinen als Frauen; genauer gesagt weinen Männer 1,4 mal im Monat, wogegen Frauen 5,3 mal im Monat ihre Tränen abwischen müssen. Die Zeit, in der die meisten Tränen vergossen werden, ist zwischen 19 und 22 Uhr. … Die Tränen der Männer bleiben in der Gegend der Augenhöhlen und geben den Eindruck feuchter Augen. Bei den Frauen dauert dagegen der Tränenfluss durchschnittlich sechs Minuten. Solche Berichte erkennen dem Weinen eine gesunde Funktion zu, weil dem Körper die Möglichkeit gegeben wird, Gifte herauszuschwemmen. Tränen können in Stresssituationen den Organismus von hormonell produzierten Giften reinigen.«

Die Frau geht ab, die Tasche bleibt stehen.

BEGRÜSSUNG

HINFÜHRUNG ZUM THEMA

Graue Menschen haben uns eben heimgesucht, nachempfunden den grauen Männern aus dem Buch Momo von Michael Ende. Grau ist eine undefinierbare Farbe. Grau saugt die anderen Farben aus, lässt sie verschwinden. Grau steht dafür, dass alle Gegensätze sich auflösen. Da gibt es keine Tränen mehr, aber auch keine Freude. Kein Lachen oder Weinen, keine Wut oder Ängstlichkeit. Gefühle aller Art sind absorbiert – so wie die Farben. Das war ein Blick in die Zukunft. Doch wie ist das bei uns heute? Wir haben in der Vorbereitung gemerkt, dass bei uns Tränen auch nicht sichtbar sind. Weinen ist allerhöchstens eine private, intime Angelegenheit, oft peinlich. Tabu. Wo sind diese Tränen *(Bezug auf die Einmachgläser)* – wo haben sie Platz in unserem Leben? Das thematisiert auch Eric Clapton in seinem Lied »Tears in Heaven«. Er hat es geschrieben, um sich mit dem Tod seines fünfjährigen Sohnes auseinander zu setzen. Er fragt: Gibt es im Himmel Platz für Tränen? Welche Tränen haben Platz bei unserem Gott? Gefühle und Tränen gehören zu unserem Leben; wir wollen ihnen heute in dieser Sternstunde Platz einräumen. Wir wollen schauen: In welchen Situationen ist es uns zum Weinen? Welche Bedeutung haben Tränen in meinem Leben? Bibeltexte, Lieder, verschiedenste Angebote in der offenen Phase, Gebete sollen uns helfen, dem Tabuthema Tränen Platz einzuräumen.

LIED

Meine Seele ist stille zu Gott

M: Siegfried Macht

107

stil - le zu Gott, _ der mir hilft, mei - ne

See - le ist stil - le zu Gott.

3.

Rechte: Strube Verlag München

ERFAHRUNGSÜBUNG

Mit dem blauen Glasstein vom Anfang sich an die unterschiedlichen Tränen im Leben erinnern.

SCHRIFTLESUNG

nach Kohelet 3,1–4 in Auszügen, zweimal gelesen

Ein Jegliches hat seine Zeit, und alles Vorhaben unter dem Himmel hat seine Stunde: geboren werden hat seine Zeit, sterben hat seine Zeit; weinen hat seine Zeit, und lachen hat seine Zeit, wehklagen hat seine Zeit und tanzen hat seine Zeit.

LIED

Du, Eva, S. 22 »Meine Zeit zum Träumen und Schauen«

THEOLOGISCHE VERTIEFUNG

inspiriert von einen Text von Dorothee Sölle von zwei Frauen im Wechsel gesprochen

»gib mir die gabe der tränen, gott«
doch meine Tränen verberge ich lieber
Gesicht wahren ist angesagt
Weinen heißt Schwäche
Tränen Gefühlsduselei
gerötete Augen sind Makel
»gib mir die gabe der tränen, gott«
nur wer lächelt, ist schön

nur wer strahlt, ist attraktiv
– eine Lüge, Gott, eine lebensverneinende Lüge
und doch versuche ich, danach zu leben
»gib mir die gabe der tränen, gott«
führ mich aus dem Lügenhaus
nimm meinen Schutzwall ein
reinige mich vom Verschweigen
»gib mir die gabe der tränen, gott«
erinnere mich an die Tränen, Gott
wie kann ich lachen,
wenn ich vergessen habe, wie man weint?
Ich lebe
als hätte mich das Leben nicht gelehrt,
dass es eine Zeit gibt für das Lachen
und eine Zeit für das Weinen
ich weiß,
dass das Lachen dünn wird dem, der nicht mehr weinen kann
dass das Lächeln schal wird der, die nie durch Tränen lächelt
ich weiß, dass du mir eine ganze Palette von Gefühlen zur Verfügung stellst,
damit ich ein ganzer Mensch bin
damit mein Leben reich ist
reich an Empfindungen
reich an Erfahrungen
reich an Tiefe und Höhe
»gib mir die gabe der tränen, gott«
Tränen lösen meine Verkrampfung
Tränen reinigen mein Inneres
Tränen bringen in Bewegung, was erstarrt ist in mir
Tränen heilen mich
»gib mir die gabe der tränen, gott«
Dann also,
wenn das Leben mich anpackt
wenn es mich schüttelt und zwingt
wenn ich um Beherrschung ringe
wenn ich das Weinen mühsam schlucke
dann, ja dann gib mir die Gabe der Tränen, Gott
Gott, dann bleib bei mir
halt mich aus,
schau mich an,

steh zu mir, Gott
denn bei dir bin ich aufgehoben –
und meine Tränen
du sammelst meine Tränen
du wischst meine Tränen ab
mit Sorgfalt beachtest du sie
du zählst sie – so sagen es die Psalmen
als fürsorgliche Mutter, als fürsorglicher Vater
bleibst du bei mir, wenn ich weine
bei dir schäme ich mich nicht
»gib mir die gabe der tränen, gott«
und gib mir die gabe zu bleiben, auszuharren
bei denen, die es wagen, ihre Tränen zu zeigen
Komm, Gott, wir brechen das Tabu
und geben den Tränen ihren Platz
so wie dem Lächeln
dem Weinen
so wie dem Lachen
»gib mir die gabe der tränen, gott«
manchmal und immer wieder.

(Cäcilia Branz, Margund Ruoß)

Während des folgenden Liedes schmücken die beiden Frauen den
Altarraum mit den bunten Tüchern aus der schwarzen Tasche.

LIED

EH 117 »Wasser vom Himmel«

EINLEITUNG ZUR OFFENEN PHASE

OFFENE PHASE

- griechischer Trauertanz
- »Klagemauer«, an der man Kerzen anzünden und aufschreiben kann: Was habe ich zu beweinen, zu beklagen?
- Geschichte: Warum können Tiere nicht weinen? (Susanne Kornblum)
- Einzelsegnung (mit Salbung des Handrückens mit duftendem Hautpflegeöl)

- Sandschalen, in die man Wasser tropfen kann für die eigenen ungeweinten Tränen
- Szene mit Egli-Figuren: Tränen über Jerusalem
- Malen mit Fingerfarben
- Schmökerecke
- »Trösterle«: verschiedene Süßigkeiten
- Tränengläser: unbeschriftete Einmachgläser mit Etiketten versehen

SAMMLUNG DURCH MUSIK

TEXT

Vielleicht kannst du jetzt ein bisschen mehr auf deine Tränen achten. Vielleicht kannst du dich in deinem Weinen akzeptieren, so wie es im Moment ist, ohne Angst zu haben oder darüber zu grübeln.
Die Tränen werden dir vieles verraten, wenn du dich ihnen zuwendest. Vielleicht erfährst du, welche Botschaft sie dir anfließen lassen wollen.
Wenn du überschwemmt zu werden drohst, dann solltest du für das Fließen nach außen sorgen. Wenn du das Fließen nach innen richtest, wird dein Herz belastet werden. Tränen gehören nach außen und nicht ins Herz.

LIED

EH 150 »Scheu dich nicht zu weinen«

GEBET

Es werden Texte von der Klagemauer vorgelesen, unterbrochen vom Psalmvers »Du sammelst meine Tränen in deinen Krug; ich bin sicher, du zählst sie alle« (Ps 56,9).

SYMBOLHANDLUNG

Wer möchte, kann in Anlehnung an den Psalmvers den blauen Glasstein in einen aufgestellten Krug legen und so seine bzw. ihre Tränen bei Gott ablegen.

Dazu wird mehrfach wiederholt ein Liedvers gesungen:

LIED

Du, Eva, S. 9 »Du sammelst meine Tränen«

SEGEN

V Gott, der Herr, möge unser Glück und Leid,
   Unsere Trauer und unsere Freude
   mit seiner grenzenlosen Güte begleiten,
   uns im Frieden anfertigen,
   machen und halten,
   immer noch mehr bestärken,
   uns ein großes Gefühl dafür geben,
   dass einer des anderen Last mittrage;
   und nachsichtig möge er uns sein,
   wenn alles nicht von heute auf morgen geschehen kann.
   Weil
   wir sind seine Kinder von ganzen Herzen
   Aber oft noch von halbem Verstand.

A Herr, gehe nicht von uns,
   Darum nicht
   und deshalb auch nicht,
   wenn wir manchmal nicht alles verstehen.
   Darum sind wir hier,
   um deine Zeichen zu sehen und zu hören
   und zu spüren,
   wenn wir nach Hause gehen.

(Hanns Dieter Hüsch; Text im Gottesdienst leicht gekürzt vorgetragen)

NACHSPIEL

»Tears in heaven« *(Gitarrensolo)*

*Am Ausgang erhalten die Mitfeiernden »Trostpflaster« (Karten
mit einem Trostspruch und einem aufgedruckten Pflaster).*

112

STEHEMPFANG

MATERIALIEN

- Liedblätter, Einmachgläser, Etiketten, Eddings, blaue Glas-
steine, Krug, graue Bekleidung, bunte Tücher, schwarze Tasche, Ziegelsteine, Teelichte, Zettel, Stifte, duftendes Hautpflegeöl, Schalen mit Sand, Schalen mit Wasser, Egli-Figuren
mit Zubehör, Süßigkeiten, Texte und Bücher zum Thema, Fin-
gerfarben, Pinsel, weißes Papier in unterschiedlicher Größe,
Getränke und Gebäck für den Stehempfang, Feedbackbuch
- Dacapo, Liederbuch der KSJ Amberg, Amberg 1996
- Du, Eva, komm sing dein Lied, Liederheft zur ökumenischen
Dekade »Solidarität der Kirche mit den Frauen, Hrsg. von
Dorle Schönhals-Schlaudt, Beratungsstelle für die Gestaltung
von Gottediensten, Frankfurt am Main 1992, Nr. 22 und Nr. 9
- Geschichte: Warum können Tiere nicht weinen? (Susanne
Kornblum, bearbeitet von Reinhardt Jung, Manuskript der
SWR 1-Sendung Pinguin – die Sendung mit Frack, Folge 62).

Sternstunde auf der Diezenhalde
vor den Sommerferien
Einfach köstlich

BEGRÜSSUNG MIT EINFÜHRUNG INS THEMA

Fragestellung des Gottesdienstes: Was tut mir wirklich gut? Was ist mir wirklich köstlich – kostbar? Was macht Genuss zum echten Genuss, zum befriedigenden Genuss? Ist Genuss käuflich?

LIED

Ich sing dir mein Lied

T u. M: aus Brasilien.
Übersetzung: Fritz Baltruweit, Barbara Hustedt

Aus: Zusammen unterwegs, 1995; alle Rechte im tvd-Verlag Düsseldorf

2. Ich sing dir mein Lied, – in ihm klingt mein Leben.
Den Rhythmus, den Schwung hast du mir gegeben

von deiner Geschichte, in die du uns mitnimmst,
du Hüter des Lebens, ich sing dir mein Lied.

3. Ich sing dir mein Lied, – in ihm klingt mein Leben.
Die Tonart, den Takt hast du mir gegeben
Von Nähe, die heil macht, wir können dich finden,
du Freundin des Lebens. Dir sing ich mein Lied.

ÖL-RITUAL

Alle, die möchten, salben dem rechten Nachbarn bzw. der rechten Nachbarin den Handrücken mit duftendem Hautpflegeöl.

ANSPIEL

Es werden Texte aus Duden, Brockhaus, Herkunftswörterbuch, Knigge, Werbungen, Reisekatalog zu den Begriffen »köstlich, Fülle, Wellness« vorgelesen. Parallel dazu machen Personen die genannten Köstlichkeiten anschaulich: Schönheitsmaske, Torte, Mineralwasser, Wein, barfuß durch taunasses Gras gehen …

LIED

Geweitet den Blick

Kv Ge - wei - tet den Blick, ge - wei - tet das Herz, ge -
wei - tet die See - le, ge - wei - tet der Schritt. Ge -
wei - tet den Blick, ge - wei - tet das Herz, ge -
wei-tet die See - le, ge - wei-tet der Schritt.

1. Mit wa - chen Au - gen uns - re Welt sehn, die
2. Ver - su - chen die Kau - zi - gen zu ver - stehn, die
3. Jetzt ü - ber er - blü-hen-de Wie - sen gehn, vom
4. Neu ih - re ver - rück - ten Pulsschläge spürn, in

Trä-ne vom La - chen und vom Schmerz lau - fen las-sen
festhalten und doch nichts fas - sen. Mich selbst lie-ben
schmalen und brei-ten Weg fas - sen. Zie - le set-zen
de-nen du, Gott der Rhythmus bist, dir ver-trau-en

1.–4. und den Bo - den un - ter den Fü-ßen spü - ren. Kv

Rechte: Strube Verlag, München

THEOLOGISCHE VERTIEFUNG MIT SCHRIFTLESUNG

Von drei Sprecherinnen vorzutragen

S 1 Unser Blick ist geweitet. So viele köstliche Angebote für uns!
Die Kunst ist, herauszufinden, was von dieser Fülle mir auf tiefe Weise gut tut. Was wann das Richtige ist. Nicht immer hilft die Gurkenmaske dir, Falten zu glätten. Und: Wie steht Gott eigentlich zu den vielen Wohltaten, die im Angebot sind? Eine Erzählung aus dem Alten Testament kann uns vielleicht auf die Sprünge helfen.

S 2 *Zusammenfassung von Exodus 16.*

S 1 Eine kleine Volksgruppe, die im Ausland lebte, sucht ihr Wohlergehen. In Ägypten haben sie gelebt. Ägypten:

S 3 Palmen – der große Fluss Nil – fruchtbares Land – Hochkultur – Wohlstand – die Ausländer schuften im Frondienst – sie schaffen fantastische Bauten für prunkvolle Götter und Pharaonen – sie leben in einem reichen Umfeld und

116

profitieren davon – sie leben in einem wunderbaren Land, und sie haben sich eingelebt.

S 1 Und doch bricht die Gruppe eines Tages auf in die Wüste. Wüste:

S 3 Riskantes Leben – mühsames Unterwegssein – kein Dach über dem Kopf – keine Sicherheiten – aber Freiheit – und die Menschen spüren Gottes Begleitung – manchmal wenn die Zweifel kommen, dann wissen sie nicht, was sie in ihrer Freiheit sollen, dann kommt die Sehnsucht nach den Fleischtöpfen Ägyptens, dann kommt der Hunger. Bedürfnisse werden offenbar, und sie werden gestillt

S 1 Diese Spannung zwischen Ägypten und der Wüste, diese Spannung kenne ich von mir selbst. Ich habe die verschiedensten Möglichkeiten vor meiner Nase – was davon bekommt mir wirklich? Es gibt tausend Dinge, die gut für mich sind, – aber ich merke: Nicht alles tut mir immer gut. Die Erzählung sagt mir, dass nicht nur die Sache selbst wichtig ist, die ich genieße, sondern dass es auch auf die Umstände ankommt. Die Fleischtöpfe mögen noch so üppig sein – aber wenn ich in Gefangenschaft lebe?
Die Wüste steht für Freiheit. Für tiefen Genuss ist es nötig, Freiräume zu spüren. Mich entfalten zu können. Eine innere Offenheit zu besitzen. Nur dann habe ich einen klaren Blick für meine Bedürfnisse. Den Hebräern geht es in ihrer Wüstenzeit immer so: Dort, wo sie klar sagen können, was sie brauchen, da erleben sie auch, dass Gott ihre Bedürfnisse stillt.
Und das wiederum sagt etwas aus über diesen Gott, der die Menschen von den Fleischtöpfen Ägyptens weglockte und ihnen dafür die Wüste gab: Er zeigt sich nicht als Gott der Askese.
Gott sättigt die Menschen nicht nur mit Freiheit. Er sättigt auch mit Brot. Er sättigt auch mit Fleisch! Gott verwirft nicht die Fleischtöpfe, den Genuss, den Luxus. Vielmehr besteht er darauf, dass alles stimmt. Auch die Umstände.
Wo ich auf meine wahren Bedürfnisse achte, da nehme ich in allem Gutem, das ich in mich aufnehme, Gott in mich auf.

(Cäcilia Branz)

LIED

Dacapo, S. 55 »Lehr mich«

PHANTASIEREISE

Wir möchten Sie einladen, sich auf die Suche zu machen nach
der Freiheit der Wüste und dem Manna in ihrem Leben, was
Ihnen an Leib und Seele gut tut, wo Sie so genießen, dass Sie einfach göttlich genießen. Ich möchte Sie zu einer Übung einladen,
zu einer Phantasiereise. Sie dürfen auch aussteigen, wo Sie möchten oder wenn es unangenehm wird.
Ich werde Sie in der Du-Form anreden.
Setz dich entspannt und locker hin.
Mach es dir so bequem wie möglich und schließe die Augen,
wenn du magst. Achte mal darauf, wo du Kontakt zum Stuhl
hast, am Po, mit den Oberschenkeln, am Rücken, wie stehen
deine Füße auf dem Boden, ist der Kopf frei, der Kiefer entspannt?
Wie hängen die Arme, und was berührst du mit deinen Händen?
Du atmest ruhig und gleichmäßig, und während du das tust,
kannst du vielleicht merken, wie dich bei jedem Atemzug alles
um dich herum immer weniger stört. Du spürst jetzt nur noch,
wie dein Atem geht, wie er einströmt und dich wieder verlässt.
Wenn dir Gedanken durch den Kopf gehen, lass sie kommen
und gehen.
Und nun geh in Gedanken an einen Ort, den du sehr magst. An
dem du dich wohlfühlst und an dem du dich gut entspannen
kannst. Es kann ein Ort aus deiner Phantasie oder aus deiner Erinnerung sein. Daheim in der Wohnung, ein bestimmtes Zimmer, ein Sessel, ein Ort in der Natur oder ein Ort, den du aus den
Ferien kennst. Such ihn dir in aller Ruhe aus, deinen Platz – deinen Platz, der dir so richtig gut tut.
Mach es dir dort bequem. Schau dich um an deinem Platz. Was
gibt es hier zu entdecken? Was ist es, was dir an diesem Platz so
gefällt? Welche Farben sind um dich herum? Welche Geräusche
kannst du hören? Wie riecht es an diesem Platz?
Genieße diesen Ort für einen Moment. Und dann stell dir vor,
dass du dich hier erinnerst – an einen Moment, der dir gut getan
hat. Was war das, was hat dir in deinem Leben gut getan? Was

war ein köstliches, göttliches Erlebnis? Wo hast du deine Bedürfnisse wahrgenommen und bist ihnen gefolgt? Erfahrungen, ein Buch, ein Bild, Film, ein Ort, eine Stimmung, eine Jahreszeit, ein bestimmtes Essen und Trinken, ein Geruch ... Es kann etwas aus Kindheitstagen sein, oder auch gerade erst sich ereignet haben. Such dir eines dieser wohltuenden, köstlichen, göttlichen Momente oder Ereignisse heraus. Wodurch wurde diese Erfahrung so kostbar für dich? So wohltuend? Jetzt schließe diese Erinnerungen ab mit dem Satz: »Da, Gott, habe ich dich in mein Leben eingelassen.« Und dann schau dich noch einmal an deinem Platz um, an dem du dich so wohlfühlst, der köstlich für dich ist. Nimm ihn in dich auf. Und dann kehr zurück in diesen Gottesdienst. Öffne die Augen und nimm langsam wieder wahr, wo du bist und wer sonst noch so im Raum ist. Recke und strecke dich, wenn du magst.

(Margund Ruoß)

Köstliche Momente, von Gott geschenkt – dazu ist der Vorbereitungsgruppe ein Gedicht ganz wichtig geworden, dies möchte ich an dieser Stelle lesen: Einmal wird uns gewiss die Rechnung präsentiert (Text von Lothar Zenetti).

EINLEITUNG ZUR OFFENEN PHASE

OFFENE PHASE

- Geschichte »Wie schön du bist«
- Kreistanz
- Reisesegen als Einzelsegnung
- Malen
- Szene mit Egli-Figuren: Freude
- mit Blumen ein Bild legen
- Schmökerecke
- Gedanken aufschreiben: Bitte oder Dank zu dem, was mir kostbar, was für mich köstlich ist (Form: Blüten eines Blumenstraußes)
- Kerzen anzünden
- Wasser und Brot genießen, Obst, Schokolade.

SAMMELN MIT MUSIK

LIED

EH 265 »Ich lobe meinen Gott«

DANKGEBET

mit Texten aus der offenen Phase, abgeschlossen durch gemeinsam gesprochenen Psalm 36.

SEGENSLIED

STEHEMPFANG

MATERIAL

- Liedblatt, duftendes Hautpflegeöl, Material fürs Anspiel (Mineralwasser, Weinflasche, Weinglas, Tortenstück, Quark, Gurkenscheiben usw.), Fingerfarben, weißes Papier in unterschiedlicher Größe, Egli-Figuren mit Zubehör, Blüten, Texte zum Thema, Zettel in Form von Blüten, Teelichte, Wasser, Brot, Obst, Schokolade, Getränke und Süßes für den Stehempfang, Feedbackbuch
- Dacapo, Liederbuch der KSJ Amberg, Amberg 1996
- Einmal wird uns gewiss die Rechnung präsentiert, Text von Lothar Zenetti, zu finden in EG, S. 941
- »Wie schön du bist«, Geschichte, zu finden in: B. van Pelt, A. de Fluiter, Am Anfang schuf Gott Himmel und Erde, Eine Bibel für Kinder, Hamburg, 1998, S. 16
- Zusammenfassung von Exodus 16, zu finden in: Einblicke – Ausblicke, hrsg. von W. Koeppen, R. Spennhoff, Neukirchen-Vluyn/Stuttgart, 3. Auflage 1988, S. 82.

Cäcilia Branz, Margund Ruoß

Abendgesänge

Offenes Singen

WAS DIESE VERANSTALTUNG AUSMACHT

Die Veranstaltungsform »Abendgesänge«, wie sie das Ensemble Entzücklika entwickelt hat, lehnte sich ursprünglich an Kompletgottesdienste an und berücksichtigte auch die Besonderheiten des liturgischen Kalenders. Durch die Rückmeldungen der Teilnehmer und Teilnehmerinnen an den Abendgesängen veränderte sich die Veranstaltung, indem sie nun die Mischung der Lieder bunter werden ließ, ökumenischer dachte und auch die Kirchenfernen stärker ansprechen wollte. Das Thema »Lebensbewältigung« schob sich in den Vordergrund, die »therapeutische Spiritualität« von Liedermacher Alexander Bayer steuerte biblische Gesänge und Auferstehungslieder bei. Die »Abendgesänge« haben besonders in den katholisch geprägten Gebieten ihren Platz in der »Volkskirche«, ohne auf die sonst übliche Dominanz folkloristisch geprägter Frömmigkeit zurückzugreifen. Gerade der konsequente Verzicht auf »Gewohntes« machte die biblische Sprache hörbarer. Kummer und Sorgen, Glück und Hoffnung der Menschen, nicht die Qualität von Partituren bestimmen nun vorrangig die Liedauswahl.

Das in diesem Prozess erwachsene Buch »Nacht-Wandler« versammelt nun Volkslieder, Kinderlieder, Bach-Sätze, Liedermacher-Lieder, Taizé-Gesänge, alte Choräle, Neue Geistliche Lieder, Psalmodien u. a. Die Vielfalt der Musik spiegelt sich wiederum in der großen Bandbreite der regelmäßig teilnehmenden Generationen bei den Abendgesängen. Die Textauswahl orientiert sich in der Regel (ausgenommen der Themenkreis Weihnachten) an der Verständlichkeit für heutige Menschen. Ein paar Liedermacher-Gesänge sind provozierend, sowohl in der Wortwahl als auch in der Verwendung musikalischen Ausgangsmaterials. Sie sollten daher nur für bestimmte Situationen verwendet werden.

In der Form, wie Entzücklika die Abendgesänge jetzt darbietet, handelt es sich um ein »Offenes Singen« mit konzertanten Elementen. Auf die üblichen liturgischen Gesten und Texte wird weitgehend verzichtet. Daher sind die »Abendgesänge« leicht auch in einer Gemeinde umzusetzen. Das vorbereitende Team muss nicht aus Profis bestehen. Die Liedauswahl in »Nacht-Wandler« erlaubt einfaches Musizieren genauso wie großes Musizieren mit Profis.

WAS DIESE VERANSTALTUNG ZU EINEM GOTTESDIENST MACHT UND WEN SIE ANSPRECHEN WILL

Gottesdienstlich wird dieses »Offene Singen«, wenn die Veranstalter durch eine geschickte Moderation die einzelnen Lieder so miteinander verbinden, dass eine Atmosphäre entsteht, in der biblische Texte noch einmal neu und wirklich an-sprechend zum Klingen kommen. Die verschiedenen Rubriken in »Nacht-Wandler« können helfen, die musikalisch-stilistische Vielfalt durch eine Vielfalt der Funktionen der Gesänge zu ergänzen. Im Sinne des Erfinders sind die »Abendgesänge« dann gottesdienstlich, wenn sie die Wahrnehmung füreinander schärfen (Umsicht und Mitgefühl), Leiden, Schmerzen, Handlungsblockaden ansprechen und mithilfe von biblischen (himmlischen) Zu-Sprüchen Menschen einen neuen Umgang mit ihrer Situation oder ihren Mitmenschen ermöglichen (Auferstehung konkret). Das Reich Gottes erkennt man daran: Hungrige werden gespeist, Durstige getränkt, Nackte bekleidet, ...
Diese gedankliche Linie verwundert bei einer Veranstaltung, die sich »Abendgesänge« nennt. Doch wichtiger als das Loblied auf die untergehende Sonne ist das Loblied auf die aufgehende Sonne. Das Wecken von Zukunftshoffnung, das Mittun an Gottes Morgen, die neu empfundene Zuversicht sollen entlastend wirken, sollen helfen, Problemstaus durch neuen zupackenden Mut abzubauen. Das »Kopf-Karusell« auf dem Bettkissen soll zur Ruhe kommen können. Deshalb klingt es keineswegs nur humorvoll, wenn Entzücklika die Abendgesänge ankündigt als »aufgeweckte Lieder zum besseren Einschlafen«. Ein ausgeschlafener Mensch geht mit offenen Augen, festen Beinen und einem wachen Geist in die Welt.

WANN ZU DEN ABENDGESÄNGEN EINGELADEN WIRD

Der Ort, dieses zu begehen, wäre eigentlich der Sonntagmorgen, aber es zeigt sich, zumindest hier in Deutschland und mehr noch auf dem Land als in der Stadt, dass die Abendgesänge ihre Gemeinde in der Frei-Zeit während der Arbeitswoche finden. Entzücklika setzte konsequent die »Abendgesänge« wochentags und spät an, und zwar deutlich nach 20 Uhr, um auch jungen Eltern eine Chance zur Teilnahme zu geben. Am Sonntag hat sich 19 Uhr als gute Zeit herausgestellt. Freitag und Samstag Abend werden die Abendgesänge weniger besucht. Auch wird empfohlen, die Abendgesänge nicht zu Terminen zu veranstalten, die sonst durch andere regelmäßige Gottesdienste besetzt sind (nicht neuen Wein in alte Schläuche).

ABENDGESÄNGE UND MEHR

Neben den »Abendgesängen« als gottesdienstliches Offenes Singen bietet das Buch »Nacht-Wandler« genügend Überschuss, um andere Gelegenheiten zu gestalten, wie z. B. Trauerandachten, Gedenkgottesdienste, Komplet, u. v. a. (eine bescheidene, aber gezielte Auswahl ermöglicht sogar die Mitgestaltung einer Eucharistiefeier, aber das war nicht das vorrangige Ziel der Redaktion). Deshalb werden im Anschluss zwei Modelle vorgestellt, die über das entzücklikante »Offene Singen« hinausgehen.

Abendgesänge
zu bestimmten Anlässen und Feiern
Sendung

ANLÄSSE

Kirchweihe, Grundsteinlegungen, Hl. Laurentius, Osterzeit (Missionsauftrag), Beauftragungsfeierlichkeiten.

ERÖFFNUNG

NW 26 »Zur Mitte kommen«

Singweise und Gestaltung: Gemeinsames Singen, dann gemeinsames Summen, während die »Mitte« des Raumes gestaltet, geschmückt wird, dann noch einmal gemeinsames Singen.

Stille

BEGRÜSSUNG

Seid willkommen,
ihr Nachteulen, Nacht-Wandler und Nachtigallen,
Seid willkommen,
ihr Traumtänzer, Schlaflosen und Schlaftabletten,
Seid willkommen,
ihr Betrogenen, Verratenen, Verlassenen,
Seid willkommen,
ihr Benachteiligten, Chancenlosen, Unterdrückten,
Seid willkommen,
ihr Romeos und Julias,
Seid willkommen,
Schauspieler und Lebenskünstler,
seid willkommen,
ihr Müden, ihr Traurigen, ihr Behinderten.

Der Chor antwortet mit dem Liedruf.

LIEDRUF

NW 14 »Denn meine Augen haben das Heil gesehen«

LIED

NW 61 »Und das sind deine Leute, Gott«

Mit diesem Lied schärfen wir den Blick für die Menschen um uns herum.

Der Liedtext kann optisch unterstützt werden durch den Einsatz von Dias während Zwischenspielen oder mit lebensgroßen und echt wirkenden Figuren, die in den Bänken sitzen und beleuchtet werden, oder ...

DIE LEGENDE VOM HEILIGEN LAURENTIUS

Von den wahren Reichtümern der Kirche

wird kurz und möglichst frei erzählt

Der aus Spanien stammende Laurentius war im dritten Jahrhundert Priester in Rom. Seine besondere Aufgabe war die Pflege der Armen und Kranken. Die Legende sagt es in ihren Worten: Laurentius ging durch die Häuser, tröstete die Verlassenen, stärkte die Verzagenden, und teilte das Opfer der Liebe aus: Er wachte und warnte und war überall zur Stelle mit Rat und Hilfe. Wo er eintrat, da richteten sich die verzagten Herzen auf, und an seiner Kraft stärkten sich die müden Seelen.

Während einer erneuten Christenverfolgung wurde der Bischof zusammen mit seinen Diakonen während eines Gottesdienstes in den Katakomben von römischen Häschern überrascht und verhaftet. Da Laurentius selbst unterwegs war, um in den Häusern nach den Armen und Kranken zu schauen, entging er zunächst der Verhaftung. Für zwei Tage hielt er die verwaiste Gemeinde zusammen, bis auch er erkannt, »enttarnt« und festgenommen wurde.

Laurentius wurde dem Kaiser vorgestellt mit den Worten, dass er die Gaben der Liebe zu verwalten habe. Der Kaiser hielt ihn deshalb für den Hüter eines geheimnisvolles Hortes, von dem die Sage ging, dass er in den Katakomben verborgen sei. Der Kaiser begehrte von Laurentius zu erfahren, wo sich dieser geheimnisvolle Schatz befände. Da bat Laurentius um drei Tage Frist, um die Frage beantworten zu können. Der Kaiser ließ sich darauf ein. In diesen drei Tagen sammelte Laurentius alle Armen, Lahmen und Blinden und brachte sie in den Palast und sprach zum Kaiser: »Sieh her! Der ganze Vorhof steht nun voller goldener Gefäße! Das da sind die ewigen Schätze, die nicht an Wert verlieren. Das Gold, nach dem du dürstest, ist die Ursache vieler Verbrechen, sein Glanz ist trügerisch. Das wahre Gold aber ist das Licht der Welt: Jesus Christus. Und diese da, das sind die Kinder dieses Lichtes und der wahre Schatz der Kirche. Sie sind ihr Gold, ihre Perlen und ihr Edelgestein.«

Der Kaiser fühlte sich genarrt und betrogen und übergab Laurentius den Folterknechten. Die zogen ihn aus und legten ihn auf einen glühenden Rost. Zum Kaiser rief er noch: »Du armer Mensch. Mir bringt dieses Feuer eine Kühle, dir aber wird es zur Peinigung werden.« Und nicht ganz ohne den sprichwörtlichen Galgenhumor sagt er zu den Vollstreckern: »Seht, die eine Seite ist schon durchgebraten, nun bratet auch noch die andere.«

LIED

NW 179,1–2 »So baut der Gütige«

Der Gesang vereint zwei prophetische Worte miteinander: Gott baut auf und baut »sein Haus« (sein Volk) auf mit denen, die vom Leben gezeichnet sind und sich von der Gotteskraft, die unter uns wirkt, berühren lassen.

SCHRIFTLESUNG

Während eines Zwischenspiels rezitiert die Moderation die Seligpreisungen (Mt 5,1–11) in Übersetzungsvarianten oder in Paraphrasen oder im Wechsel von Einheitsübersetzung und Paraphrasen. Die Rezitation kann von unterschiedlichen Orten aus erfolgen. Strophe 3 kann vom Altarraum aus begleitet werden mit Gesten, die die »Ehre der Gebeugten« unterstreichen (z. B. Weihrauch, Blumen oder Feuergruß nach indischem Vorbild, usw.).

PSALMREZITATION

Der lange Atem (Psalm 9 und Mt 10)

Zu den Verlorenen gehen,
sie in unseren Wüsten suchen,
sie in unseren Steppen finden,
sie aus den Felswänden befreien.

Zu den Verlorenen gehen,
sie dort suchen, wo die Zeiten dunkel
und die Menschen hart geworden sind.

Macht es euch nicht leicht:
Geht nicht zu denen,
die jedem nachlaufen,
geht zu denen,
die einfach sind,
an ihnen könnt ihr euch messen,
ob eure Liebe einen langen Atem hat
oder ob ihr nur leeres Stroh drescht.

Kommt, geht,
»Ich sende euch« sagt Jesus,
euer Glaube kann Berge versetzen,
ihr habt die Macht,
harte Herzen zu zerschmelzen,
ihr habt die Kraft,
wunde Herzen zu verbinden.
Bringt mit euren Händen den Menschen die Heilung,
heilt sie an ihren zerschundenen Körpern,
heilt sie in ihrer zerstörten Seele,
heilt sie von der Angst des Todes,
erweckt sie zu neuem Leben.

(Uwe Seidel)

LIED

NW 191 »Macht die erschlafften Hände wieder stark« *(ohne Psalmodie)*

AKTION

Es wird leise Musik gespielt. Die Mitfeiernden werden eingeladen, sich von den Plätzen zu erheben und individuell durch den (großen) Raum zu schreiten. Der Psalm von Uwe Seidel wird auf mehrere Sprechende verteilt, die ihre jeweiligen Textabschnitte zu unterschiedlichen (und ggf. passend gestalteten) Punkten des Raumes mitnehmen und in gewissen Zeitabständen wiederholen. Dabei kann z. B. das Taufbecken einbezogen werden, jemand legt zum entsprechenden Abschnitt die Hände zur Segnung auf, oder ... Zum Abschluss wird nochmals: »Macht die erschlafften Hände wieder stark« gesungen.

PSALM

NW 182 »Ich will mich freuen« *(mit Psalmodie)*

Der Imperativ des vorigen Liedes bekommt jetzt noch eine Autorität: Geht hinaus in alle Welt ... denn ihr seid gesegnet ... ihr tragt die Liebe in euch ... der Geist Gottes ruht auf euch ... der Herr hat euch gesalbt ... Er hat euch gesandt ... Ihr alle sollt »Priester des Gütigen« genannt werden.

GESCHICHTE

Es gab einmal eine Zeit, da hatten die Tiere eine Schule. Das Curriculum bestand aus Rennen, Klettern, Fliegen und Schwimmen, und alle Tiere wurden in allen Fächern unterrichtet.
Die Ente war gut im Schwimmen, besser sogar als der Lehrer. Im Fliegen war sie durchschnittlich, aber im Rennen war sie ein besonders hoffnungsloser Fall. Da sie in diesem Fach so schlechte Noten hatte, musste sie nachsitzen und den Schwimmunterricht ausfallen lassen, um das Rennen zu üben. Das tat sie so lange, bis sie auch im Schwimmen nur noch durchschnittlich war. Durchschnittliche Noten waren aber akzeptabel, so machte sich niemand Gedanken darum, außer: die Ente.
Der Adler wurde als Problemschüler angesehen und unnachsichtig und streng gemaßregelt, da er, obwohl er in der Kletterklasse alle anderen im Klettern schlug, darauf bestand, seine eigene Methode anzuwenden.

Das Kaninchen war anfänglich im Laufen an der Spitze der Klasse, aber bekam einen Nervenzusammenbruch und musste abgehen von der Schule wegen des vielen Nachhilfeunterrichts im Schwimmen.

Das Eichhörnchen war Klassenbester im Klettern, aber sein Fluglehrer ließ es seine Flugstunden am Boden beginnen, anstatt vom Baumwipfel herunter. Es bekam Muskelkater durch Überanstrengung bei den Startübungen und immer mehr »Dreien« im Klettern und »Fünfen« im Rennen.

Die mit Sinn fürs Praktische begabten Präriehunde gaben ihre Jungen zum Dachs in die Lehre, als die Schulbehörde es ablehnte, Buddeln in das Curriculum aufzunehmen.

Am Ende des Jahres hielt ein anormaler Aal, der gut schwimmen und etwas rennen, klettern und fliegen konnte, als Schulbester die Schlussansprache.

LIED

NW 114 »Niemand kann alles«

LAUDATIO/LOBGESANG

NW 280,2 »Alles, was atmet«

Eine gewisse natürliche Ordnung entlastet. Nicht jede bzw. jeder muss alles tun können. Wir bleiben aufeinander verwiesen und fügen uns ein in einen großen Kontext, der hier beschrieben wird.

GEBET

NW 321 »Was ist der Mensch, der Leben liebt« *(gesprochen oder gesungen)*

ABSCHLUSSLIED

NW 5 »In deine Hände leg ich voll Vertrauen«

NACHSPIEL

NW 182 »Ich will mich freuen«
Chor singt mehrstimmig (a capella aus dem Off)

MATERIALIEN

Nacht-Wandler. Abendgesänge, hrsg. v. Alexander Bayer, Ostfildern 2001.

Abendgesänge
zu bestimmten Anlässen und Feiern
Osterandacht

ANLÄSSE

Osterzeit, Wortgottesdienste mit Heilungsgeschichten, Jubiläen
karitativer Einrichtungen

VORBEREITUNG IM TEAM

Der Spannungsbogen der hier vorgestellten »Andacht« beginnt
bei der »Kraft aus der Höhe« im biblischen Gesang. Mit Wilhelms Willms »weißt du wo der himmel ist« wird daran erinnert,
dass wir das Heil im Hier und Jetzt finden dürfen. Ein Beispiel dafür ist der lebendige Mensch, der sich ergreifen lässt und seine
Stunde gekommen sieht, das Leben zu ergreifen. Zitate aus der
Osternachtsliturgie erzählen in der Ich-Form eine Ostergeschichte. Sie will sagen: Ostern kann sein, sich helfen zu lassen
oder sich aus eigener Passivität zu befreien. Am Ende wird angeboten, Hilfe auch darin zu sehen, anderen zu helfen.
Die Sprechfuge knüpft an Psalm 118 an: »Ich werde nicht sterben, sondern leben, um die Taten des Herrn zu verkünden.« Das
Team bereitet die Sprechfuge für sich auf: Zum Beispiel legt es
eine Partitur fest, ergänzt den Text um eigene Aussagen, verteilt
die Sätze auf verschiedene Sprecher und Orte, lässt sich von Musizierenden begleiten, die den »Trotz« der Worte in eine schöne
Auferstehungsmusik einmünden lassen.
Über dem Gottesdienst bleibt als »Seh-Hilfe« das Bild von Sieger
Köder, »Der Lahme springt wie ein Hirsch«.
Das Team nimmt sich im Vorfeld Zeit für eine eigene Bildmeditation des Köder-Bildes. Die Kleidung der Akteure und Musiker
sollte bewusst in die konkrete optische Gestaltung einbezogen
werden. Überlegt werden sollte auch, inwieweit auf kommentierende Ansagen, Gruß- und Dankesworte verzichtet werden
kann, um weitgehendst die Lieder und Texte, das Licht und die
Gesten für sich sprechen zu lassen.

ERÖFFNUNG

Bild von Sieger Köder: Der Lahme springt wie ein Hirsch (Jes 35,4–6)
Der Gitarrist trägt in Anlehnung an das Bild ein grünes Hemd.

LIED

NW 218 »Singt Gott Lieder vom Leben« *(Chor)*
oder NW 9 »Es wird schon gleich dunkel« *(Solist)*

Darauf antwortet die Gemeinde mit einem weiteren Lied.

LIED

NW 149 »Singt Gott«

BEGRÜSSUNG

LIED

NW 319 »Die Stimme kehrt wieder zurück« *(Schola)*
    danach oder anstelle der Schola:
NW 208 »Von allen Seiten umgibst du mich« *(Gemeinde)*
oder Psalm 139 »Du bist vertraut mit all meinen Wegen« *(En-semble/Band)*
oder NW 150 »Ich lobe meinen Gott, der aus der Tiefe mich holt« *(Gemeinde)*

Stille

TEXT

weißt du wo der himmel ist

weißt du wo
der himmel ist
außen oder innen
eine handbreit
rechts und links
du bist mitten drinnen

weißt du wo
der himmel ist
nicht so tief verborgen
einen sprung
aus dir heraus
aus dem haus der sorgen

weißt du wo
der himmel ist
nicht so hoch da oben
sag doch ja
zu dir und mir
du bist aufgehoben.

Wilhelm Willms

SZENISCHES SPIEL

Als mögliches Element in Anlehnung an das Köder-Bild: Eine trauernde Frau (mit rotem Kleid und schwarzem Schleier) lüftet ihren Schleier. Anschließend beginnt sie durch den neu gewonnen Horizont zu tanzen, begleitet von Instrumentalmusik. Danach »verwandelt« sie sich in die blonde Dame des Köder-Bilds, die ganz Ohr wird.

MEDITATION

Nicht nur wie das Pfeifen im Walde
Ein Lied auf den Lippen
Eine Kampfansage
Klänge von Alltagshelden
Eine Hymne, die verbindet,
Klingende Spiegelbilder der Seele
Kein »Spiel mir das Lied vom Tod«
Ein »Belebet-die-Herzen«.
Keine Zeit zum Meutern
Eine Zeit zum Steinerweichen
Eine Zeit zum Wurzeln schlagen
Eine Zeit zum Fenster öffnen

Sucht euer Leben nicht beim Toten.

Das Lied vom Leben:
Ergriffene spüren
Eine Kraft
Eine Melodie
Eine Energie
Einen Anker
Eine Rettung
Eine Kraft aus der Höhe
Ein »So gewiss kommt Gott, um uns zu helfen«.

Das Lied vom Leben:
Meine Stunde ist gekommen:
Meine Kraft und Stärke
Mein Lied, die Rettung:
Vom Himmel zu singen
Nach Himmel zu klingen

Meine Lebendigkeit:
Mitten im Leben
Mit dem Leben neu zu beginnen.

(Alexander Bayer)

LIED

NW 282,2 »Meine Stärke und mein Lied ist der Herr«

BIBLISCHE MEDITATION

Sprecherin mit rotem Kleid

Fürchte dich nicht!
Der Herr ist mit dir!
Er ist auferstanden.
Sein Geist wird über dich kommen,
und die Kraft,
die Kraft des Höchsten,
wird dich überschatten.
Du wirst dich nicht fürchten!
Du wirst dein Leben finden
nicht bei Totem,
sondern bei Lebendigem.

LIED

NW 207 »Gott hat mir längst einen Engel gesandt«

FORTSETZUNG BIBLISCHE MEDITATION

Sprecher mit grünem Hemd

Fürchte dich nicht!
Der Herr ist mit dir!
Er ist auferstanden.
Sein Geist wird über dich kommen,
und die Kraft,
die Kraft des Höchsten,
wird dich überschatten.
Du wirst dich nicht fürchten!
Du wirst dein Leben finden
nicht bei Totem,
sondern bei Lebendigem.
Sieh deine Hände und deine Füße
und erkenne: Das bist du selbst.
Deine große Stunde ist gekommen.
Du hast wieder eine Zukunft.
Ich ergreife dich!
Steh auf!
Nimm deine Bahre und geh!

(Alexander Bayer)

ANTWORTLIED

NW 295 »Du hast gesegnet« *(Solist und Gemeinde)*

LIED

NW 300 »Durch das Dunkel hindurch«

MEDITATION

steh auf
wenn dich etwas umgeworfen hat

steh auf
wenn ein anderer besser deinen platz
ausfüllt
auch das ist auferstehung
steh auf
gerade wenn du meinst
du könntest nicht aufstehen
der stein vor deinem grab
wird sich von selbst
fortbewegen
es wird dir ein stein vom herzen
fallen.

Wilhelm Willms

LIED

NW 46 »Seht ihr den Morgen«

SPRECHFUGE

evtl. mit neu hinzukommenden Kleiderfarben

Ich werde nicht sterben
Ich werde nicht untergehen
Ich lass mich nicht unterkriegen
Ich lass mich nicht kaputtmachen,
ich werde, wir werden überleben,
ich werde nicht sterben,
ihr kriegt mich nicht klein.
Ich fürchte mich nicht.
Ich werde nicht untergehen,
sondern leben.

Heute sollt ihr sehen,
mit euren Augen
dass eine Kraft aus dem Himmel
ein Licht aus der Höhe
über uns kommen wird,
Hand und Fuß bekommt.
Die Taten des Herrn

sind mitten unter uns.
Ich fürchte mich nicht.

(Alexander Bayer)

Die Sprechfuge mündet in das folgende Lied.

LIED

NW 287 »Ich werde nicht untergehen«

Zum Ruf: »Es werde Licht« sollte es eine besondere Lichtregie ge-
ben. Zum Beispiel kann die Osterkerze entzündet werden.

PROZESSION

Es werden Krücken, Rollstühle, Geh-Hilfen, Bahren, Hörgeräte,
Brillen, Computer, Atemschutz, usw. zur Osterkerze gebracht.
Symbole, die in Beziehung zu Handlungs- oder Bewegungs(un-)
fähigkeit stehen. Die Bedeutung der Installation soll absichtlich
offen bleiben, denn für die einen kann Ostern bedeuten, sich von
»Hilfsmitteln« trennen zu dürfen, für andere kann es bedeuten,
sich endlich der »Hilfsmittel« bedienen zu können. Weitere Assoziationen sind denkbar ... Dazu wird der folgende Text gesprochen.

Zur musikalischen Untermalung eignet sich z. B. Instrumental
oder Chor im Wechsel zum Text »Ich vertraue mich dir an« (NW
201) oder die erste Strophe von »Was Gott tut, das ist wohlgetan«
(NW 204). Ggf. läuten auch Glocken.

Ich werde nicht untergehen,
sondern leben,
und die Taten des Herrn verkünden
mit Hand und Fuß.
Ich will das Morgenrot wecken,
denn wieder erwacht ist meine Seele.
Der Stein kommt ins Rollen,
die Zukunft ist da.
Das Herz brennt vor Neugier auf das Morgen,
wenn Hungrige gespeist werden
und Nackte bekleidet,

wenn Fremde aufgenommen werden
und Kranke besucht.
Ich will das Morgenrot wecken,
denn wach ist meine Seele.

LIED

NW 323 »Ich will das Morgenrot wecken«

SEGEN

möglichst in einem Fluss mit vorigem und folgendem Lied

ABSCHLUSSLIED

NW 191 »Macht die erschlafften Hände wieder stark«

Zur Textzeile: »*Seht hier ist euer Gott*« *wird die Hand des Köder-
Bildes, oder eine andere passende Hand in Szene gesetzt. Blaues,
edles, goldenes Licht scheint hell auf.*
*Schlussrefrain zum Auszug, Licht wird gedimmt bzw. nachein-
ander gelöscht. Ein Solist wiederholt aus dem Off* »*Seht nur ihr
Glück*« *... Stille ...*

ABSCHLUSSGESANG

NW 295 »Du hast gesegnet« *(Chor oder Solist aus dem Off)*

MATERIALIEN

- Bild: »Der Lahme springt wie ein Hirsch« (Jes 35,4–6). Aus:
  Herbert Wilfart (Textauswahl), Unterwegs zu mir. Mit Bildern
  von Sieger Köder, Stuttgart 1997, S. 37
- Nacht-Wandler. Abendgesänge, Hrsg. Alexander Bayer, Ostfildern 2001
- »Psalm 139, Du bist vertraut mit all meinen Wegen« erhältlich
  bei Entzücklika, Klosteranlage 4, 89611 Obermarchtal
- Lichtinstallation, Osterkerze, bunte Gewänder. Hilfsgeräte
  (siehe Prozession). Diaprojektor und Leinwand, o. Ä.

Alexander Bayer

Erde und Himmel
Der andere Gottesdienst –
Eucharistiefeiern in Hoheneck

Ludwigsburg-Hoheneck

WAS DIESEN GOTTESDIENST AUSMACHT

Wir laden jeweils am ersten Sonntag im Monat, außer in den Schulferien, gläubige,»ungläubige«, fragende, suchende, betende und verstummte Menschen ein, gemeinsam das je eigene religiöse Hören, Reden und Schweigen zu entdecken. Der im Abstand von vier Wochen gestaltete Gottesdienst – eine Eucharistiefeier – setzt den Akzent auf diese Feiergestalt, weil das bisherige Bemühen, in der Form eines Wortgottesdienstes zu feiern, am Interesse scheiterte. Der Eucharistiefeier geht im Wortgottesdienstteil eine meditative Einfühlphase zum Thema voraus. Wesentliche Elemente sind in ihr das Schweigen, biblische Textimpulse und das aktive Einbeziehen der Gottesdienstbesucherinnen und -besucher. Wir achten darauf, dass Eucharistie- und Wortgottesdienstteil sich entsprechen und eine Einheit bilden.

WIE ES DAZU KAM

Das Katholische Bildungswerk Ludwigsburg bildete 1995 eine Arbeitsgemeinschaft (AG) »Glaube – Religion – Kirche«. Ziel der AG war es, zu überlegen, wie unter den gegenwärtigen Bedingungen von Gesellschaft und Kirche religiöse Erwachsenenbildung konzipiert ist. Der Blick richtete sich auf Angebote an Gemeinden und ihre Gruppen und ebenso auf Angebote beim Katholischen Bildungswerk, da immer mehr Menschen sich nicht mehr in Kirchengemeinden verorten wollen. Das Bedürfnis jedoch, sich mit Sinnfragen und religiösen Grundorientierungen auseinander zu setzen, besteht nach wie vor und darf nicht dem »Esoterikmarkt« allein überlassen werden. Es sollten in der AG fünf bis sechs Treffen im Jahr stattfinden.
Neben der Analyse der AG zu Phänomenen in Gesellschaft und Kirche beschäftigte sich die AG 1997 in einer Werkstatt mit

neuen liturgischen Formen. Der Umzug des Katholischen Bildungswerkes in das Dekanatshaus »Haus Edith Stein« nach Ludwigsburg-Hoheneck brachte die Frage mit sich, im Ensemble Hoheneck (Dekanatshaus, Kirche, Park, Kloster) ein spirituelles und geistliches Zentrum entstehen zu lassen. Ein erster Gottesdienst fand 1998 unter Mitwirkung der AG mit Bischof Gaillot und ein weiterer am Welt-Aids-Tag in der St.-Josef-Kirche in Ludwigsburg-Hoheneck statt. Im Juni 1999 wurde von der AG der Wortgottesdienst »Heaven on Earth« vorbereitet und gestaltet. Es folgten weitere thematische Meditationsgottesdienste: »Ein Gesicht auf einem Stück Stoff« – »Sinnlich und singend Weihnachten entgegen« – »Was sind meine Früchte« – »Ich sehe dich in tausend Bildern: Zugänge zu Maria« – »Jehova: Ich bin der ich bin« – »Mein Credo: Hymnen des Glaubens« – »Engel« – »Vater unser« – »Gott ist eine Clownin, Aufbrechen–Aufstand–Auferstehung« …

Die evangelische Nachbarschaft der Friedenskirche in Ludwigsburg mit ihrer seit über fünf Jahren anziehenden Praxis der »Nacheulengottesdienste«, die hohe Besucherzahlen haben, bot wichtige Impulse zum eigenen Vorgehen in der AG an.

Trotz des Erlebnischarakters der Meditationsgottesdienste führte unser Bemühen nicht zu den gewünschten Erfolgen, was die Besucherzahlen anging. Im Juni 2001 kam nach einer offenen und ehrlichen Bestandsaufnahme innerhalb der AG die Anregung, eine neue »Experimentierphase« zu starten und alle vier Wochen eine Eucharistiefeier vorzubereiten und zu feiern. Dies sollte »gut verpackt« und mit Esprit öffentlich gemacht werden.

WEN ER ANSPRECHEN WILL UND
WEN ER TATSÄCHLICH ANSPRICHT

Im Flyer »Erde und Himmel – Der andere Gottesdienst. Eucharistie-Feiern in Hoheneck« werden gläubige »ungläubige«, fragende, suchende, betende und verstummte Menschen angesprochen bzw. eingeladen, um das »je eigene religiöse Hören, Reden und Schweigen zu entdecken«. Die AG bekommt immer wieder ermutigende Rückmeldungen, mündlich und schriftlich, die ausweisen, dass Form und Gestaltung, Art und Weise gut sind. Die AG geht kritisch reflektierend damit um und empfindet dies als Ermutigung zum Weitermachen. Im Anschluss an jeden Gottesdienst ist die Cafeteria im Haus Edith Stein zu Begegnung und

Gespräch geöffnet. Diese Möglichkeit wird zwar nur von wenigen genützt, umso intensiver sind dafür aber die Gespräche zu Inhalt und Form des Gottesdienstes, oft sind diese Gespräche verbunden mit sehr persönlichen Frage- und Problemstellungen.

WIE ER VORBEREITET UND DURCHGEFÜHRT WIRD

Das bisherige Team »AG Spiritualität« aus sechs haupt- und ehrenamtlichen Personen trifft sich in gewissen Zeitabständen zur Planung und Vorbereitung der Gottesdienste. Veranstalter sind das Katholische Bildungswerk und die Katholische Gesamtkirchengemeinde Ludwigsburg. Die einzelnen Gottesdienste werden grob konzipiert und strukturiert, und dann bereiten die Verantwortlichen Teile der Inhalte vor und stimmen sie über die modernen Kommunikationsmedien mit den anderen ab. Oft werden noch kurz vor Beginn der Gottesdienste wichtige Absprachen getroffen und nötige Änderungen vorgenommen. Ein wichtiges Leitziel der Vorbereitung und Durchführung liegt in der Beteiligung aller. Einzelne übernehmen besondere Aufgaben je nach Gabe und Fähigkeit: Gestaltung der Einfühlphase, Textteile, Rituale, Lieder und Musik …

WELCHE POSITIVEN UND WELCHE NEGATIVEN ERFAHRUNGEN GEMACHT WERDEN

»Überhaupt entdecke ich in diesen Eucharistiefeiern viele scheinbare Kleinigkeiten, die Symbolcharakter haben«, schreibt eine Gottesdienstbesucherin zur Gestaltung der Kommunion unter beiderlei Gestalten. Eine andere schreibt: »Vielleicht freut es sie, wenn positive Rückmeldungen kommen. Als verstummter, trotzdem suchender Christ mit bekannten, nicht vernarben wollenden Verletzungen würde ich mir so sehr wünschen, dass die Kirche häufiger so erlebbar wäre, wie wir sie heute erleben durften und für uns erbeten haben … Mit einem herzlichen Dankeschön für diesen Gottesdienst grüße ich Sie.« Ein Gottesdienstbesucher bemängelte den Zusammenhang zwischen Wortgottesdienstfeier und Eucharistiefeier. Er sah den Eucharistieteil eines Gottesdienstes an den Wortgottesdienstteil »angehängt.«

Die selbstkritische Reflexion im Team nach einer Gottesdienst-feier will verhindern, dass Routine und Selbstgefälligkeit in der AG Platz nehmen.

WIE DIE ZUKUNFT AUSSIEHT

Über die Zukunft nachdenken bedeutet für die AG, die für jeweils ein Jahr angesagten Gottesdienste in den Blick zu nehmen. Der Gestaltungswille und die gebotene Kreativität aller in der AG scheint kein Ende zu kennen. Der begonnene Weg von »Erde und Himmel – Der andere Gottesdienst – Eucharistie-Feiern in Hoheneck« scheint noch zu jung, um an die Zukunft denken zu wollen. Er findet bei jeder Vorbereitung ein Stück gewinnende Erweiterung. Niemand wird unter Druck gesetzt, weder das einzelne Mitglied in der AG noch die AG als solche. Sollte sich herausstellen, dass das Konzept sich nicht bewährt, dann wird sicherlich in der AG neu entschieden.

»Erde und Himmel«-Gottesdienst im Juli

Elemente der Schöpfung

GESTALTUNG

Der Gottesdienst findet im Freien statt (im Parkgelände vom St.-Josefsheim, in der Nähe der St.-Josefskirche), um den Tanz in allen vier Himmelsrichtungen mit den Teilnehmenden durchführen zu können.

ZUR EINSTIMMUNG

Instrumentalmusik auf dem Keyboard

LIED

NW 280,2 »Alles, was atmet«

ERÖFFNUNG

Wir sind eingeholt in unsere Schöpfung mit ihrer Dimensionalität; wir sind in sie freigelassen, um in ihr verantwortet zu wirken und in ihr zu leben. Immer wieder gilt es, diese Erfahrungswirklichkeit aufzugreifen. Unsere Schöpfung ist nicht ein Gegenüber. Wir sind mitten in ihr als ein schöpfungswichtiger Bestandteil.
Im Namen des Teams, das Ihnen inzwischen allen vertraut ist, und das sie immer wieder in den Gottesdiensten, so auch in diesem, handelnd erleben, darf ich Sie recht herzlich begrüßen.
Uns macht es ungemein Freude, vorbereitend und zugleich ausführend tätig zu sein. Wir verstehen uns nicht als Macher dieser Gottesdienste, sondern sehen und erleben uns als Mitfeiernde, als Glaubende und Suchende. Von daher bekommen unsere Gottesdienste ihre Gewichtungen.
Heute, an diesem Sommerabend, beginnen wir hier im Freien inmitten der Schöpfung:
Im Namen des Vaters ...
Gott, der diese Schöpfung uns erschaffen hat, sei mit euch ...

EINFÜHLUNG

Verweis auf die vier Elemente: Wasser, Luft, Feuer und Erde und ihre Bedeutung:
Die vier Elemente umgeben uns und sichern unser Leben; durch sie wird Leben erst möglich und sie erhalten es. Dennoch sind die vier Elemente nicht ungefährlich. Sie sind von Ambivalenz geprägt. Unser Sprachschatz gibt das wieder, wenn wir z. B. sagen: »Mir steht das Wasser bis zu Hals« oder »Da bleibt mir die Luft weg.«

Im ersten Teil der Bibel werden wir darauf hingewiesen, wer der Schöpfer ist und wie er in den Elementen erfahrbar ist:
im Erleben von Tag und Nacht,
im brennenden Dornbusch,
im geteilten Wasser des Roten Meeres,
im Ereignis der Sintflut,
im Säuseln des Windes bei Elija,
in den vielen Bildern, die die Propheten verwenden,
in den Psalmen.

Im Neuen Testament bedient sich Jesus der Gleichnisse, er lässt erkennen, wer die eigentliche Macht über die Elemente hat: Wir lesen von seinem Gang auf dem See, von der Stillung des Sturmes auf dem See Genezareth. Jesus spricht vom Licht der Welt und wir hören von einem Erdbeben bei seinem Sterben am Kreuz.

PSALM

Psalm 19: Gottes Größe in der Schöpfung und in seinem Gesetz

TANZ

Himmelsrichtungen

Unter Anleitung und unter musikalischer Begleitung tanzen die Teilnehmerinnen und Teilnehmer den vier Himmelrichtungen zu. Nach dem Tanz wird folgender Text von vier Sprechern bzw. Sprecherinnen aus den vier Windrichtungen gesprochen.

TEXT

Der Geist des roten Menschen spricht:

Norden   Ich bin von meiner Schöpfung nicht weniger getrennt, als deine Gedanken von dir.
Ich bin nicht die Wirklichkeit hinter der Welt, ich bin die Wirklichkeit in der Welt.

Westen   Ich bin in dieser Welt mit dir, dein ganzes Leben lang, wo immer du bist, wo immer du gehst, wo immer du suchst.

Osten   Du kannst mich sehen im Mond und in den Sternen, die Licht gebären aus der Dunkelheit.

Westen   Du kannst mich spüren in der Brise, die deine Wange küsst.

Süden   Du kannst mich hören in den fließenden Wassern, die so erfrischen und beleben.

Westen   Der winzige Same, der zur mächtigen Eiche wird, birgt meine Kraft.
Die sich zur Blüte öffnende Knospe verströmt meinen Duft.

Osten   Ich bin mit dir »jetzt«, in der sich ewig wandelnden Gegenwart, die wahre Ewigkeit ist.

Süden   Näher bin ich dir als der Atem, der deinem Körper Leben bringt. Näher als der Puls, der dein Herz im Rhythmus hält.

Norden   Denn ich bin das Eine, das Alles ist, und sehen kannst du mich in allem. Irgendwo, überall.
So sieh mich jetzt, höre mich jetzt, berühre mich jetzt. Finde mich und liebe mich in allem, jetzt, wo immer du bist. Deinen Erdenweg wirst du dann in Schönheit gehen.

(Quelle unbekannt)

INSTRUMENTALMUSIK (KEYBOARD)

LIED

EH 267 «Laudato si«

EUCHARISTIEFEIER

Messbuch – Viertes Hochgebet

SANCTUS

EH 182 »Jeder Teil dieser Erde« *(Kanon)*

DANKLIED

EG 504 »Himmel, Erde, Luft und Meer«

MEDITATION

Der Geist des roten Menschen spricht (s. o.)

SEGEN

Mutter Erde trage euch,
sie gebe euch Halt in euren Tagen.
Vater Himmel beschütze euch
und gebe euch stets umfassenden Schutz von oben.
Schwester Sonne wärme euch
und leuchte euch, wohin es euch treibt.
Bruder Wind durchpuste euch
und schaffe euch Klarheit durch sein Säuseln und im Sturm.
Ihr seid Kinder der Schöpfung und in ihr, um aus ihr Gewinnen-
des schöpfen zu können, um schöpferisch zu sein.
Mutter Erde trage euch in eurem Leben!
Dazu segne uns Gott, der Vater und Mutter zugleich ist, der Sohn
und der Heilige Geist. Amen.

LIED

EH 181 »Gott gab uns Atem, damit wir leben«

Joachim Harner

BRÜCKENbauen
Der ökumenische Gottesdienst am Sonntagabend

Im Wechsel in Heilig-Geist Ergenzingen (kath.), Christuskirche Ergenzingen (ev.) und St. Martinus Eutingen-Weitingen (kath.)

WAS DIESEN GOTTESDIENST AUSMACHT

Der Name »BRÜCKENbauen« sagt es bereits.
Wir wollen Brücken bauen zwischen dem, was sonst oft trennend ist: zwischen Menschen verschiedener Konfessionen, Herkunft und Prägung; zwischen dem, was wir nur »im Kopf« und oft weit weg vom »Herzen« haben; zwischen Generationen und Geschlechtern; zwischen dem Leben der Menschen und dem lebendigen Gott.
BRÜCKENbauen verstehen wir in diesem Sinne ökumenisch. Die verschiedenen Menschen kommen im »Haus Gottes« zusammen. Wir wollen zeigen, dass evangelische und katholische Christen nicht nur zusammen Gottesdienst feiern können, sondern dass sie auch über kontrovers diskutierte Themen kommunizieren können. Die Unterschiede sollen dabei wahrgenommen und aus der Theologie, Kirchengeschichte und der eigenen Biografie heraus verstehbar werden, um dann umso mehr verbindende Gemeinsamkeiten zu entdecken. Wir betonen die Gemeinsamkeiten der beiden großen Konfessionen, ohne die Unterschiede zu verschweigen.
Das gilt auch für die Glaubensüberzeugungen und die Frömmigkeit der Einzelnen. Wir möchten die den Gottesdienst Mitfeiernden nicht auf eine bestimmte Richtung festlegen, sondern durch unsere Art und Weise, die Themen zu gestalten, Impulse geben, Interessen wecken und den Glauben sprachfähig für den Alltag machen.
Als Brücke zwischen »Alltag« und »Sonntag« sprechen wir beim BRÜCKENbauen alle Sinne an. So wie wir die Welt im Alltag mit allen Sinnen wahrnehmen, soll es auch im Gottesdienst sein. Gottesdienst ist keine »Einbahn-« und keine »Ein-Mann«-Veranstaltung, sondern ein Miteinander vor Gott in der Welt, ein

Geben und Nehmen, ein Fragen und Antworten. Alltagsfragen, -situationen und -gefühle kommen in Dialog mit dem Evangelium. Unser Wunsch ist, unseren Alltag im Licht des Evangeliums neu wahrzunehmen, neue Einsichten zu gewinnen, die unser Denken, Fühlen und Handeln verändern. Form und Gestaltung von BRÜCKENbauen entsprechen seinem Anliegen. Den Menschen, die mit den traditionellen Formen Mühe haben, wird eine Brücke zu Kirche und zu Glauben gebaut. Die »etwas andere« Form soll die Suche nach der eigenen Religiosität und einen Zugang zu kirchlichen Ausdrucksformen erleichtern.

Um eine Brücke vom Sonntag in den Alltag zu bauen, haben wir den Sonntagabend als Gottesdienstzeit gewählt, die Zeit des Übergangs vom Sonntag in den Werktag. Beginn ist in der Winterzeit jeweils um 18 Uhr und in der Sommerzeit um 19 Uhr. Wir wollen so besonders junge Familien und berufstätige Menschen einladen. Der Sonntagmorgen bleibt den Familien als gemeinsame, ungedrängte Zeit, andere haben die Möglichkeit, morgens auszuschlafen und dennoch am Sonntag einen Gottesdienst zu besuchen.

Wir feiern die BRÜCKENbau-Gottesdienste alle zwei Monate. Dies ist ein Rhythmus, der den Möglichkeiten des Vorbereitungsteams entgegenkommt. Zugleich bleibt BRÜCKENbauen mit dieser Regelmäßigkeit im Bewusstsein der Gemeinden und andererseits auch etwas Besonderes.

WIE ES DAZU KAM

Entstanden ist die Idee zum »Gottesdienst der anderen Art« im ökumenischen Arbeitskreis vor Ort. In Ergenzingen und Umgebung leben viele konfessionsverbindende junge Paare und Familien. Dies war Anlass zu überlegen, wie wir diese spezifische Situation aufgreifen könnten. Ein zu den traditionellen Gottesdiensten ergänzendes Angebot sollte eine Brücke schlagen.

Ein Arbeitsteam unter Leitung des evangelischen Pfarrers wurde gebildet. Eine Gruppe von etwa zwanzig Personen zeigte Interesse und erarbeitete eine erste Arbeits- und Organisationsstruktur, überlegte mögliche Themen und sammelte Ideen zu Gestaltungselementen, die dem Anspruch eines »etwas anderen« Gottesdienstes gerecht werden. Das erste Thema wurde ausgewählt, ausführlich erarbeitet und zu einem ersten BRÜCKENbau-Gottesdienst vorbereitet und schließlich gefeiert.

Das Logo, das wir für den Gottesdienst entwickelten, erscheint auf allen Pressehinweisen, Plakaten und Flyern. Kontakte zur Presse erwiesen sich ebenfalls als wertvoll. So wurden mehrfach Berichte über unsere Gottesdienste in der regionalen Presse veröffentlicht.

WEN ER ANSPRECHEN WILL UND WEN ER TATSÄCHLICH ANSPRICHT

Die anvisierte Zielgruppe sind Frauen und Männer im Alter zwischen 30 und 50 Jahren, bzw. junge Familien, insbesondere solche Personen, die sich eher schwer tun mit den traditionellen Gottesdienstformen und -zeiten. Ein Schwerpunkt liegt dabei auf konfessionsverbindenden Paaren oder Familien.

Tatsächlich wird BRÜCKENbauen von Menschen aller Generationen und unterschiedlicher Konfessions- und Gemeindezugehörigkeit besucht. Es kommen sowohl traditionelle Gottesdienstbesuchende als auch solche, die eher selten oder gar nicht in den herkömmlichen Gottesdiensten anzutreffen sind. Auch Kinder (ab ca. 6 Jahren) und einzelne Jugendliche sind dabei. Die meisten, die den Gottesdienst besuchen, sind zwischen 30 und 50 Jahren, aber auch ältere Personen (70 Jahre und älter) fühlen sich angesprochen. Je nach Thema bieten wir Kinderbetreuung an.

WIE ER VORBEREITET UND DURCHGEFÜHRT WIRD

Das ökumenische Gottesdienstteam besteht aus etwa zwanzig Mitarbeiterinnen und Mitarbeitern. In der Regel sind davon etwa zehn Personen an der Vorbereitung eines Gottesdienstes beteiligt. Die Mitarbeit ist projektbezogen gedacht, d. h. man kann sich für einen Gottesdienst einklinken, dann wieder aussteigen oder pausieren. Wichtig ist uns, auf die unterschiedlichen Gaben zu achten, die als Ressourcen des Teams vorhanden sind. Nicht jede muss alles können und keiner kann nichts, aber gemeinsam haben wir viel zu bieten. Immer wieder versuchen wir auch, andere »begabte« Menschen für einen Teil des Gottesdienstes zu gewinnen (Laienschauspielerinnen und -schauspieler aus örtlichen

Theatergruppen, Künstlerinnen und Künstler, eine Improvisationstheater-Regisseurin, Chöre, Musikerinnen und Musiker, Musikgruppen, Sängerinnen und Sänger, Menschen mit spezifischen Erfahrungen usw.).

Ist ein Thema gefunden, versuchen wir beim ersten Treffen, einen eigenen, persönlichen Zugang zum Thema zu finden (Was interessiert mich? Wo bin ich betroffen? Was ist mir dabei wichtig?). Daraus ergeben sich meist schon eine Fülle von Ideen für den Gottesdienst, die gesammelt, geordnet und notiert werden. Arbeitsgruppen (Gestaltung/Aktion, Texte, Lieder/Musik) werden gebildet, die die Ideen weiterführen. Beim nächsten Treffen werden die Elemente ausgewählt, und es wird nach dem »roten Faden« gesucht: Wie passt alles zusammen? Beim dritten Treffen wird ein Rohentwurf des Gottesdienstes vorgelegt und besprochen, gegebenenfalls werden die Aktionen geprobt. Dies ist wichtig für den Einsatz von Technik, aber auch um darstellende Elemente, Sprechrichtungen und -orte festzulegen.

Die Leitung des Teams liegt in der Regel beim evangelischen Pfarrer, gelegentlich beim katholischen Pfarrer oder für einzelne Treffen bei einem anderen Mitglied des Gottesdienstteams.

Zu den BRÜCKENbau-Gottesdienst eingeladen wird im Namen des ökumenischen Gottesdienstteams. Getragen wird BRÜCKENbauen von den katholischen Kirchengemeinden, die zum Pfarrverband Oberes Gäu gehören, und den evangelischen Kirchengemeinden Ergenzingen und Eckenweiler.

WELCHE POSITIVEN UND WELCHE NEGATIVEN ERFAHRUNGEN GEMACHT WERDEN

BRÜCKENbauen erfreut sich auch nach bald drei Jahren desselben regen Zuspruchs wie zu Beginn (ca. 120 Besucherinnen und Besucher). Von den Gottesdiensten ließen sich – für uns überraschend – alle Generationen ansprechen. Konfessionsverbindenden Paaren bieten wir mit den Gottesdiensten eine Möglichkeit, ihren Glauben zu feiern. Inwieweit dies dazu führt, dass sie in ihrer Situation gestärkt werden, ist schwer zu beurteilen.

Die Frage, wie wir Kinder im Gottesdienst gezielt ansprechen können, hat uns immer wieder beschäftigt. Unsere Erfahrung ist, dass die Kinder sich wohlfühlen und aufmerksam sind, auch wenn wir keine eigens für sie gestalteten Elemente geplant haben.

Das Vorbereitungsteam ist einen ökumenischen Weg gegangen und hat sich zu einem vertrauten Kreis von engagierten Menschen entwickelt, die bereit sind, ihre eigenen Erfahrungen einzubringen, viel Zeit und Energie einzusetzen und damit jedes BRÜCKENbauen zu etwas Besonderem werden zu lassen. Schwierig ist, immer wieder das Maß zu finden und die Spannung zu halten zwischen zu viel und zu wenig Engagement. Das Team will sich die Offenheit für neue Mitarbeiterinnen und Mitarbeiter bewahren.

Jedes BRÜCKENbauen ist anders und doch gibt es inzwischen schon Elemente und Teile, die ritualisiert sind. Das ist auch gut so, denn Menschen brauchen eine Erwartungssicherheit. Nicht jede gottesdienstliche Situation kann und darf neu geschaffen werden. Nach jedem BRÜCKENbauen konnten wir bisher sagen: Es war gut, aber manches können wir beim nächsten Mal anders machen. Wir lernen durch unser Tun und wollen offen bleiben für neue Erfahrungen und für Anregungen, die uns die Besucherinnen und Besucher geben.

WIE DIE ZUKUNFT AUSSIEHT

Wir haben inzwischen die Gottesdienstzahl von sechsmal jährlich auf fünfmal jährlich reduziert. Einen Gottesdienst im Jahr feiern wir als Taizé-Gottesdienst, der wenig Vorbereitungszeit erfordert.

Das wird auch das Thema der Zukunft sein: Wie viel Zeit und Engagement kann für die Vorbereitung aufgebracht werden?

Der Zuspruch zu den Gottesdiensten, die Unterstützung der Pfarrämter und Kirchengemeinden sind ungebrochen. Die Frage, welche Leute sich ins BRÜCKENbauen einbringen können und wollen und in welchem Maß, bleibt offen.

WIE DER GOTTESDIENST GEFEIERT WIRD

Jeder BRÜCKENbau-Gottesdienst folgt jeweils einem Thema, das sich wie ein »roter Faden«, durch alle Lieder, Texte, Bilder, Aktionen und Gebete zieht. Die Themen sind oft bewusst nicht religiös formuliert, z. B. »Irgendwo dazwischen – vom Arbeiten und zur Ruhe kommen«; »Zum Glück – vom Glücklich-Sein und Glücklich-Werden«; »Lust auf Ferien – vom Loslassen und

Sorglos-Leben«. Wir formulieren die Themen häufig polarisie-
rend und wollen eben dazwischen »Brücken bauen«.
Durch den Gottesdienst führt eine Moderatorin oder ein Moderator. Sie bzw. er verbindet die einzelnen Elemente inhaltlich miteinander. So hilft sie (oder er) den Mitfeiernden zur Orientierung
im »etwas anderen« Gottesdienst. Daneben gibt es den Liturgen
oder die Liturgin. Er oder sie übernimmt Eingangsvotum, Psalm-
gebet, Schriftlesung und Segen. Darstellende Elemente, Durchführung von Aktionen, auch die Fürbitten werden von weiteren
Mitgliedern des Gottesdienstteams übernommen.
BRÜCKENbauen will alle fünf Sinne des Menschen ansprechen
und die Teilnehmenden zu einer inneren und äußeren Beteiligung einladen. Entsprechend werden ganz unterschiedliche ge-
stalterische Elemente eingesetzt:

Hören und Singen – Musik und Lieder

Wir verzichten auf eine Orgelbegleitung. Die Lieder werden
meist von der BRÜCKENbau-Combo (Keyboard, Saxophon,
Bass) begleitet. Die Combo gestaltet in der Regel auch die Musik
zur Eröffnung und zum Ausgang. Wir versuchen immer wieder,
andere Musiker, Bands oder Chöre aus den Gemeinden vor Ort
in die Gottesdienste einzubinden.
Bild-, Text- oder Gedankenmeditationen werden häufig musikalisch unterlegt. Gegebenenfalls werden ausgewählte Stücke von
CD über eine Anlage eingespielt. »Weltliche Musik« (z. B. Medi-
tationsmusik, Jazz, Pop, Naturgeräusche, Filmmusik) hat ebenso
ihren Platz wie geistliches, religiöses Liedgut. Die Lieder sind
bunt gemischt. Das Repertoire reicht von Chorälen, liturgischen
(gregorianischen) Gesängen, Taizé-Liedern, Kanon, Gospels bis
hin zu modernen geistlichen Liedern. Wir versuchen, die Besuchenden beim Singen in Bewegung zu setzen. Häufig werden sie
zum Aufstehen eingeladen. »Eine Brücke lasst uns bauen« (s. u.)
ist unser »Logo-Lied« und wird fast bei jedem BRÜCKENbauen
gesungen.

Hören und Sehen – Texte und ihre Gestaltung

Im Gottesdienst kommt mindestens ein Bibeltext (Einheitsübersetzung) zu Gehör. In der Regel wird er von der Liturgin oder dem

Liturgen gelesen. Wichtig ist uns, dass der Bibeltext sich ohne viele Erklärungen logisch in den Gedankengang des Gottesdienstes einfügt. Gelegentlich lesen wir biblische Geschichten in verteilten Rollen, oder sie werden als szenisches Anspiel (z. T. mit aktualisierender Verfremdung), als Pantomime, als »Standbild«, mit »Doppeln« der beteiligten Personen (Methode des Psychodramas) gestaltet. Neben den Bibeltexten verwenden wir auch andere literarische Texte: Gedichte, Märchen, Prosa, Ausschnitte aus Dramen, Aphorismen usw.

Sehen – die Gestaltung des Gottesdienstraumes

Besondere Aufmerksamkeit schenken wir der Raumgestaltung. Wir nutzen die Möglichkeiten des Raumes. Aspekte des Themas werden bereits beim Betreten der Kirche, noch bevor der Gottesdienst beginnt, für die Besuchenden sichtbar. Das erleichtert das Ankommen – äußerlich und innerlich. Tücher, Pflanzen, eine bestimmte Beleuchtung, die auch während des Gottesdienstes wechseln kann, gelegentlich eine sparsame Kulisse, vor allem aber Alltagsgegenstände verorten wir im Sakralraum und wollen damit andeuten, dass Alltag und Sonntag, Glaube und Leben zusammengehören.

Fühlen, riechen, handeln – Gegenstände und Aktionen

Die Mitfeiernden bekommen von uns am Eingang meist etwas in die Hand oder zur Auswahl, passend zum Thema des Gottesdienstes. Diese Gegenstände, Bilder oder Sprüche werden im Verlauf in eine gemeinsame Aktion oder Meditation eingebunden. Die Besuchenden dürfen den Gegenstand mit nach Hause nehmen, sozusagen als Erinnerungshilfe an einen Gedanken des Gottesdienstes. Auch auf diese Weise wird eine Brücke in den Alltag gebaut.
Die Beteiligung der Besucherinnen und Besucher ist ein wichtiges Anliegen von BRÜCKENbauen. Außer zum Singen, Beten oder einer Meditation laden wir meist zu einer Aktion (Handlung) ein. Wichtig ist uns, dabei keinen Druck auf die Besuchenden zu erzeugen. Niemand muss mitmachen. Alle können selbst entscheiden, ob sie sich an einer Aktion beteiligen möchten oder nicht.

Die Handlungselemente haben verschiedene Funktionen: Sie helfen, eine Wahrnehmung zu machen; sich in der Beziehung zu anderen besser kennen zu lernen; sie bündeln vorangegangene Aspekte oder vertiefen sie. Die Erfahrung zeigt, dass nach anfänglichem (leichten) Zögern, sich an einer Aktion zu beteiligen, die regelmäßigen Besucherinnen und Besucher inzwischen geradezu darauf warten, in Aktion zu kommen.

Schmecken – der Imbiss im Anschluss

Nach jedem BRÜCKENbauen laden wir zu einem Imbiss ein. Dies soll die leibliche und die kommunikative Dimension unseres Glaubens unterstreichen, verbindet sich auch mit dem urchristlichen Brauch, gemeinsam zur oder nach der Feier des Gottesdienstes zu essen.

Auf dekorierten Tischen stehen Snacks und Getränke bereit, die gelegentlich das Thema des Gottesdienstes aufgreifen. Sie bieten einen sinnlichen Genuss und heben auch den Festcharakter des Gottesdienstes heraus. Die Möglichkeit zum Gespräch beim Imbiss nutzen weit über die Hälfte der Besucherinnen und Besucher. Es dient freilich vor allem dem Austausch über den Gottesdienst und dem gegenseitigen Kennenlernen.

BRÜCKENbauen
Gottesdienst in der Herbstzeit
Irgendwie dazwischen – Vom Arbeiten und zur Ruhe kommen

Folgende Personen wirken mit: Moderatorin oder Moderator (M), Liturgin oder Liturg (L), sechs Sprecherinnen und Sprecher (S 1 bis S 6), Technikerin oder Techniker für Dia-Projektion und Bedienen der CD-Anlage.

Am Eingang erhalten die Gottesdienstteilnehmenden einen Stein und eine Feder, die in Körben bereit liegen.

RAUMGESTALTUNG

Die beiden Pole »Alltag – Sonntag« bzw. »Arbeiten – Ruhe« sollen in der Gestaltung zum Ausdruck kommen. Links vom Altar werden einige Grünpflanzen zusammengestellt. Rechts steht der große kahle Ast. Er wird durch einen Scheinwerfer von schräg unten angestrahlt. Die beiden »Pole« können durch ein Regenbogendia verbunden werden. Wo dies technisch nicht möglich ist, könnte ein bemaltes Leintuch, das entsprechend aufgehängt wird, die Verbindung schaffen.

• I. Eröffnung

Musik zum Eingang

BEGRÜSSUNG

M Herzlich willkommen zum »Brücken bauen«.
»Irgendwie dazwischen – vom Arbeiten und zur Ruhe kommen« haben wir das Thema genannt. Irgendwie dazwischen … befinden wir uns auch heute Abend: Der Sonntag geht zu Ende, morgen früh erwartet uns wieder der Werktag. Irgendwie dazwischen … liegt dieser Abendgottesdienst. Kann er zu einem Übergang werden? Zu einer Brücke zwischen Sonntag und Alltag? Das wäre unser Wunsch!

VOTUM

L Wir feiern im Namen Gottes:
Der Himmel und Erde samt allen Kreaturen geschaffen hat
und erhält.
Der uns in Jesus Christus sein menschliches Angesicht zeigt.
Und der uns durch den Heiligen Geist zueinander führt.
Amen.

LIED

Eine Brücke lasst uns bauen

T: Josef Reding
M: Ludger Edelkötter

Kv Ei-ne Brücke lasst uns bau-en   von hier bis an des

Himmels Rand.   Ei-ne Brü-cke aus Ver-trau-en,   je-dem

Menschen, je-dem Land!   Menschen, je-dem Land!

1. Wie stark soll uns'-re Brücke sein? Sie

soll al-le Menschen tra-gen,   al-le Menschen, die es

wa - gen,   zur Ge-wohn-heit »Nein« zu

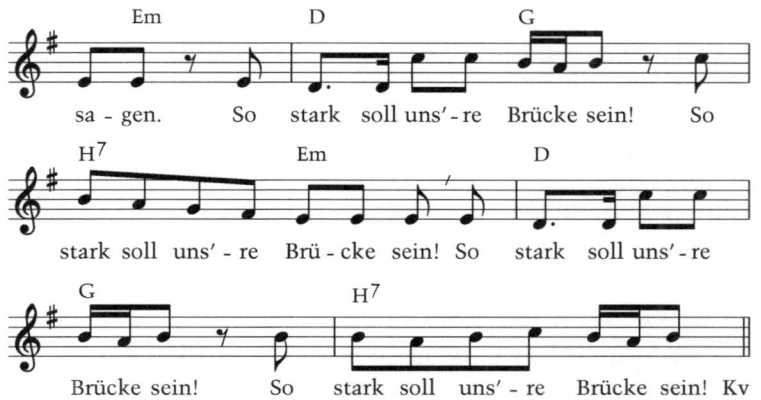

Em   D   G

sa - gen.   So   stark   soll uns' - re   Brücke sein!   So

H7   Em   D

stark soll uns' - re   Brü - cke sein!   So   stark   soll uns' - re

G   H7

Brücke sein!   So   stark soll uns' - re   Brücke sein!   Kv

Musikrechte: KiMu Kindermusikverlag GmbH, 42555 Verlbert
Textrechte: Josef Reding

2. Wie breit soll unsere Brücke sein? Dass Hand in Hand die
   Menschen schreiten,
   dass man Blinde kann begleiten, dass man Lahme kann gelei-
   ten. So breit soll unsre Brücke sein!

3. Wie lang soll unsre Brücke sein? Dass sie den Abgrund überwindet,
   dass jedermann den Himmel findet, dass sie die Welt mit Gott
   verbindet. So lang soll unsre Brücke sein!

WAHRNEHMUNGSÜBUNG

M Ich lade Sie ein zu einer sinnlichen Wahrnehmung.
  Nehmen Sie die Feder und den Stein.
  Den Stein in die rechte, die Feder in die linke Hand.
  Was spüren Sie? –
  Federleicht – schwer wie ein Stein;
  schmiegsam zart und weich – hart und kantig.

Atempause

Welche dieser Eigenschaften ist mir aus meinem Leben ver-
traut?
Welche ist mir eher fremd?
Gibt es eine Vorliebe für eine der beiden Seiten?
Oder sind sie mir gleich lieb?
Zieht es mich deutlich auf eine der beiden Seiten?

Oder geht es spielend hin und her?
Was empfinden Sie?

MEDITATIVE MUSIK

»Windspiele« *(von der CD Kreise im Wind)*

MEDITATION

In die leiser werdende Musik hinein sprechen.

M Gott, wann habe ich das letzte Mal zu Dir gesprochen?
Diese kleinen Dinge in meiner Hand lassen mich spüren:
Zwischen zwei Polen lebe ich.
Oft fühle ich mich stärker auf die schwere Seite hingezogen.
Dieses »Ich sollte! Ich muss! Meine ganze Last!«
Doch die andere Seite lockt mich auch:
Leichtigkeit, frei sein, lachen, gelassen sein.
Viel zu wenig spüre ich diese Seite.
Und so lebe ich – irgendwie dazwischen.

Auch das kenne ich:
Zeiten, in denen nichts passiert.
Keine Spannung zwischen den Polen.
Und doch lebe ich – irgendwie dazwischen.

Und auch das: Wechselbäder!
Zwischen den Dingen hin- und hergerissen.
Soll ich mich entscheiden oder treiben lassen?

Und wie ist das am Sonntag?
Wo ist an diesem Tag meine ersehnte Leichtigkeit?
Loslassen? Neugier?

Irgendwie dazwischen lebe ich auch am Sonntag.
Möchte zur Ruhe finden und loslassen
und erlebe zugleich, wie der Alltag mich einholt,
stürze mich von der einen Aktivität zur nächsten.

Nicht nur irgendwie dazwischen:
Den Sonntag möchte ich leben,
ausruhen und Kraft schöpfen.
Darum bitte ich dich, Gott!

LIED

EG 628,1–3 »Meine Zeit steht in deinen Händen«

- II. Den Rhythmus finden

1. SPRECHREIHE: ERFAHRUNGEN

S 1 *(Mann)* Was heißt hier: irgendwie dazwischen? Also, ich stehe selten dazwischen. Im Betrieb bin ich ganz und gar gefordert, die Anforderungen ziehen mir fast alle Kraft aus den Gliedern. Der Druck lastet gehörig auf mir. Zuhause empfinde ich das nur wenig anders. Ich weiß, meine Frau braucht meine Unterstützung, meine Kinder suchen den Kontakt zu mir. Auch da bin ich gefordert. Ich wünsche mir, zur Ruhe zu kommen, loszulassen – wenigstens am Wochenende.

S 2 *(Frau)* Wochenende? Für mich gibt es das nicht – für mich ist alles Alltag. Ob es nun Dienstag, Freitag, Samstag oder Sonntag ist, spielt bei mir keine Rolle. Klar wäre es schön, einmal einen Tag ganz frei zu haben. Aber mit den Kindern und meinem Mann, der gestresst von der Arbeit kommt, ist das utopisch. Lieber lass ich unter der Woche meine Hausarbeit schleifen und mache dann am Sonntag Nachmittag den Wäscheberg. Ich suche mir meine Ruhe zwischendurch. Aber so richtig mal alle viere von mir strecken – das wäre schön!

S 3 *(Mann)* Oh je, schon wieder Sonntagabend. Mich überfallen Sonntagabend mulmige Gefühle. Ich nenne das schon meine Sonntagabend-Depression. Das schnell vergangene Wochenende stimmt mich traurig. Schon vorbei, so wenig erholt, so wenig ausgeruht. Lieber noch nicht ins Bett, damit die Nacht nicht wie im Schlaf vergeht.

S 4 *(Frau)* Das geht mir anders: Am Sonntagabend freue ich mich schon auf die kommende Woche. Ich bereite mich innerlich auf die neuen Herausforderungen vor. Was wird mir die neue Woche wohl bringen? Also, ich habe mich gut erholt.

S 5 *(Frau)* Wenn ich am Sonntag nicht den Gottesdienst besucht habe, fehlt mir etwas Entscheidendes. Ich brauche diese Auszeit, in der ich mich Gott öffne, singe, bete, Neues höre. Gerade auch in der Gemeinschaft mit anderen. Das bringt eine andere Perspektive in mein Leben. Trotzdem: Ich frage mich immer, wie ich vom Sonntag etwas in den Alltag mitnehmen kann.

S 6 *(Mann)* Für uns ist der Sonntag der einzige Tag, an dem wir als Familie gemeinsamen frühstücken können. Danach unternehmen wir immer etwas. Man muss schließlich seiner Familie auch etwas bieten. Diesen Tag müssen wir ausnutzen. Freilich, so richtig zur Ruhe kommen können wir dabei nicht.

MUSIK

»Erdenton« *(von der CD Urtöne)*

Nach etwa 20 Sekunden die Musik leiser stellen und die Lesung vortragen. Nach der Lesung die Musik langsam ausklingen lassen.

LESUNG

Genesis 1,1– 2,3 (gekürzt) Gott erschafft die Welt und die Menschen

2. SPRECHREIHE:
GEDANKEN ZUM SABBAT UND ZUM SONNTAG

S 1 Gott arbeitet hart. Sechs Tage lang legt er sich mächtig ins Zeug. Er lässt seinen Geist sprühen, seine Worte hören und bringt so aus dem Nichts die Welt hervor. Jedes einzelne Stück ist gut. Am Ende ist er zufrieden: Alles ist »sehr gut«!

Gibt es dieser »sehr guten« Schöpfung an einem siebten Tag noch etwas hinzuzufügen?

S 2 Gott vollendet die Schöpfung erst durch sein eigenes Ruhen. Der Schöpfer nimmt Abstand von seinem schöpferischen Tun. Wie ausgeatmet hatte er seinen Geist im schöpferischen Sprechen. Nun atmet er wieder ein, holt selber Luft. Es ist »Schabbat«.

S 3 Am »Schabbat« stellt Gott sich seinen Werken gegenüber und kommt wieder zu sich selbst. Er ist nun ganz bei sich, nachdem er zuvor in seiner schöpferischen Tätigkeit aus sich herausgegangen und ganz bei seiner Schöpfung war. Im Schaffen war er frei für seine Werke, in der Ruhe wird Gott wieder frei von seinen Werken. Und so kehrt er zu sich selbst zurück.

S 1 Gelassen ist Gott bei sich selbst. Seine Werke sind ihm gegenüber. Er betrachtet mit stiller Freude ihre großartige Schönheit. Und der Atem seiner Ruhe strömt ein in seine Schöpfung und erfüllt alle Geschöpfe, alle Welt. So wohnt die Ruhe Gottes in allen seinen Werken wie sein Atem, sein Geist.

S 2 Wenn Juden »Schabbat« feiern, dann schauen sie auf die Schöpfungswerke Gottes und ihre eigene Wochenarbeit zurück. Sie schließen die Woche ab und gehen ein in die Ruhe Gottes. »Schabbat« ist ein Fest der Vollendung. Christen feiern am Sonntag den Tag der Auferstehung Jesu von den Toten, den Beginn der neuen Schöpfung. Sie nimmt ihren Anfang mit der Überwindung des Todes. Der Sonntag ist das Fest des Neubeginns, der erste Tag der neuen Woche.

S 3 Der Sonntag als christliches Auferstehungsfest ist ein Tag der Hoffnung. Das Licht der Auferstehung fällt von diesem Tag auf die ganze Woche. Von ihm lebt sie. Jede beginnende Woche wird so in die Vision der Neuschöpfung hineingestellt. Diese Verheißung erfüllt alle Geschöpfe mit der Hoffnung auf ihre Vollendung. Denn »Gott wird alle Tränen von ihren Augen abwischen: Der Tod wird nicht mehr sein, keine Trauer, keine Klage, keine Mühsal. Denn was früher war, ist vergangen« (Offb 21,4). Gott wird »alles in allem« sein (vgl. 1 Kor 15,28).

MEDITATIVE MUSIK

»Übersternte Stille« *(von der CD Kreise im Wind)*

3. SPRECHREIHE:
VOM ARBEITEN UND ZUR RUHE KOMMEN

S 1 Jeder Alltag braucht Pausen, Zeiten der Ruhe. Heilsame Unterbrechungen unseres Lebens- und Alltagsflusses sind unverzichtbar. Wenn wir feiern, auch den Sonntag feiern, dann schaffen wir bewusst Zäsuren im Alltag und im Lebenslauf. Sie strukturieren unser Leben in Arbeits-Zeiten und Ruhe-Zeiten. Sie helfen zur Balance von Kraft-Aufwenden und Kraft-Schöpfen. Zäsuren unterscheiden Momente, in denen ich ganz bei meiner Sache bin, und solche, in denen ich ganz bei mir sein kann. So bleibt unser Leben in Spannung, wird es ganz.
Wie kann der Übergang zur Ruhe gelingen?

S 2 Es gibt ganz unterschiedliche Möglichkeiten, diese Übergänge zu gestalten. Die einen reagieren sich beim Joggen ab, den anderen genügt ein kleiner Spaziergang nach der Arbeit oder eine ruhige Ecke, in die sie sich zurückziehen können.

S 3 Mir hilft es, wenn ich mit meiner Familie eine Vereinbarung treffe, die alle mittragen können. Eine halbe Stunde am Freitag- oder Samstagabend brauche ich für mich allein! Die anderen können sich in dieser Zeit mit sich selbst oder etwas anderem beschäftigen, jedenfalls möchte ich ungestört bleiben.

S 4 Mir hilft, um mich vom Alltag zu verabschieden, eine Kerze anzuzünden. In Gedanken lasse ich die Woche Revue passieren. Dazu höre ich ruhige Musik. Was war alles in dieser Woche? Was lief mir leicht von der Hand? Was war eher schwierig? Wo gab es Ärger? Was konnte ich erledigen, was ist liegen geblieben? Ich will meine Arbeit ruhen lassen. Ganz bewusst sage ich mir: Es muss nicht alles perfekt sein. Ich lasse meine Arbeit, auch die unerledigte Dinge, »gutsein«. Jetzt beginnt die Zeit zum Aufatmen, Ruhen und Feiern.

LIED

EG 566, 1–4 »Gottes Ruhetag«

ATEMÜBUNG

M   In einem bestimmten Rhythmus atmen hilft, Übergänge zu
schaffen – den Übergang vom Alltag in den Sonntag, aber
auch den Übergang vom Sonntag in den Alltag. Unser Lebensatem kommt von Gott. Gottes Lebensatem lässt uns leben. Sein Atem macht uns frei.
Ich möchte Sie zu einer Atemübung einladen, die Sie im
Laufe der nächsten Woche und darüber hinaus auch zu
Hause machen können.
Setzen Sie sich so, dass Sie die Füße hüftbreit aufstellen können. Die Fußsohlen sind flach am Boden. Sitzen Sie aufrecht,
so dass der Atem frei fließen kann. Legen Sie die Hände geöffnet in den Schoß. Nehmen Sie beim Einatmen bewusst
wahr, wie die Luft durch die Nase einströmt.

Kurze Atempause

Lassen Sie die Luft wieder langsam ausströmen. Atmen Sie
ein, atmen sie aus. Finden Sie ihren eigenen Rhythmus: Einatmen – Ausatmen.

Nach etwa fünf- bis zehnmal dazwischen sprechen:

Bei jedem Einatmen denken wir »Atem Gottes«, beim Ausatmen »in mir«.

*M wiederholt die Worte »Atem Gottes« – »in mir« noch ein-
mal für alle hörbar. Alle atmen in ihrem Rhythmus weiter.
Nach etwa fünfmal:*

M   »Da formte Gott, der Herr, den Menschen aus Erde vom
Ackerboden und blies in seine Nase den Lebensatem. So
wurde der Mensch zu einem lebendigen Wesen« (Genesis 2,7).
Beenden Sie die Übung langsam und lassen Sie sich Zeit zum
Nachklingen.

Stille zum Nachklingen-Lassen

GEBET

L Gott, schenk uns Atem, damit wir leben.
   Mit wachen Augen lass uns sehn,
   mit offenen Ohren dein Wort verstehn.
   Mit weitem Herzen mach uns empfänglich für dich.
   Gott, schenk uns Atem, damit wir leben.
   Amen.

VATERUNSER

• III. Sendung und Segen

LIED

EG 649,1–5 »Herr, gib mir Mut zum Brücken bauen«

SEGEN

L Gott, von dem wir herkommen und auf den wir zugehen,
   segne euch und behüte euch. Voll Wärme und Licht lasse er
   sein Angesicht leuchten über euch und sei euch gnädig zugewandt. Noch in der Bedrängnis erhebe er sein Angesicht auf
   euch und schenke euch Frieden. Amen.

Musik zum Ausgang

MATERIALIEN

– Steine und Federn in der Anzahl der erwarteten Mitfeiernden
  in zwei Körben
– Großer kahler Ast, Christbaumständer
– Grünpflanzen
– Evtl. Regenbogendia: Auf ein Folienstück (z. B. Overheadfolie)
  in Größe eines Dias mit Wasserfarben (violett, rot, orange,
  gelb, grün) einen Regenbogen malen. Bemaltes Folienstück in
  einen Glasdiarahmen legen. Alternativ dazu: mit Regenbogen
  bemaltes Leintuch

- Diaprojektor, Verlängerungskabel, gegebenenfalls Projektions-
  wand
- Scheinwerfer
- CD: Rainer Dimmler & Ensemble, Kreise im Wind. Eine Re-
  naissance der Naturromantik, Stuttgart 2000, Best. Nr. 1864
- CD: Joachim-Ernst Berendt: Urtöne 1, Freiburg, CD 8585.

Die BRÜCKENbau-Gottesdienste erscheinen in einer eigenen
Publikation im Verlag Katholisches Bibelwerk, Stuttgart: Claudia
Hofrichter/Albrecht Reiner (Hrsg.), Wir bauen Brücken. Alter-
native Gottesdienstmodelle (Feiern mit der Bibel Bd. 16), Verlag
Katholisches Bibelwerk, Stuttgart 2003.

Albrecht Reiner

Abendrot.
Der etwas andere Gottesdienst
Stuttgart, Burgholzhof

WO DIESER GOTTESDIENST GEFEIERT WIRD

Hoch über den Weinbergen Bad Cannstatts erstreckt sich auf einem ehemaligen Militärgelände der neue Stuttgarter Stadtteil Burgholzhof. Nachdem die ersten Familien in die Wohnungen eingezogen waren, wurde im Frühjahr 2000 das Ökumenische Zentrum Burgholzhof eröffnet.

Dieses von der evangelischen Steigkirchengemeinde und der katholischen Kirchengemeinde St. Rupert getragene Haus ist in einem reizvoll umgebauten ehemaligen Gutshof untergebracht, der vielfältig genutzt werden kann.

Wir haben es also nicht mit einem »klassischen« Kirchenraum zu tun – dies hat großen Einfluss auf die Gestaltung unserer Gottesdienste.

WAS DIESEN GOTTESDIENST AUSMACHT

Unser Gottesdienst wird am frühen Sonntagabend gefeiert. Bei den Vorüberlegungen ging es natürlich auch darum, einen prägnanten Namen für unser Vorhaben zu finden, so entstand »Abendrot.«

Der »Abendrot.«-Gottesdienst versteht sich nicht als Konkurrenz-Veranstaltung zu den übrigen Gottesdiensten der beiden Gemeinden, sondern als zusätzliches Angebot.

Es gibt von Anfang an keine festgeschriebene Form des Ablaufs, Offenheit für Neues und Mut zum Experiment sind mehr gefragt. Das Thema »Spiritualität« nimmt einen wichtigen Teil im Gottesdienst ein.

Wie bereits erwähnt, finden die Gottesdienste nicht in einem Kirchen-Raum statt, diesen müssen wir uns jedes Mal neu schaffen. Genau das macht einen Teil der Unverwechselbarkeit von »Abendrot.« aus, Kreativität ist immer wieder neu gefragt!

Für jeden Abend gibt es ein spezielles Thema bzw. einen Titel, z. B. »In der Hitze der Nacht – mein Gott ist ein leidenschaftlicher Gott«, »Jesus der Narr – von einem Glauben, der mit Wundern rechnet«, »Dem König auf der Spur – ein Salbungsgottesdienst« oder »Um Leben und Tod ...« mit der Märchenerzählerin und Buchautorin Sigrid Früh. Oft wird versucht, mehrere Gottesdienste unter ein übergreifendes Thema zu stellen, wie zuletzt »Engelsspuren«.

WIE ES DAZU KAM

Was passiert in einem ökumenischen Zentrum? Neben vielfältigen Angeboten für die Familien kam bald die Anfrage nach einem Gottesdienstprogramm, zugeschnitten auf den speziellen Ort. Mit viel Engagement ging es an die ersten Überlegungen, und bald bildete sich ein Vorbereitungsteam.

WEN ER ANSPRECHEN WILL UND
WEN ER TATSÄCHLICH ANSPRICHT

Der »Abendrot.«-Gottesdienst richtet sich an junge und jung gebliebene Menschen verschiedener Konfessionen, hauptsächlich aus dem Gebiet des neuen Stadtteils Burgholzhof. Inzwischen gehören auch Besucherinnen und Besucher aus anderen Gebieten Stuttgarts und außerhalb der Stadt dazu. Es sind Menschen, die vielfach den morgendlichen Sonntagsgottesdiensten fernbleiben, aber auch Menschen, die sich zusätzlich zum »klassischen« Morgengottesdienst eine Alternative wünschen.

WIE ER VORBEREITET UND DURCHGEFÜHRT WIRD

Das Vorbereitungsteam besteht aus sechs Personen, darunter ein evangelischer Pfarrer, Kirchengemeinderäte und Ehrenamtliche der evangelischen und katholischen Gemeinde. Anfang des Jahres werden die Themen der Gottesdienste festgelegt, die immer am dritten Sonntag eines Monats stattfinden. Der Gottesdienst wird meist von mehreren Personen vorbereitet.
Auf die »Optik« des Raumes wird großer Wert gelegt, wichtig ist darum die jeweils passende Gestaltung. Für die Musik wurde ein Kirchenmusiker gewonnen. Nach dem Gottesdienst gibt es Gelegenheit, bei einer Tasse Tee, einem Glas Wein und selbstgebackenen Keksen ins Gespräch zu kommen.

WELCHE POSITIVEN UND WELCHE NEGATIVEN ERFAHRUNGEN GEMACHT WERDEN

Die Institution »Abendrot.« hat sich sehr gut in den Gemeinden verankert. Es gibt ein regelmäßiges Stammpublikum und viele Menschen, die unseren Gottesdienst sporadisch besuchen. Erfreulich ist, dass immer wieder neue Gesichter zu sehen sind, Menschen, die einfach mal vorbeischauen.

Wir versuchen, mit den Besucherinnen und Besuchern stets persönlich ins Gespräch zu kommen, daraus haben sich viele menschliche Kontakte ergeben. So erklärten sich zwei Konfirmanden spontan bereit, im Vorbereitungsteam mitzuwirken.

Als schwierig erwies sich für Familien mit Kindern die Zeit am Sonntagabend um 19 Uhr. Nach einigen Überlegungen haben wir uns aber bewusst entschieden, den Termin beizubehalten und für diese Zielgruppe »Abendrot. Kinder« anzubieten.

WIE DIE ZUKUNFT AUSSIEHT

Abendrot. Extra

Seit Herbst 2001 wird zusätzlich zu den monatlichen »Abendrot.«-Gottesdiensten mehrmals im Jahr »Abendrot. Extra« angeboten. Die Idee ist, bildende Kunst, Musik, Literatur, Film usw. mit unseren Gottesdiensten in Beziehung zu bringen; dabei ist der Rahmen weit gespannt. Erhofft sind interessante, spannende Begegnungen und Gespräche.

Den Anfang dieser Reihe machte im September 2001 eine Führung durch die Ausstellung »Kinderblicke – Kindheit und Moderne von Klee bis Boltanski«, die in der Städtischen Galerie Bietigheim-Bissingen zu sehen war. Beim »Abendrot.«-Gottesdienst am darauffolgenden Tag wurde dem Einfluss von Kindheit auf unseren christlichen Glauben nachgespürt.

»Durchkreuzt« hieß das Thema von »Abendrot. Extra« zur Passionszeit. Neben einer Ausstellung mit Bildern von Konfirmandinnen und Konfirmanden zum Thema »Kreuz« gab es einen Abend mit klassischer Kammermusik. Unter dem Titel »Dem Himmel immer näher...« geht es im Herbst 2002 um die Würde der menschlichen Seele. Der Film »Heaven« von Tom Tykwer, den wir zur Diskussion stellen werden, soll uns auf dieses Thema einstimmen.

Abendrot. Kinder

Im Frühjahr 2002 wurde »Abendrot. Kinder«, ein Familiengottesdienst, der nun dreimal jährlich stattfinden soll, aus der Taufe gehoben. »Alle Knospen springen auf« hieß es bei der Premiere, und es wimmelte nur so von Kindern und Eltern ...

»Abendrot.«-Gottesdienst im März

Weniger is(s)t mehr. Vom Sinn des Fastens

GESTALTUNG

Die Gemeinde versammelt sich im Vorraum. Nach dem Glo-
ckengeläut ertönt eine meditative Musik von Arvo Pärt. Der Got-
tesdienstraum ist kaum möbliert, fast leer. In den Ecken befinden
sich gestapelte Stühle.
In der Raummitte steht ein großer, sehr schlicht aber doch feier-
lich gedeckter Esstisch mit weißen Tellern, einfachen Gläsern,
großen Flaschen, gefüllt mit frischem Wasser. Eine weiße Kerze
brennt. Wenn die Gemeinde später am Tisch Platz genommen
hat, wird ein einfaches indisches Reisgericht, Dhal-Bhat, aufge-
tragen. An den Wänden sind an hohen Stangen die Tafeln mit den
Texten der fünf Stationen angebracht.

Glocke

MUSIK

CD »Litany« von Arvo Pärt

LESUNG

Jesaja 58,3–12 Ein Fasten, wie Gott es liebt

Die Lesung wird von drei Lektorinnen und Lektoren im Wechsel
gelesen, während die Gemeinde noch in Gruppen im Vorraum
versammelt ist.

EINSTIMMUNG

L 1   »Weniger is(s)t mehr«, eine bewusste Anspielung auf die
      zwei Worte »essen« und »sein«, – nur eine Wortspielerei?
      Wenn wir die Geschichte der Fastenzeit in Europa an-
      schauen, stellen wir fest, dass das Fasten zu einer Jahreszeit
      stattfindet, in der die Nahrung ohnehin knapp ist. Die Vor-
      räte, gesammelt für den Winter, sind fast aufgebraucht, die

neuen Ernten des Frühlings sind noch nicht eingefahren. Eine harte Zeit damals, wo oft das Verzichten nicht ganz freiwillig war und der Hungertod keine Seltenheit.

L 2 Heute ist der Hungertod in Westeuropa glücklicherweise kein Schicksal mehr, das man zu fürchten hätte. Unsere Tische können in den meisten Fällen jederzeit mit allen vorstellbaren Köstlichkeiten aus aller Welt reichlich bedeckt werden.
Wir werden aufgefordert, ermutigt und oft sogar manipuliert, mehr zu konsumieren. »Du darfst« heißt es. Mehr ist besser. Warum nur einmal in der Woche Fleisch, wenn die Kühltruhen voll davon sind? Das Motto lautet: Du kannst mehr haben, du musst mehr haben, du brauchst mehr. Wir sind gefangen in einem goldenen Käfig des Konsums. Am leichtesten ist es, in dieser Strömung mitzuschwimmen und uns billige Rechtfertigungen, die uns gerade mal passen, anzueignen:

L 1 »Ich bin nicht extravagant, Hauptsache billig.« – oder »Ich mache ab morgen Diät.« – oder »Ich kann sowieso nichts ändern.« – oder »Wir tun es für die Kinder, denen soll es an nichts fehlen.« – oder »Die Wirtschaft lebt von diesem Konsum. Wenn keiner kauft, hat keiner Arbeit.«

L 2 Solche billigen Sprüche sind genau wie die Billigwaren, die wir angeboten bekommen. Sie sehen eigentlich ganz gut aus, taugen aber nichts! Doch die Entscheidung, freiwillig zu verzichten, ist oft schwer. In der Fastenzeit sind wir wenigstens zur Besinnung gerufen. Jesus verbrachte vierzig Tage in der Wüste, ohne überhaupt etwas zu essen.

L 1 Unsere Vorfahren haben, so zeigt es die Geschichte, schwere Zeiten der Hungersnot erlebt, durch schlechte Ernten, Dürre oder Krieg … Noch heute leiden ca. 800 Millionen Menschen an mangelnder Ernährung, Millionen sterben einen qualvollen Hungertod.
Wir sind nicht Herren über Leben und Tod. Allein Jesus Christus hat durch seine Auferstehung, seine Herrschaft über den Tod, seine Bejahung zum Leben bewiesen. In der Kraft seiner Liebe sind wir aber durchaus bemächtigt, die Welt von solchen unnötigen Leiden zu befreien.

WEG

Die Gemeinde bewegt sich langsam durch den Saal. Der Weg führt, wie in einer Art Prozession, an fünf Stationen vorbei. An jeder Station befindet sich eine Tafel mit folgenden Texten:

Station 1
Fastenzeit heißt nicht, dieses oder jenes Opfer zu bringen,
sondern für den Nächsten da zu sein.

Station 2
Fastenzeit heißt nicht, spektakuläre Dinge zu tun,
sondern die gewöhnlichen Dinge mit außerordentlicher Liebe zu tun.

Station 3
Fastenzeit heißt nicht, sich in eine andere Welt hineinzuträumen,
sondern das Hier und Heute zu bejahen.

Station 4
Fastenzeit heißt nicht, immer nur auf sich zu schauen,
sondern über sich selbst hinauszuschauen und die eigenen kleinen Fragen im Licht der großen Zusammenhänge zu sehen.

Station 5
Fastenzeit heißt nicht, über Fasten und Gebet die Arbeit und den Beruf zu vernachlässigen,
sondern sich zu gewissenhafter Arbeit zu erziehen.

Bei jeder Station hat die Gemeinde Zeit, über den jeweiligen Text nachzudenken und, falls gewünscht, in der Runde darüber zu reflektieren.

LIED

EG 418 »Brich den Hungrigen dein Brot«
Nun wird die Gemeinde eingeladen, sich an den Tisch zu setzen. Dazu nimmt sich jeder einen Stuhl von den Stapeln und nimmt Platz.

GEBET

L 1   Das Essen, das wir nun miteinander teilen, hat auch eine symbolische Kraft. Das Rezept kommt aus Indien. Das Wasser aus dieser Flasche ist in vielen Ländern das einzig saubere Trinkwasser. Wenn wir Essen teilen, dann üben wir miteinander ein, was das heißen könnte: Gottes Reich. Wir erinnern uns daran, dass Jesus mit den Armen und den Ausgestoßenen aß und trank und dass er in ihnen für uns gegenwärtig ist.

Gott, wir danken dir, dass du mit uns sein willst, hier und allezeit.
Du bist wahrlich die Liebe und die Gerechtigkeit.
Jesus, wir danken dir, dass du uns ein Zeichen warst, wie es sein kann,
wenn wir uns auf diese Liebe Gottes verlassen
und leben, auch wenn wir sterben,
und die Welt verändern.

Gott, stärke uns mit dem Reis und dem Wasser
und erneuere in uns das Leben, so wie du es gewollt hast.
Erfrische uns mit der Kraft des Heiligen Geistes,
die uns das Seufzen deiner Schöpfung hören lässt
und uns Mut macht, zu Schritten der Hoffnung auf dein Reich des Friedens und der Gerechtigkeit.
Amen.

MAHL

Gemeinsam wird gegessen und getrunken. Eine Unterhaltung entwickelt sich.

LIED

EG 188 »Vater unser, Vater im Himmel«

SEGEN

L 2   Vierzig Tage,
       Zeit der Umkehr und Buße.
       Voranschreiten,
       auf Christus zugehen.
       Aus dem Glauben leben.
       Guter Gott,

lass uns nicht aus deinen Augen,
aus deinen Händen,
aus deinem Ohr,
aus deinem Herzen.
An diesem Tag
und alle Tage,
die nun kommen.
Amen.

MATERIALIEN

– CD »Litany« von Arvo Pärt (ECM New Series 1996).

»Abendrot.«-Gottesdienst im Februar

Ein feste Burg ist unser (Gott) Trott?
Warum wir nicht bleiben können, was wir sind.

GESTALTUNG

Beim Eintreten wird die Gemeinde mit lauter Rockmusik (Gianna Nannini) empfangen. Es soll der Eindruck vermittelt werden, dass diesmal etwas anderes zu erwarten ist. Wenn die Rockmusik langsam verstummt, setzt das Glockengeläut ein. Die Stühle sind kreisförmig aufgestellt. Eine alte Schubkarre, Baumaterialien wie Backsteine, Sand sowie Schaufeln und Hacken und ein Baustellenschild sind zu sehen. Auf der anderen Seite steht eine schlichte weiße Kerze. Die Mitwirkenden der Sprechmotette sind im Raum verteilt und tragen die Texte leicht theatralisch vor. Nach dem Gottesdienst wird zu einem Glas Wein und Gebäck im Foyer eingeladen.

MUSIK

CD »Cuore« von Gianna Nannini

Glocke

EINSTIMMUNG: SPRECHMOTETTE

L 1 Jetzt reißen wir mal die Bänke aus der Kirche und machen einen Sitzkreis.
L 3 Des hem'r no nie so g'macht!

L 2 Heut pfeifen wir mal auf die Orgel und laden eine Band ein.
L 3 Des hem'r no nie so g'macht!

L 1 Manchmal hätte ich Lust, in der Kneipe über meinen Glauben zu reden.
L 3 Des hem'r no nie so g'macht!

L 2 Warum meinen wir, wenn wir von der Kirche reden, immer Rom und nicht unseren eigenen Glauben?
L 3 Des hem'r no nie so g'macht!

L 1 Ich möchte mal in Weiß zur Beerdigung gehen, wo wir doch an die Auferstehung glauben.

L 3 Des hem'r no nie so g'macht!

L 2 Und der Herr sprach zu Abraham:
Geh weg von deinem Vaterland und von deiner Verwandtschaft und aus deines Vaters Haus in ein Land, das ich dir zeigen werde! Ich will dich zum großen Volk machen und dich segnen und dir einen Namen machen. Und du sollst ein Segen sein.
Da blieb Abraham sitzen, wo er war, samt seiner Frau Sara, und Lot, seines Bruders Sohn, mit aller ihrer Habe ... Denn Abraham war Realist. Mit 75 Jahren geht man auf keine so lange Reise mehr. So starb Abraham, alt und lebenssatt. Und Isaak und Jakob und Josef und David und Jesaja und Jeremia ... die wurden erst gar nicht geboren.

(Antitext zu Genesis 12,1–4)

LITURGISCHER GRUSS

L 2 Jesus sagt: »Wer die Hand an den Pflug legt und schaut zurück, der ist nicht geschaffen für das Reich Gottes.« Herzlich willkommen, Sie dürfen gespannt sein, was heute Abend auf Sie zukommt ...

LIED

EH 132 »Lass uns in deinem Namen«

THEMATISCHER EINSTIEG

L 1 Plakative Statements zeigen das Spannungsfeld zwischen Bewahren und Verändern, zeigen auf, wo Alltägliches Gefahr läuft, zum Trott zu werden, auch in unseren Kirchen und damit in den Beziehungen zu unserem Gegenüber. Eine Baustelle wollen wir heute eröffnen, weil Bauen immer etwas mit neuer Realität und Wahrnehmung zu tun hat. Deshalb wollen wir auch den Psalm 91 in einer neuen Übertragung von Arnold Stadler beten.

GEBET

L 1   Wer aber bei Gott zu Hause ist
und im Schatten des Herrn schläft, sage zu ihm:

A   Du bist die Rettung für mich!
Ich vertraue Dir.
Du bist mein Gott!

L 1   Ja, er ist es, der dich herausgezogen hat
wie aus der Schlinge eines Jägers
und dich immer wieder gerettet hat.

A   Auf Flügeln trägt er dich.
Unter seinen Schwingen bist du beschirmt.
In seiner Hand bist du sicher und versichert.

L 1   Also musst du keine Angst haben
vor dem Schrecken der Nacht,
auch nicht vor dem Anschlag
am hellen Tag.
Keine Angst haben wie
vor einer tödlichen Krankheit
oder vor dem Ausbruch einer Seuche.

A   Denn:
Mag es auch Tausende treffen
an deiner Seite
oder gar Zehntausende,
du wirst nicht dabei sein.
Nur mitansehen musst du,
wie es die anderen trifft,
jene, denen vergolten wird.

L 1   Denn:
Deine Rettung ist der Herr.
Er ist es, den du dir zum Gott erwählt hast.
Und:
kein Feuer brennt dich,
und es schmerzt dich nichts.

A   Denn:
Er hat seinen Engeln aufgetragen,

dich auf immer zu schützen
auf jedem Weg.
Sie tragen dich auf ihren Händen,
damit deine Füße anstoßen nirgendwo.
Du wirst vorbeikommen
an Löwen und Schlangen,
ja, selbst mit Drachen fertig wirst du!

L 1   Weil er an mir hängt,
will ich ihn herausnehmen.
Ich halte meine Hand über ihn, weil er weiß,
wer ich bin!
Wenn er nach mir ruft, werde ich ihn hören!
Sitzt er im Dreck, werde ich ihn herausziehen.
Ich werde ihn ans Licht stellen.
Ein langes Leben soll er haben.
Und danach wird er
alles in allem
sehen, wie es ist, das Heil.

LIED

EG 181,6 »Laudate omnes gentes«

IMPULS

nach Klaus Douglass

L 2   Die Kirche ist in einer Krise. Der Kirche laufen die Leute davon! In der Kirche wird das Geld knapp! Vielleicht auch
das! Aber mehr als an allen finanziellen und personellen
Engpässen leidet unsere Kirche derzeit an fehlenden Träumen.»Unserer Kirche sind die Träume ausgegangen!

L 1   Wann haben Sie das letzte Mal erlebt, dass Ihnen ein Pfarrer,
ein Kirchenvorsteher oder ein Oberkirchenrat mit leuch-
tenden Augen erzählt hat, wie begeistert er darüber ist, für
die Kirche zu arbeiten? Wann haben Sie das letzte Mal
jemanden enthusiastisch über die Zukunft der Kirche reden
hören? Und wie ist das bei Ihnen selbst? Wenn Sie an die

Kirche denken, hellt sich Ihre Stimmung spontan auf, oder verdüstert sie sich eher?

L 3 Wir haben in unserer Kirche finanzielle und personelle Engpässe. Vor allem aber haben wir einen Traum-Engpass. Da wird viel getan, um zu retten, was noch zu retten ist, aber die Leute, die eine positive, ansteckende *Vision* von der Zukunft der Kirche haben, sind in der Minderheit.

L 2 Ich würde gerne ein neues Stellenprofil ausschreiben für unsere Gemeinden, aber auch für die Kirche insgesamt: ›Träumer gesucht!‹«. Denn wer träumt, hat eine bildhafte Vorstellung von einer Zukunft, die sich gegenüber dem, was gegenwärtig ist und uns gegenwärtig beherrscht, durchsetzen wird.
»Der Träumer glaubt dem, was kommt, mehr, als dem, was ist.«

MUSIK

CD »Die neue Flöte« von Hans-Jürgen Hufeisen

GESPRÄCHE IN GRUPPEN

Impulsfragen für die Gespräche:

Wo habe ich als Christ oder Christin der Realität erlaubt, meine Träume zu ersticken?
Wo könnten meine Träume wieder an Kraft gewinnen?
Was kann ich dafür tun, eine neue Realität in der Gemeinde zu schaffen?

LIED

EH 162 »Wo Menschen sich vergessen«

FÜRBITTEN

L 1 Viele Gedanken haben wir formuliert und Bilder entwickelt, wie Kirche Christi, wie unsere Kirche sein soll. Zusammengefasst tragen wir dies zu dir, unserem Gott.

L 3 Die Kirche Christi sei:
eine einladende Kirche.
eine Kirche der offenen Türen.
eine Kirche des Verstehens und Mitfühlens,
des Mitdenkens, des Mitfreuens und des Mitleidens.

L 1 Eine Kirche, die mit den Menschen lacht
und mit den Menschen weint.
Eine Kirche, der nichts fremd ist
und die nicht fremd tut.
Eine Kirche, die die Menschen dort aufsucht,
wo sie sind,
bei der Arbeit und beim Vergnügen,
beim Fabriktor und beim Fußballplatz,
in den vier Wänden des Hauses.

L 3 Eine Kirche, die sich bewusst ist,
dass jede und jeder Einzelne ein Spiegel dieser Kirche ist.
Eine Kirche wie eine Baustelle,
nichts bleibt stehen, alles ist im Wandel.
Eine Kirche, die keinen faulen Trott kennt.
Eine Kirche, die Träumer zulässt,
damit das Evangelium in unserer Wirklichkeit wahr wird.

VATERUNSER

SEGENSLIED

EG 395 »Vertraut den neuen Wegen«

MATERIALIEN

– CD »Cuore« von Gianna Nannini (Polydor 1998)
– CD »Die neue Flöte« von Hans-Jürgen Hufeisen (Boulevard
  Records 1987).

Peter Kuhn, Manfred M. Scherer

Last-Minute-Angebote
Liturgische Feiern
für Frauen zwischen 30 und 50

Wernau am Neckar

WAS DIESEN GOTTESDIENST AUSMACHT

»Last-Minute-Angebote tun mir einfach gut!« So beschrieb eine regelmäßige Teilnehmerin ihrer Freundin das etwa vierteljährlich stattfindende Angebot. Zu diesen spirituell-liturgischen Abenden treffen sich in Wernau im Schnitt dreißig Frauen, die zwischen 30 und 50 Jahre alt sind und die sich »einen Abend frei nehmen«. Das Charakteristische dieser Angebote ist, dass zwei Zielgruppen im Vordergrund stehen. Sowohl die Vorbereitung als auch die Durchführung der Abende eröffnet beiden Teilen die Möglichkeit, gemeinsam einen Abend lang spirituell aufzutanken: den Frauen, die im Vorbereitungsteam sind und die somit Verantwortung für ein Angebot übernehmen, und den teilnehmenden Frauen. Wir Frauen vom Vorbereitungsteam leiten gemeinsam Liturgie, und die teilnehmenden Frauen erfahren eine Liturgie, die von Frauen geleitet wird. Das Anliegen des Vorbereitungsteams ist es, den teilnehmenden Frauen einen gottesdienstlichen Rahmen zu bieten, der für die Entwicklung von eigenen Gedanken und für den Austausch mit anderen einen anderen Raum ermöglicht als die übliche eucharistische Form.

Damit entsprechen die »Last-Minute-Angebote« in vielem den von Teresa Berger (Sei gesegnet, S. 21–41) beschriebenen Kennzeichen für Frauenliturgien: In der Durchführung der Angebote kommen die Frauen des Vorbereitungsteams zu Wort. Nicht einfach dadurch, dass sie einen Text vorlesen, den ihnen jemand vorgefertigt hat, sondern indem sie durch den Gottesdienst führen, einzelne Teile einleiten und verbinden oder Texte, die ihnen selbst am Herzen liegen, vortragen. Haupt- und ehrenamtliche Frauen kommen gleichberechtigt zum Zug. Alle Vorbereitenden sind gleichermaßen an der logistischen Gestaltung im Hintergrund (Dekoration, Liedblätter, Technik usw.) und an der eher repräsentierenden Aufgabe der Leitung beteiligt. Bei unseren

Gottesdiensten sind alle Leitungsrollen offen für alle beteiligten Frauen.

Die Frauen bereiten die liturgischen Feiern so vor, dass sie selbst und die Teilnehmerinnen sich tätig und kreativ einbringen können. Alte Formen werden in vielen unserer Liturgien aufgenommen, z. B. durch biblische (Frauen-)Texte und traditionelle Riten. Frauen-Symbole, Frauen-Erfahrungen und immer mehr auch Frauen-Sprache prägen die gemeinsamen Abende. Innerhalb der Abende finden die Schöpfung, die Gottesbilder, die dieser Schöpfung innewohnen, und eigene Erfahrungen von Freude, Sorge und Leid ihren Raum und Ausdruck.

Die Themen bestimmen dabei den jeweiligen Ort der Liturgie. Wir haben die Auswahl zwischen drei unterschiedlich großen Gemeindesälen, außerdem fanden bisher drei Angebote im Freien statt. Um die Schwelle möglichst niedrig zu halten, haben wir bisher nie direkt in einen eindeutig liturgischen Raum (Kirche, Kapelle) eingeladen. Bei den »Last-Minute-Angeboten« im Freien führte der Weg allerdings jeweils auch an eindeutig religiös profilierten Orten vorbei (Wegkreuze, Kapellen), an denen wir Halt machten.

WIE ES DAZU KAM

In den letzten Jahren zeichnete es sich immer deutlicher ab, dass die existierende verbandliche Form der Frauenarbeit in den Wernauer Gemeinden Frauen im Alter zwischen 30 und 50 nur zum Teil anspricht. So suchte ein kleines Team aus vier ehrenamtlichen Frauen des Frauenbundes St. Magnus und zwei hauptamtlichen Seelsorgerinnen nach Alternativen, die sie selbst ansprechen würden. Das Ergebnis war: Es sollte ein Abend für Frauen in unserem Alter sein, der eindeutig für sie ausgeschrieben und auf sie ausgerichtet ist, ein offenes Angebot mit spirituellem Profil, ohne feste Formen, aber mit einer eher jungen Zielgruppe.

Ein erster Abend in der Fastenzeit 2000 wurde geplant. Wir suchten einen Namen für das »neue Kind«, der unser Profil anklingen lassen würde. Da wir ein Angebot zur Fastenzeit konzipiert hatten, das allerdings erst zu Beginn der Karwoche stattfinden konnte, kamen wir auf die Idee, dass es sich bei unserem Abend um eine letzte Gelegenheit zum Einstieg in die Fasten- und Karzeit handelte, sozusagen um ein »Last-Minute-Angebot«. Der Abend war ein Erfolg. Bei der Vorbereitung für das zweite Angebot stellte sich die Frage, ob dieser Titel zu unserem »Markenzeichen« werden könnte oder sollte. Da der Name einprägsam erschien und nach Meinung aller Beteiligten die Spannung im Alltag von Frauen in oder zwischen Familie und Beruf widerspiegelt, behielten wir den Namen »Last-Minute-Angebot« bei.

WEN ER ANSPRECHEN WILL UND WEN ER TATSÄCHLICH ANSPRICHT

Seit der Fastenzeit 2000 werden Frauen im Alter zwischen 30 und 50 Jahren etwa vierteljährlich von einem Vorbereitungsteam zu einem abendlichen »Last-Minute-Angebot« eingeladen. Es kommen durchschnittlich 25 bis 35 Frauen, von denen die meisten der angestrebten Zielgruppe angehören. Zum Teil gehören die Teilnehmerinnen dem »kirchlichen Umfeld« der Gemeinden vor Ort an. Beinahe jedes Mal sind aber auch »neue Gesichter« dabei, die über eine Bekannte oder die Werbung im Amtsblatt von dem Angebot erfahren haben. Das Vorbereitungsteam sieht sich selbst auch als Zielgruppe. So wird immer wieder reflektiert, ob die Angebote und deren Vorbereitung so gestaltet waren, dass die einzelnen Frauen aus dem Team sich selbst angesprochen fühlten. Das führt zu neuen Ideen und zu einem guten Miteinander der Gruppe.

WIE ER VORBEREITET UND DURCHGEFÜHRT WIRD

Jedes Angebot wird vom Planungsteam gemeinsam vorbereitet. In diesem Team arbeiten katholische und evangelische Frauen zusammen. Zum ursprünglichen Team sind bald Frauen dazu gekommen, denen die Abende gefallen haben und die gerne bei der Gestaltung von weiteren Abenden mitwirken wollten. Momentan sind wir acht Frauen: sieben Ehrenamtliche und eine Hauptamtliche. Diese Zahl ermöglicht es der Einzelnen, in Zeiten, die für sie besonders »stressig« sind, auszusteigen und an dem geplanten Angebot einfach nur als Teilnehmerin zu erscheinen, wenn es ihr gut tut. Sie gehört trotzdem weiter zum Team.

Die »Last-Minute-Angebote« sind unter dem Dach des Frauenbundes St. Magnus beheimatet. Nicht alle Frauen aus dem Team
sind Mitglieder des Frauenbundes. Darin spiegelt sich auch, dass
das Angebot niedrigschwellig angelegt ist.
Für die Planung eines Angebots benötigen wir ein bis zwei Vorbereitungstreffen. Zunächst wird ein Thema festgelegt, das uns auf
den Nägeln brennt. Wir fantasieren und spinnen Ideen miteinander. Zum nächsten Treffen bringen dann alle Frauen entspre-
chendes Material mit, das sie gefunden haben. Bisher verwenden
wir keine der einschlägigen Frauengottesdienst-Vorlagen. Wir
sichten das Material und planen zuerst das Zentrum der Liturgie:
Soll es ein Text, ein Austausch in Kleingruppen, ein Gestalten,
eine Handlung, eine Bewegung oder eine Selbstreflexion sein?
Wenn diese Frage geklärt ist, überlegen wir uns, wie wir auf dieses Zentrum hinführen können. Thema, Zentrum und Jahreszeit
bestimmen den Ort des jeweiligen Gottesdienstes. Das kann die
freie Natur sein, eine Feuerstelle, ein Gemeindesaal, eine Kapelle,
usw. Als nächstes überlegen wir Schritte, wie wir das, was die einzelnen Teilnehmerinnen jeweils für sich erlebt haben, zu-
sammenführen und zu einem »runden« Abschluss bringen können. Zum Schluss wird festgelegt, wer welchen Teil der Liturgie
vorbereitet, wer ihn im Gottesdienst einführt und wer welches
Material mitbringt.
Im Normalfall treffen wir uns dann ca. eine Stunde vor dem »Last-
Minute-Angebot«. Wir richten den Raum her, üben die Lieder,
treffen letzte Absprachen und stimmen uns auf den Abend ein.

WELCHE POSITIVEN UND WELCHE NEGATIVEN
ERFAHRUNGEN GEMACHT WERDEN

Bereits das erste »Last-Minute-Angebot« zum Einstieg in die Fastenzeit am 18. April 2000 war ein Erfolg. Wir hatten unsere Kriterien für einen Erfolg vorher besprochen: Wir waren uns einig,
dass wir zufrieden wären, wenn etwa 10 Frauen kämen und wenn
wir den subjektiven Eindruck hätten, der Abend habe uns »etwas
gebracht«. Ein weiteres Ziel war es, eine offene und zugleich vertraute Atmosphäre zu erzeugen, die es den Teilnehmerinnen und
dem Vorbereitungsteam ermöglicht, sich vom Thema anrühren
zu lassen. Wir wollten am Ende des Abends fragen, ob Interesse

für ein zweites Angebot im Herbst besteht, und wenn dies bejaht würde, wären wir zufrieden.

In allen Punkten wurden unsere Erwartungen übertroffen: Es kamen etwa 35 Frauen zu unserem Abend, die Atmosphäre war »dicht« und dann auch wieder offen und locker. Wir konnten uns, wie angezielt, an vielen Stellen selbst »fallen lassen«, in das Thema einsteigen und uns berühren lassen. Unsere Frage an die Teilnehmerinnen nach einem weiteren Abend im Herbst wurde mit einem allgemeinen »Warum erst so spät wieder?« beantwortet.

Jedes einzelne der durchgeführten Angebote hatte ein eigenes Gesicht. Bei jedem Angebot sind wir seither innerhalb unserer Erwartungen geblieben. Es kommt meist ein Gruppe von 20–35 Frauen zusammen, jedes Mal sind neue Gesichter dabei. Im lockeren Ausklang nach dem Gottesdienst bekommen wir jedes Mal positive Rückmeldungen.

Die Altersgruppe, die sich durch die »Last-Minute-Angebote« angesprochen fühlt, »fehlt« in den kirchlichen Verbänden vor Ort weitgehend. Manche ältere, verbandlich engagierte Frauen tun sich deshalb schwer mit der bewussten Offenheit der »Last-Minute-Angebote«. Wir sehen es als unsere Aufgabe, die Frauen, die sich hier engagieren, vor einer Vereinnahmung zu schützen. Ein Engagement im Frauenbund oder die eine oder andere Kooperation sind natürlich nicht ausgeschlossen.

WIE DIE ZUKUNFT AUSSIEHT

Mit den »Last-Minute-Angeboten« hat sich in Wernau eine Gottesdienstform etabliert, die über das bereits vorhandene Angebot hinausgeht. Wir erreichen eine Zielgruppe, die sich im Alltag des Gemeindelebens von den zentralen liturgischen Angeboten wenig angesprochen fühlt, bzw. eher mit ihren Kindern zusammen in der Kinderkirche auftaucht.

Das Angebot wird von einer starken Gruppe von ehrenamtlichen Frauen getragen. Diese Frauen erfahren ihr Engagement als Bereicherung. Sie entwickeln ein vertieftes liturgisches Gespür, das sie auch an anderen Orten in der Gemeinde einbringen, z. B. bei der Leitung von Wortgottesdiensten, in Vorbereitungsteams für Gemeindegottesdienste, bei spirituellen Impulsen für Altennachmittage usw.

In Zukunft wird das Last-Minute-Team wohl den Turnus von drei bis vier Abenden pro Jahr beibehalten. Es wird sicher ein Ziel sein, den Teilnehmerinnen-Kreis weiterhin auszudehnen, um den offenen Charakter der Angebote zu erhalten. Die Gruppe hat viel kreatives Potential und noch eine Menge Themen, die bisher noch nicht umgesetzt wurden.

WIE DER GOTTESDIENST GEFEIERT WIRD

Bisher haben neun »Last-Minute-Angebote« stattgefunden. Im Folgenden wollen wir die ersten drei Gottesdienste vorstellen, die wir gefeiert haben: Einer fand im Freien und zwei fanden im Gemeindesaal statt. Der erste orientiert sich an einem Bibeltext, der zweite an einem Lied und einem Weg, und der dritte an einem jahreszeitlichen Thema.

Last-Minute-Angebot für die Fastenzeit

Kann denn Liebe Sünde sein?

GESTALTUNG

Im Gemeindesaal wird ein Stuhlkreis aufgestellt. In der Mitte dieses Kreises steht die Osterkerze auf einem Tuch. Bei der Osterkerze können bereits die Bibeltexte und die später benötigten Sprechblasen zum Beschriften liegen. In gutem Abstand zur Kerze liegen drei weitere Tücher im Kreis um die Mitte herum: Ein rotes, ein gelbes und ein schwarzes Tuch. Auf dem schwarzen Tuch stehen ein Grablicht und ein Kreuz. Dabei liegen weiße kleine Zettel und dicke Filzschreiber. Auf dem gelben Tuch steht ein Körbchen mit Bargeld, dabei liegen gelbe Zettel mit Filzschreibern. Auf dem roten Tuch steht eine Schale mit wohlriechendem Öl, und daneben liegen ein Blütenzweig und rote Zettel mit Filzschreibern. Alle drei Stationen sind zunächst noch mit einem gleichfarbigen Tuch abgedeckt. Auf den Stühlen liegt ein Liedblatt. Im Hintergrund steht ein CD-Player mit den benötigten CDs bereit.

Die Begrüßungs- und Überleitungstexte sind als Vorschlag zu sehen. Wir haben sie ursprünglich nicht schriftlich niedergelegt. Wenn man solche Texte frei – evtl. nach einem Stichwortzettel – formuliert, fühlen sich die Teilnehmerinnen persönlicher angesprochen. Die Frauen des Vorbereitungsteams moderieren und lesen die einzelnen Teile im Wechsel. Im Folgenden werden sie als L 1, L 2 usw. bezeichnet.

Das Team der Gottesdienstleiterinnen nimmt immer an allen Schritten teil und sitzt keinesfalls beobachtend auf der Seite. Alle ankommenden Frauen werden einzeln begrüßt.

BEGRÜSSUNG UND EINFÜHRUNG

L 1 Liebe Frauen, ich begrüße Sie und euch ganz herzlich zu unserem Abend. Sie haben sich heute Abend sicherlich mit ganz unterschiedlichen Erwartungen aufgemacht. Eines ist uns aber allen gemeinsam: Wir suchen einen »Last-Minute-Einstieg« in die Fastenzeit, wir wollen uns vorbereiten auf die Begegnung mit den Kar- und Ostertagen, wir wollen Ostern entgegengehen. Auf dem Weg dorthin werden wir heute Abend einer Frau begegnen, die Jesus ganz nahe war. Zunächst wollen wir uns aufmachen, einander begegnen, den Raum erkunden und uns selbst und die anderen Frauen, die heute hier sind, wahrnehmen.

Die Frauen stehen auf, räumen die Stühle beiseite. Eine beschwingte Musik wird aufgelegt. L 1 fordert die Frauen auf, im Raum herumzugehen. Nach einer Zeit fordert L 1 die Frauen auf, einander mit den Augen zu begrüßen, dann mit Handschlag, dann mit dem kleinen Finger usw. Wenn die Musik endet, werden die Teilnehmerinnen dazu aufgefordert, einen Kreis im Stehen zu bilden. Dann werden die drei Stationen um die Osterkerze herum aufgedeckt.

ENTDECKEN

L 2 Manche von Ihnen haben sich sicher gewundert, was unter den Tüchern hier im Raum verborgen ist. Ich lade Sie nun ein, eine Entdeckungsreise zu machen. Beginnen Sie einfach an einer der Stationen. Sehen, tasten und riechen Sie. Dann sind Sie eingeladen, Ihre Gedanken und Assoziationen auf die bereitliegenden Zettel zu schreiben. Wir wollen Sie bitten, dies im Schweigen zu tun. Wenn Sie aufeinander reagieren wollen, können Sie das schriftlich, ebenfalls mit den ausliegenden Zetteln tun.

Eine meditative Musik wird gespielt. Die Frauen gehen von Station zu Station und schreiben ihre Gedanken auf. Sie legen sie zu der jeweiligen Station. Dabei lesen sie die Gedanken der anderen Frauen und können diese schriftlich kommentieren. Nach 5–10 Minuten wird die Musik abgestellt.

LESUNG

Mt 26,6–13 Eine Frau salbt Jesus mit kostbarem Öl

Die Bibelstelle wird in Abschnitten gelesen:
L 3 lädt alle Teilnehmerinnen ein, sich bei dem roten Tuch zu versammeln. Dort liest sie Mt 26,6–8. Dann gehen alle weiter zu dem

gelben Tuch. L 3 liest Mt 26,9–11. Schließlich stehen alle beim
schwarzen Tuch, und L 3 liest Mt 26,12–13. L 3 lädt schließlich
alle Frauen wieder ein, einen Kreis zu bilden, und führt den Ka-
non ein.

KANON

EH 22 »Gottes Wort ist wie Licht in der Nacht«

Das Lied kann auch als Kreistanz mit einfachen, selbst erfunde-
nen Bewegungen getanzt werden.
L 4 lädt alle Teilnehmerinnen ein, sich wieder auf einen Stuhl zu
setzen. Sie teilt das Textblatt mit dem kopierten Bibeltext aus (so
gefaltet, dass der Text auf der ersten Seite zu sehen ist) und liest
den Text nochmals.

LESUNG

L 4   Ich werde den Text jetzt noch einmal lesen. Dann lade ich
       Sie nach einer kurzen Stille ein, wie beim Bibel-Teilen ein-
       zelne Sätze und Worte, die Sie ansprechen, die Sie ärgern,
       fröhlich machen oder wundern, in die Stille hineinzuspre-
       chen. *(L 4 liest den Text nochmals.)*

Stille

L 4   Jetzt ist Gelegenheit, Sätze oder Worte aus dem Text auszu-
       sprechen. *(L 4 beendet den Austausch.)*

BIBELGESPRÄCH

L 4   Ich lade Sie jetzt ein, den Zettel mit dem Bibeltext einmal
       umzudrehen.

Sie liest die Fragen unten auf dem geknickten Zettel vor:

Welche Gedanken kommen mir zum Text?
Wenn die namenlose Frau etwas sagen könnte: Was für einen
Satz würde sie sagen? – An welcher Stelle würde sie sprechen? –
Zu wem würde sie sprechen?
Bitte schreiben Sie den Satz aus dem Mund der Frau auf eine
Sprechblase.

Diese Fragen sollen Gedankenanstöße sein für ein Gespräch. Bitte setzen Sie sich dafür zu dritt zusammen. In der Mitte bei der Osterkerze liegen mehrere Sprechblasen und Stifte. Bitte bedienen Sie sich.

Die Teilnehmerinnen finden sich in Dreiergruppen zusammen. Sie diskutieren die Fragen, tauschen sich aus. Es ist gut, wenn die Frauen des Vorbereitungsteams nicht zusammen in einer Gruppe sind, sondern sich auf verschiedene Gesprächskreise verteilen, sodass sie bei Bedarf helfen können.

Nach ca. 10 Minuten oder wenn die Gespräche am Verstummen sind, geht L 4 von Gruppe zu Gruppe und erinnert die Einzelnen daran, eine oder mehrere Sprechblasen auszufüllen und sich dann wieder in den Stuhlkreis zu setzen. Die einzelnen Gruppen stellen ihre Sprechblase vor und legen sie zur Mitte.

ÜBERLEITUNG

L 5   Als wir uns im Vorbereitungsteam über diesen Text und die Impulse auf dem Zettel Gedanken gemacht haben, kam uns eine Melodie in den Sinn, die in einer der Sprechblasen, bzw. in einer »Singblase« stehen könnte. Dieses Lied passt vor allem zu der Station bei dem roten Tuch.

LIED

»Kann denn Liebe Sünde sein?« von Zarah Leander
(von CD eingespielt)

SALBUNG

L 5   *(holt die Schale mit dem Öl zu sich an den Platz)* Öl will uns gut tun. Öl reinigt die Haut und pflegt sie. Vor allem, wenn es heiß und trocken ist, braucht unsere menschliche Haut diese Pflege dringend. Ohne diese Pflege bilden sich Krankheiten, bekommt die Haut, die unseren Körper schützt, Risse.
Wenn dieses Öl mit kostbarem Duft versetzt ist, dann kommt noch eine andere Dimension dazu: Es geht nicht nur um meine Gesundheit, mein Überleben, es geht um mein

Wohlbefinden. Ich kann mich gut fühlen, angenommen, »wohl in meiner Haut«. Manchmal verwöhnen wir uns selbst mit einer guten Creme, einer frischen Body-Lotion, einem Körperöl. Heute Abend wollen wir einander gut tun. Wir wollen einander die Hände mit diesem Öl salben.

L 5 lädt alle Frauen ein, in einem Kreis zu stehen. Meditative Musik spielt im Hintergrund. Sie selbst hält die Schale für die Frau neben sich. Diese tunkt ihre Finger ein und salbt der dritten Frau in der Reihe die Hände. Darauf hin gibt L 5 die Schale an die zweite Frau weiter, die sie für die dritte Frau hält, die der vierten Frau die Hände salbt usw. bis die Hände von L 5 schließlich auch gesalbt sind.

LIED

EH 73 »Liebe ist nicht nur ein Wort«

SEGEN

L 1   Der liebende Gott halte seine schützende Hand über dich. Er schenke dir wache Sinne und ein weites Herz. Er gebe dir die Gabe, zu lachen mit den Fröhlichen und zu weinen mit den Trauernden, zu trösten die Weinenden, zu tanzen mit den Befreiten, aufzuheben, die am Boden liegen. Er gebe dir die Kraft ins Herz, in die Hände, in die Füße. Er segne dich mit seiner ganzen Zärtlichkeit. Amen.

(Quelle unbekannt)

Danach sind alle Frauen noch zu einem Stehempfang eingeladen.

MATERIALIEN

- Osterkerze o. Ä.
- ein Tuch für die Mitte, zwei rote, zwei gelbe, zwei schwarze Tücher
- eine Schale mit Duftöl (Rosenblüten o. Ä.), ein Blütenzweig, ein Körbchen, eine substantielle Menge Bargeld, ein Grablicht, ein Kreuz, rote Zettel (Postkartengröße), gelbe Zettel, weiße Zettel, Liedblätter, CD-Player

- CDs: Zarah Leander: »Kann denn Liebe Sünde sein?«, CD mit
  bewegter Musik, CD mit meditativer Musik (Taizé o. Ä.)
- kopierte leere Sprechblasen, dicke Filzschreiber
- Kopien des Bibeltextes (Mt 26,6–13)
- Das Textblatt ist so gestaltet, dass auf der oberen Hälfte der Bibeltext abgedruckt ist. Diese Hälfte wird umgeknickt. Auf der
  unteren Hälfte stehen Denkanstöße in Form von Fragen.

Vorbereitungsteam für diesen Gottesdienst: *Ingrid Baur, Claudia
Guggemos, Stefan Karbach, Claudia Köhler, Beate Zabukovec,
Margret Zakel*

Ein Last-Minute-Angebot
für die Sommerzeit

Schöpfungsspaziergang

GESTALTUNG

Da dieser Gottesdienst auf einem Weg im Freien stattfindet, muss das Material für die jeweiligen Stationen unterwegs mitgetragen werden. Auf dem Weg im Freien sollten vorhanden sein: ein Baum, eine Stelle mit etwas Aussicht, zum Schluss ein Kräutergarten oder wahlweise ein Garten, in dem Körbchen mit verschiedenen Kräutern bereit stehen.

• Ausgangsstation

BEGRÜSSUNG UND EINFÜHRUNG

L 1 Liebe Frauen, ich begrüße Sie und euch ganz herzlich zu unserem Abend. Sie haben schon einen Weg zurückgelegt, um hierher zu kommen. Wir wollen heute Abend aber auch noch gemeinsam einen Weg gehen. Es soll ein Weg sein, der uns die Augen, Ohren und Herzen für die Schöpfung öffnen will. Wir werden unterwegs fünfmal Station machen, anhalten und uns einem der fünf Sinne bewusst zuwenden. Wir sind nicht allein unterwegs. Begleiten wird uns ein Hymnus, den wir nun zu Anfang im Ganzen singen wollen.

LIED

EG 577 »Öffne meine Ohren«

EINLADUNG

L 2 Ich möchte Sie einladen zum Hören. Wir gehen jetzt gemeinsam eine Wegstrecke, und ich möchte Sie bitten, nicht zu reden und still zu werden. So können Sie sich tatsächlich einmal hauptsächlich auf Ihre Ohren konzentrieren. Was hören Sie beim Gehen? Unsere Gruppe, Geräusche aus der Natur, Geräusche aus der Stadt, Geräusche, die Ihnen gefallen, wie Vogelgezwitscher, Geräusche, die Ihnen unangenehm sind. Mit unseren geöffneten Ohren aus der ersten Strophe unseres Liedes wollen wir uns auf den Weg machen.

Alle gehen gemeinsam los, bis sie einen Ort erreicht haben, der etwas abseits vom Verkehrslärm liegt.

• 1. Station: HÖREN

IMPULS

L 2 bittet alle, stehen zu bleiben und liest den folgenden Text vor:

L 2   Ich lernte ...
Als mein Gebet immer andächtiger
und innerlicher wurde,
da hatte ich immer weniger und weniger zu sagen.
Zuletzt wurde ich ganz still.
Ich wurde,
was womöglich
noch ein größerer Gegensatz
zum Reden ist,
ich wurde eine Hörende.
Ich meinte erst,
Beten sei Reden.
Ich lernte aber,
dass Beten nicht bloß Schweigen ist,
sondern Hören.
So ist es:
Beten heißt nicht
sich selbst reden hören;
beten heißt still werden
und still sein
und warten
bis die Betende
Gott hört.

(nach Sören Kierkegaard)

LIED

EG 577, 1.7 »Öffne meine Ohren«

Alle gehen schweigend weiter zur nächsten Station.

• 2. Station: FÜHLEN

Diese Station braucht als Ort eine Obstbaumwiese o. Ä.

IMPULS

Die Teilnehmerinnen werden eingeladen, die Rinde und Stämme
verschiedener Bäume zu ertasten und sich dann um einen Baum
mit großer Krone zu versammeln. Dort wird zunächst die fünfte
Strophe des Heilig-Geist-Hymnus gesungen.

LIED

EG 577, 5.7 »Öffne meine Ohren«

BAUMMEDITATION

Dieser Text ist im Stil einer Phantasiereise langsam zu lesen.

L 3   Such dir einen guten Stand. Stelle dich breit hin, sodass du
      das Gefühl hast, mit beiden Beinen auf dem Boden zu ste-
      hen ... Wenn du willst, kannst du jederzeit die Augen
      schließen. Werde dir bewusst, dass du aufrecht stehst ...
      Spüre deinen aufrechten Körper von den Füßen auf dem Bo-
      den über die Waden und Knie, die Oberschenkel, den Po,
      das Rückgrat, den Hals bis zum Kopf. Atme ein paarmal ru-
      hig und tief durch ... Spüre, wie der Atem in dich hinein-
      strömt und wie er mit jedem Atemzug Ruhe, Kraft und
      Energie bringt. So fest wie du hier stehst, steht ein Baum.
      Stell dir vor, du bist ein Baum, der fest verwurzelt auf dem
      Boden steht: Deine Füße reichen bis tief in die Erde hinein,
      wo es feucht und angenehm kühl ist. Dein Körper ist ein
      aufrechter Stamm, der vieles schon erlebt hat. Vielleicht
      sind deine Arme Äste, die ruhig in der Luft hängen, die vom

Wind gestreichelt werden, von der Sonne beschienen. Stell dir den Ort vor, an dem du stehst. Ist es ein Tal, ein Hügel, eine Ebene, ein Obstgarten?

Variante 1: Wetter

Auf den Ort, an dem du stehst, scheint die Sonne. Spürst du sie? Sie verwöhnt die Rinde und wärmt. Der Baum genießt die Sonnenstrahlen. Am Horizont erscheint eine kleine Wolke. Auf einmal wächst diese kleine Wolke und wird größer und dunkler. Ein Wind kommt auf; er fährt durch deine Äste und Blätter. Du spürst ihn überall, und der Wind wird stärker, kühler, die Wolken werden dunkler ... und ein erster Regentropfen fällt. Andere folgen. Es regnet und stürmt, und der Baum steht bewegt an seinem Ort, als sei das Wetter nur für dich gemacht. Doch auch ein Sturm geht vorüber. Der Regen wird schwächer, der Wind nimmt langsam ab. Die Wolken werden heller, ganz langsam kämpft sich ein Sonnenstrahl durch. Andere Sonnenstrahlen folgen. Die Sonne kommt zurück, wärmt dich und trocknet deine Blätter und Zweige. Das tut gut. Du spürst die Wärme auf deiner Haut ...

Variante 2: Tageslauf

Stell dir vor, es ist früher Morgen. Ein Sommermorgen dämmert langsam herauf. Du spürst den Tau der vergangenen Nacht, er liegt frisch und erfrischend auf deinen Zweigen und Blättern. Die ersten Lichtstrahlen berühren dich ganz zart: oben, unten, in der Mitte. Langsam spitzt die Sonne über den Hügel und geht auf. Es werden immer mehr Strahlen. Es wird hell und warm, die morgendliche Stille wird lebendig. Die Menschen und Tiere erwachen, erfüllen die Luft mit ihren Geräuschen ... Es wird immer wärmer, und deine Blätter speichern die Sonne, die ihnen Leben schenkt. Mit aller Kraft genießt du die zärtliche Umarmung der Sonne, du öffnest dich ganz und genießt das Leben in vollen Zügen. So vergeht der Mittag. Am Nachmittag zieht eine erste kleine Wolke herauf. Du freust dich darüber, als du den Wind spürst, der mit den Strahlen der Sonne spielt. Er streicht zärtlich über dich hinweg und bringt Kühlung ... Mit ihm kommt die Wolke näher, sie wird größer und wirft ihren Schatten auf dich. Der

Wind vertreibt sie langsam ... Darüber ist die Zeit vergangen. Du spürst, dass die Strahlen der Sonne langsam schwächer werden. Die Sonne senkt sich, und mit ihr wird es langsam stiller: Der Wind wird schwächer, die Geräusche des Tages nehmen ab. Ein letztes Mal streichelt der Wind deine Blätter und Zweige, und dann ist er weg. Die letzten Sonnenstrahlen berühren dich sanft zum Abschied, und du freust dich, dass du sie morgen wieder sehen wirst. Du genießt die abendliche Ruhe, Stille und Kühle ...

Schluss für beide Versionen:

... und langsam wirst du dir dessen bewusst, dass der Besuch in der Gestalt eines Baumes zu Ende geht. Es ist gut zu wissen, dass du dorthin jederzeit zurückkehren kannst, dass der Baum ein Teil von dir ist. Jetzt ist es Zeit, sich zu verabschieden und wieder hierher auf die Wiese zurückzukommen. Du kannst dich recken und strecken, wie am Morgen, langsam die Augen aufmachen und die anderen und deine Umgebung wahrnehmen.

(Claudia Guggemos)

Alle sind eingeladen, zur nächsten Station weiterzugehen.

• 3. Station: SEHEN

Für diese Station sollte ein Ort gefunden werden, der einen schönen Ausblick mit Fernsicht bietet.

LIED

EG 577, 2.7 »Öffne meine Ohren«

EINFÜHRUNG

Die Frauen werden eingeladen, sich so zu stellen, dass sie die Lesende hören und die Aussicht für sich allein genießen können.

L 4 Wir haben hier einen wunderschönen Ausblick, beinahe majestätisch zu nennen; eine Aussicht, die einlädt zum Weitblick. In der Bibel wird uns von einer Königin berichtet,

die ebenfalls mit großer Weitsicht ausgestattet ist: Die Königin von Saba besuchte um 1000 v. Chr. König Salomo, weil
sie von seiner Weisheit und seinem Reichtum gehört hatte.
Sie kam mit ihrem Reichtum und ihrer Macht, um seine
Weisheit zu testen, und fand einen ebenbürtigen Gesprächspartner. Diese Frau hat die Fantasie der Menschen aller Zeiten angeregt und beflügelt. Ihre schemenhafte Gestalt soll
uns hier inspirieren, weiter zu sehen und tiefer zu schauen.

TEXT

(gelesen von L 4)

Weitblick ist dir möglich,
Königin von Saba.
Du blickst weit
über dein Reich hinaus.
Durchblick zeichnet dich aus,
Königin von Saba.
Du blickst durch
vom äußeren zum inneren Reichtum.
Einblick ist dir geschenkt,
Königin von Saba.
Du blickst hinein
in das Geheimnis Gottes.
Erbitte du mir
jenen Weitblick,
der nicht beim Ich stehen bleibt.
Erbitte mir
jenen Durchblick,
der durch Alltäglichkeiten Ihn erkennt.
Erbitte mir
jenen Einblick,
der auf den Grund sieht.

(Quelle unbekannt)

IMPULS

Alle sind eingeladen, einfach noch drei Minuten stehen zu blei-
ben und zu schauen. Nach drei Minuten werden alle eingeladen,
zur nächsten Station weiterzugehen.

• 4. Station: SCHMECKEN

Diese Station braucht einen Ort, an dem zumindest ein kleiner
Tisch aufgestellt werden kann. Auf dem Tisch liegen ein Brot und
die aufgeschlagene Bibel. Die Teilnehmerinnen werden eingela-
den, sich im Kreis um den Tisch zu versammeln.

LESUNG

Mt 14,15–21 Die Speisung der Fünftausend

LIED

EG 577, 4.7 »Öffne meine Ohren«

BROT TEILEN

L 5   Die Frauen und Männer im Evangelium haben viel Zeit mit-
      einander verbracht. Sie haben vieles gehört, was sie faszi-
      niert hat, und ihren Glauben miteinander geteilt. Dann
      fordert Jesus sie heraus, das wenige Brot, das sie haben, mit-
      einander zu teilen. Sie erfahren die Fülle.
      Wir haben heute Abend genug Brot für alle. Wir sind einen
      Weg miteinander gegangen. Nun wollen wir miteinander
      das Brot teilen und so die Gemeinschaft untereinander spü-
      ren. In diese Gemeinschaft hinein gehören alle, die uns am
      Herzen liegen, mit denen wir uns verbunden fühlen.

Das Brot wird im Kreis herum gegeben, und jede bricht für ihre
Nachbarin ein Stück Brot ab. Mit dem Brot in der Hand wird das
Lied gesungen.

LIED

EH 154 »Wenn das Brot, das wir teilen«

BROT ESSEN

Jetzt essen alle das Brot. Alle sind eingeladen, zur nächsten Station weiterzugehen.

• 5. Station: RIECHEN

Ein idealer Ort für diese Station ist ein Kräutergarten. Es ist aber auch gut möglich, in einem Garten oder an einem anderen Ort Körbchen mit verschiedenen Kräutern aufzustellen. Die Teilnehmerinnen werden dazu eingeladen, im Garten umherzugehen und verschiedene Kräuter in die Hand zu nehmen, ihren Duft zu genießen. Dann versammeln sich alle wieder im Kreis.

LIED

EG 577, 6.7 »Öffne meine Ohren«

SCHLUSS

L 1   Wir haben viel erlebt heute Abend. Wir haben mit allen Sinnen die Schöpfung erfahren. Wir haben gehört, gefühlt, gesehen, geschmeckt, gerochen und sind einen Weg miteinander gegangen. Wenn wir jetzt heimgehen und uns jemand fragt: Was hast du erlebt? Dann würde sicher jede von uns eine ganz eigene Antwort geben: »Mir hat das Hören und Still-sein besonders gut getan.« – »Mir hat die Baum-Meditation gefallen.« – »Der schöne Blick hat mich beeindruckt.« – »Das Brot hat wirklich gut geschmeckt.« – »Ich wusste gar nicht, dass es so viele Kräuter in dem Kräutergarten gibt.« Aber was ist das, was wir alle erlebt haben? Was steckt hinter all diesen sinnlichen Eindrücken? Eine Antwort, die wir im Vorbereitungsteam gefunden haben, als wir uns mit dieser Frage beschäftigt haben, ist: Vielleicht sind wir heute Abend Gott ein wenig auf die Spur gekommen: dem Gott, der mit uns in Berührung kommen will; dem Gott, der einen Weg mit uns geht; dem Gott, der im Schweigen wohnt; dem Gott, der schmeckt und duftet; dem Gott, der uns gesagt hat, »Ich bin der Ich-bin-da«. Diese Erfahrung oder auch die Sehnsucht nach so einer Gottesbegegnung, die Sehnsucht nach dem DU, kommt in dem nächsten Gebet zum Ausdruck. Wir wollen gemeinsam beten und dann singen:

GEBET

Alle
Liebeslied an meinen Gott
Mit meinen Augen
habe ich dich nie gesehn,
mit meinen Ohren
habe ich dich nie gehört,
mit meinen Händen
habe ich dich nie gespürt
doch deine Liebe
klingt so zärtlich in mir
du ziehst mich immer
immer näher zu dir!
So sing ich
Du, Du
immer wieder Du!
Wie ich dich rufen soll
weiß ich oft nicht
den Ort, wo du wohnst,
kenn ich nicht,
das Kleid, das du trägst,
ändert sich,
doch deine Liebe
klingt so zärtlich in mir,
du ziehst mich immer
immer näher zu dir!
So sing ich
Du, Du,
immer wieder du!

(Ulla Kintrup-Limbrock)

LIED

Wo ich stehe, Du

T: von Martin Buber überliefert:
M: Abtei St. Erentraud (Quelle unbekannt)

Text aus: Martin Buber, Die Erzählungen der Chassidim, Manesse Verlag, Zürich 1945, S. 342.

SEGEN

Wir wollen um Gottes Segen bitten:
Der Gott, der unsere Sehnsucht kennt, der Gott, der in der Stille wohnt und unsere Wege begleitet, segne und behüte uns; er öffne uns den Blick für neue Wege, er schenke uns Geschmack am Leben in all seiner Fülle, er lasse sein Angesicht leuchten über uns und sei uns gnädig; er wende sein Angesicht uns zu und schenke uns den Frieden.
So segne uns der liebende Gott: Der Vater, und der Sohn und der Heilige Geist.

(Claudia Guggemos)

Alle sind eingeladen, gemeinsam noch etwas trinken zu gehen.

MATERIALIEN

- Liedblatt
- Brot, das sich leicht teilen lässt
- Körbchen mit Kräutern oder ein Kräutergarten.

Vorbereitungsteam für diesen Gottesdienst: *Inge Appenzeller, Ingrid Baur, Claudia Guggemos, Claudia Köhler, Beate Zabukovec, Margret Zakel*

Ein Last-Minute-Angebot
für den Beginn der Adventszeit

Sternstunden

GESTALTUNG

In der Mitte des Stuhlkreises steht die brennende Osterkerze. Um sie herum ist ein Berg von Weihnachtsdekorationen aufgebaut (Rentiere, Engel, Weihnachtsmänner, usw.). Dieser Berg ist durchzogen von vielen Lichterketten. Sonst brennt kein Licht. Es läuft eine CD mit kitschigen weltlichen Weihnachtsliedern. Alle ankommenden Frauen werden einzeln begrüßt. Zu Beginn wird die CD leise gestellt.

BEGRÜSSUNG UND EINFÜHRUNG

L 1 Schön, dass Sie alle Zeit gefunden haben, sich so kurz vor der Adventszeit einen Abend frei zu nehmen. Gerade ist viel los: Die Kinder schreiben viele Arbeiten in der Schule, zu Hause wird gebacken und dekoriert, die Geschenkkäufe sollten langsam beginnen, bald jagt eine Adventsfeier die andere und, und, und … Viele fühlen sich gestresst und unter Druck. Was macht mir Stress? Diese Frage soll heute Abend zunächst im Zentrum stehen.

Die Frauen werden gebeten, sich in Dreiergruppen zusammen zu setzen. Sie sind eingeladen, über diese Frage zu reden und auf kleine Zettel je ein Stichwort für etwas aufzuschreiben, das ihnen in diesen Tagen Stress bereitet. Die Weihnachtslieder-CD wird wieder lauter gestellt.

AUSTAUSCH

Die Musik geht aus. Die Teilnehmerinnen werden wieder in den Kreis eingeladen. Jede Gruppe stellt ihre »Stressfaktoren« vor. Sie legt die Zettel in die Mitte zu dem »Weihnachtskruscht«. Jedes Mal, wenn eine Gruppe vorgelesen hat, wird eine Lichterkette gelöscht, bis zum Schluss und nur noch die Osterkerze brennt.

MEDITATION

Das Lied »White Christmas« wird eingespielt. Nach der ersten Strophe läuft es im Hintergrund weiter. Der Text wird von L 2 langsam vorgelesen.

Was sind meine Sehnsüchte im Advent?
Die weiße Weihnacht?
Eine Zuckergussharmonie, die alle Spannungen zudeckt?
Eine kindlich-fröhliche Welt?
Glitzernde Verpackung für den Alltag?
Einfach mal loslassen können?
Ruhe- und Wärmepausen;
einen Weg gehen, ein Ziel verfolgen;
sensibel für meine Umgebung werden?
Leben und Kraft tanken
für unterkühlte Zeiten und lange Strecken?
Was sind meine Sehnsüchte für den Advent?

(Claudia Guggemos)

Heute Abend wollen wir uns Zeit nehmen, die verschiedenen Sehnsüchte und Motive zu unterscheiden, zu entwirren. Leitstern auf unserem Weg kann der folgende Text sein:

LESUNG

Mt 2,9–12 Die Sterndeuter kommen aus dem Osten, um dem neugeborenen König der Juden zu huldigen

LIED

EH 193 »Stern über Betlehem«

BESINNUNG

Die Frauen werden eingeladen, ein Teelicht in die Hand zu nehmen und nachzudenken.

L 3   Was ist meine Sehnsucht im Advent? Was ist mein Leitstern, der mich durch diese Zeit des Wartens und der Vorfreude führt? Was ist der Stern von Betlehem, der Wunsch, die

Sehnsucht, die mich durch die Adventszeit hindurch begleitet?

Die Frauen können den Gedanken, den sie fassen, mit Filzstift auf den Alu-Rand des Teelichts schreiben. Dann zünden sie das Teelicht an der Osterkerze an und stellen es vor sich auf den Boden.

LIED

Da war im Dunkeln ein helles Funkeln

T: Rolf Krenzer
M: Ludger Edelkötter

Kv Da war im
Dun - keln ein hel - les Fun - keln, da war ein
Leuch - ten in der Nacht. Da war ein
Sin - gen, ein hel - les Klin - gen, ___ das
1. hat uns al - le froh ge-macht.
2. hat uns al - le froh ge - macht.

1. So kam das Licht in uns - re Dun - kel - heit.

So kam das Licht in uns - re Ein - sam - keit. Sie

wur - de plötz - lich zur Ver - gan - gen - heit, und

ließ uns plötz - lich glück - lich sein. Kv

Dal Segno al ✛ ✛

hat uns al - le froh ge - macht.

Fine

Musikrechte: KiMu **Ki**nder **Mu**sik Verlag GmbH, 42555 Velbert
Textrechte: Rolf Krenzer, Dillenburg

TEXT

L 4 liest »Melwins Stern«.

LIED

EH 22 »Gottes Wort ist wie Licht in der Nacht«

*Evtl. mit Kreistanz: 8 Schritte in gebeugter Haltung zur Mitte, da-
bei aufrichten, bis alle aufrecht mit erhobenen Händen in der
Mitte stehen; 4 mal wiegen (rechts – links – rechts – links); einander die Hände reichen, 4 Schritte im Kreis nach rechts; 8 Schritte
rückwärts nach außen. Dieser Tanz geht so lange, bis jede wieder
am Ausgangspunkt ist.*

BESINNUNG

Die Teilnehmerinnen sind eingeladen, sich zu zweit Gedanken darüber zu machen, was sie selbst für sich tun können, damit der Advent eine Zeit wird, von der sie das Gefühl haben, dass es eine gute Zeit ist. Sie schreiben diese Gedanken auf den vorbereiteten goldenen Stern und kleben das Teelicht in die Mitte. Die Sterne werden dann in einem Kranz nah um die Mitte gelegt. Es spielt meditative Weihnachtsmusik (z. B. Hufeisen, Sternentanz). Wenn alle Sterne liegen, ist Zeit, zur Mitte zu gehen und jeden einzelnen anzuschauen. Die Musik spielt weiter.

SCHLUSSMEDITATION

Folgender Text wird als Vorspann zu dem Lied »Every Star is a Prayer« von L 5 gelesen. Sollte keine CD vorhanden sein, kann er auch vor dem Hintergrund der zuvor eingesetzten besinnlichen Musik gelesen werden.

Jeder Stern ist ein Gebet;
jeder Stern, den du dort sehen kannst,
ist ein Mensch, der gerade seine Worte an Gott richtet;
seine Gedanken und seine Hoffnungen,
seine Träume und Sorgen.
Jeder Stern ist ein Gebet;
jeder Stern, den du dort sehen kannst.
Ich weiß, dass ich nicht die Einzige bin,
die mit Gott im Gespräch ist:
Die ganze große Menschheitsfamilie
aus Schwestern und Brüdern
erhebt ihre Gedanken zu ihm.
Jeder Stern ist ein Gebet;
jeder Stern, den du dort sehen kannst,
ist ein Mensch, der gerade seine Worte an Gott richtet,
seine Gedanken und seine Hoffnungen,
seine Träume und Sorgen.
Jeder Stern ist ein Gebet;
jeder Stern, den du dort sehen kannst.
Ich frage mich, welcher wohl mein Gebet ist
oder jemand, der für mich betet.

Es macht mich froh,
einfach das viele Licht zu sehen,
mit dem unsere Gebete die Dunkelheit erleuchten.
Ich schaue hinauf in den nächtlichen Himmel
und sehe nichts,
vor dem ich mich fürchten müsste.
Das wohl tuende Glitzern von Tausenden von Sternen
bricht sich hier einen Weg durch die Dunkelheit.
Jeder Stern ist ein Gebet;
jeder Stern, den du dort sehen kannst,
ist ein Mensch, der gerade seine Worte an Gott richtet,
seine Gedanken und seine Hoffnungen,
seine Träume und Sorgen.
Jeder Stern ist ein Gebet;
jeder Stern, den du dort sehen kannst.

(nach: »Every Star is a Prayer« von Cae Gauntt)

SEGEN

Der treusorgende Gott segne uns und behüte uns in dieser Adventszeit.
Der Gott der Ruhe lasse sein Angesicht über uns leuchten und
sei uns gnädig.
Der Gott, der unsere Gebete hört, wende uns sein Angesicht zu
und schenke uns den Frieden.
So segne uns der liebende Gott: Der Vater und der Sohn und der
Heilige Geist.
Amen.

MATERIALIEN

- Osterkerze
- viele verschiedene Weihnachtsdekorationsartikel, viele Lichterketten
- CD-Player, CD mit kitschigen weltlichen Weihnachtsliedern,
  CD mit bewegten Weihnachtsliedern (z. B. H. J. Hufeisen, Sternentanz)
- Zettel in Postkartengröße; dicke, wasserfeste Filzschreiber
- Liedzettel

- so viele Teelichte wie Teilnehmerinnen, unten je mit einem Streifen doppelseitigem Klebeband versehen; genauso viele Sterne aus goldenem Karton
- Lied: Every Star is a Prayer, Melodie: Florian Sitzmann, Text: Cae Gauntt, CD: Oh Cae, Pila Music GmbH, Dettenhausen
- Geschichte »Melwins Stern« von Nathan Zimelmann und Anette Bley, ars edition, München 2001.

Team für diesen Gottesdienst: *Inge Appenzeller, Ingrid Baur, Claudia Guggemos, Claudia Köhler, Beate Matheis-Schneider, Rita Schwarz, Beate Zabukovec, Margret Zakel*

Claudia Guggemos

Gewalt an Frauen
wahrnehmen und überwinden
Ökumenischer Gottesdienst für
Betroffene und Verbündete

Reutlingen

WAS DIESEN GOTTESDIENST AUSMACHT

»... die alte gotische Marienkirche war an diesem frühen Abend im Oktober in Lichterschein gehüllt. Leise, tragende Orgelmusik erfüllte von Zeit zu Zeit den Raum in dieser offenen Phase. Hier konnten sich die Besucherinnen des Gottesdienstes beim Reinigungsritual niederlassen, um abzuwaschen, was sie bedrängt, und sich neu zu erfrischen. Sie konnten aber auch in einem Gespräch loswerden, was sie immer wieder nicht in Ruhe lässt. Oder sie zogen sich in einen Raum der Stille zurück. Auch die Salbung war eines der Angebote, in denen Frauen Bestärkung erfahren konnten. Im Chorraum und der ehemaligen Sakristei wurden diese Heilungsrituale angeboten, die ausschließlich für Frauen offen waren und ihnen eine Art Schutzraum boten.
Andere Angebote wie die Kreuzwegstationen zum Leiden von Frauen und Mädchen, meditatives Malen zu meditativen Texten und Informationen über Hilfsangebote verteilten sich im Kirchenschiff und waren für Frauen und Männer zugänglich ...«
Dieser Eindruck der offenen Phase kann unsere Anliegen, die wir mit dem Gottesdienst verbanden, wiedergeben: Wie in 2 Sam 13,20f zu lesen ist, verschweigt die Bibel Gewalt gegen Frauen nicht: Die Geschichte der Tamar, die von ihrem Halbbruder vergewaltigt wurde, bringt die Situation und das Erleben vieler Frauen zum Ausdruck. Wir wollten es allerdings nicht so machen wie die Familie der Tamar, die dazu schweigt, die die Gewalterfahrung vergessen will und zur Tagesordnung übergeht.
Das Erleben und Empfinden der Opfer sexualisierter Gewalt wollten wir dagegen in diesem Gottesdienst zur Sprache bringen; aber nicht durch eine Information zur Gewalt an Frauen, die ihr Empfinden überdecken würde. Die Betroffenen sollten nicht durch Worte neu verletzt werden. Deshalb erschien es uns ange-

bracht, in einer klagend-erinnernden und trotzdem tröstend-erbaulichen Weise zu den Gottesdienstbesucherinnen und -besuchern zu sprechen und mit ihnen zu beten. In der offenen Phase haben wir versucht, den heilenden Aspekt einzuholen, durch die oben beschriebenen Rituale und Angebote.

Welche Formen erschienen uns dafür sinnvoll?

Der offenen Phase ging ein gemeinsamer Beginn voraus, der sich an traditionellen Formen des Wortgottesdienstes orientierte. In Gebet, Lied, einem Kyrie in Form einer Sprechmotette, Bibellesung und Predigt sollte die Gewalt, unter der viele Frauen und Mädchen in unserer Gesellschaft und kulturellen Tradition zu leiden hatten und haben, wahrgenommen werden. In einer Sprechweise, die den Spagat zwischen klagend-erinnernd und tröstend-erbauend auszuhalten versuchte, wurden dabei Erfahrungen von Frauen, die Opfer sexualisierter Gewalt wurden und sind, zur Sprache gebracht. Nach der offenen Phase brachte uns ein meditativer Tanz, das gemeinsame Brotteilen und der Segen wieder zusammen.

Dieser Gottesdienst, der in Reutlingen bisher einmal stattgefunden hat, lud gezielt Frauen ein, die sexualisierte Gewalt erfahren haben und darunter leiden.

WIE ES DAZU KAM

Oder anders gefragt: Wie kam es, dass die Kirche ihre Türen öffnete für diese Thematik und sich erinnernd-heilend an die Seite der Opfer stellte? Denn ein Blick in die Geschichte der christlichen Tradition zeigt, dass sie sehr häufig selbst Gewalt gegen Frauen ausgeübt bzw. zur Tabuisierung beigetragen hat.

Bevor das Thema in Reutlingen aufgenommen wurde, fanden bereits zwei Gottesdienste dazu in Stuttgart und Kirchheim statt. Die Württembergische Landeskirche hatte im Jahr 2000 die Initiative »Verbündete Kirche: Gewalt an Frauen und Mädchen wahrnehmen und überwinden« gestartet. Diese Aktion wiederum ist Teil der weltweiten ökumenischen Dekade »Gewalt überwinden«, die der Ökumenische Rat der Kirchen bei seiner Vollversammlung 1998 in Harare verabschiedet hat. Einzelne Frauen, die einen der Gottesdienste besucht hatten, brachten die Idee dann nach Reutlingen.

WEN ER ANSPRECHEN WILL UND
WEN ER TATSÄCHLICH ANSPRICHT

Der Name des Gottesdienstes zeigt ganz gut, für wen wir diesen Gottesdienst ausgerichtet haben: Betroffene und mit ihnen Verbündete. Aber wer ist eigentlich betroffen? Und wer leidet unter der Gewalt, die sich gezielt gegen Frauen richtet?
Frauen, denen Gewalt angetan wurde, »nur« weil sie Frauen sind. Die durch sexuelle, ökonomische, soziale, physische, psychische oder emotionale Gewalt verletzt, erniedrigt, bedroht, isoliert und in ihrem Frau-Sein und damit Mensch-Sein gedemütigt wurden. Unter jeder Form der Gewalt gegen Frauen leiden aber auch Freunde, Freundinnen und Angehörige, Frauen wie Männer, die diese Situation mittragen.
Damit für diese Menschen der Gottesdienst zu einem Ort der heilenden Erfahrung werden kann, ist allerdings auf eine gewisse Anonymität zu achten. Anonymität ist hier gebotener Schutz, damit sich Menschen öffnen können.

WIE ER VORBEREITET UND DURCHGEFÜHRT WURDE

Den Stein ins Rollen gebracht hatte in Reutlingen eine evangelische Klinikpfarrerin. Durch ihre ehrenamtliche Tätigkeit bei Viola, einem Verein, der weibliche Opfer sexueller Gewalt begleitet, war sie für die Thematik sensibilisiert. Diese personelle Vernetzung mit einer Einrichtung, die schon lange am Thema arbeitet, hat auch dazu beigetragen, eine bunte Vorbereitungsgruppe zu bilden. Die Teilnehmerinnen-Liste der Vorbereitungsgruppe umfasste deshalb evangelische und katholische Theologinnen und Nicht-Theologinnen wie auch Frauen von Gruppen und Einrichtungen (Viola, Diakonisches Werk, Frauenhaus), die mit dieser Problematik vertraut sind. Die Gottesdienstvorbereitung im Rahmen von sechs Treffen erstreckte sich über einen Zeitraum von sieben Monaten. Diese intensive Vorbereitung war wichtig und nötig, um sich gemeinsam über das Thema und die Ausrichtung zu verständigen.

WELCHE POSITIVEN UND WELCHE NEGATIVEN ERFAHRUNGEN GEMACHT WURDEN

Zunächst waren wir natürlich sehr froh, dass der Gottesdienst von ungefähr 50 Personen besucht wurde. Sehr gut angenommen wurden die Angebote der offenen Phase, und wir hatten das Gefühl, dass sich die Frauen leicht darauf einlassen konnten. Auch ein paar Männer waren gekommen, denen es sehr wichtig war, ihre Solidarität mit den betroffenen Frauen auszudrücken. Überrascht waren wir, wie schwierig es war, Zuschüsse für das Projekt zu bekommen. Ein Grund liegt sicherlich auch an den Strukturen der Ökumene in Reutlingen, die nicht darauf eingestellt sind, ein solch spontanes Projekt zu unterstützen. Neben den Frauen und Männern, die den Gottesdienst besucht haben, erhielten wir aber auch Zuspruch von Mitgliedern der Kirchengemeinden, die dieses Projekt ideell unterstützten. Unklar, aber nicht zu vernachlässigen ist die Außenwirkung des Gottesdienstes. Bei der Öffentlichkeitsarbeit hat sich gezeigt, dass sie sehr zeitaufwändig für uns war, da sie sowohl sehr breit als auch gezielt erfolgte. Auch der Umkreis des Veranstaltungsortes und Beratungsstellen sind (mehr noch als bisher) mit einzubeziehen, da dieser Gottesdienst eher eine gewisse Anonymität zum Schutz für die Frauen verlangt.

WIE DIE ZUKUNFT AUSSIEHT

Noch nicht entgültig klar ist, ob der Gottesdienst regelmäßig, zum Beispiel einmal pro Jahr, stattfinden wird. Die Auswertung hat verschiedene Anregungen gebracht. Zwei wichtige Punkte möchte ich herausgreifen: 1. Da uns der heilende Aspekt sehr wichtig war, war er in der offenen Phase vorherrschend. Daneben sollte allerdings auch die Gelegenheit gegeben werden, sich klagend auszudrücken, z. B. indem etwas verbrannt werden kann oder durch eine Klagemauer. 2. Bei der Sprechweise sollten wir durchgängiger als bisher darauf achten, dass mit den Frauen statt über sie gesprochen und gebetet wird.

Gewalt an Frauen wahrnehmen und überwinden
Ökumenischer Gottesdienst für Betroffene und Verbündete in Reutlingen

»Schweige nicht zu meinen Tränen« (Psalm 39,13)

GESTALTUNG

Für die offene Phase stehen genügend Räume, Seitenkapellen, usw. zur Verfügung. Mittels Stellwänden und Tüchern können Nischen geschaffen und durch Sichtschutz vom Hauptschiff abgetrennt werden.

Für Frauen werden reservierte Plätze im Gottesdienstraum eingerichtet: sowohl in den Sitzreihen als auch bei den Angeboten in der offenen Phase.

Die jeweiligen Orte für die offene Phase werden ansprechend gestaltet (z. B. Reinigungsritual wie Oase gestalten: mit blauen Tüchern, Blumen, ... und großer Wasserschale). Nach dem Gottesdienst sind alle zum Zusammensein bei Essen und Trinken in der Kirche eingeladen.

ORGELVORSPIEL und EINZUG DER MITWIRKENDEN

BEGRÜSSUNG

L 1   Gott, vernimm mein Schreien, schweige nicht zu meinen Tränen. Mit dieser Bitte möchten wir Sie alle ganz herzlich willkommen heißen zu diesem ökumenischen Gottesdienst. Wir freuen uns, dass Sie gekommen sind. Heute und hier soll Raum sein, um das Schweigen zu brechen, auch und gerade in der Kirche. Denn sie sind mitten unter uns: Frauen, denen Gewalt angetan wurde und die zutiefst verletzt sind. Manche von ihnen haben bereits ihr Schweigen gebrochen. Von anderen wissen wir, dass sie nicht reden können.
In diesem Gottesdienst suchen wir Gedanken und Worte für Erlebtes. Wir wünschen uns die Möglichkeit zu neuen Wegen und heilende Gesten – und eine Ahnung von neuem Aufbruch!

L 1 Wir feiern den Gottesdienst in deinem Namen.
L 2 Gott, du Schutz allen Lebens.
L 1 Jesus, du Hoffnung aller Gedemütigten.
L 2 Heiliger Geist, du Kraft der Empörung, die uns stärkt.
A Amen.

LIED

Sei getrost und unverzagt

T: Eugen Eckert (zu Psalm 27)
M: Fritz Baltruweit

1. Sei ge-trost und un - ver - zagt, freu - e dich an dei - nem Le - ben; denn Gott hat dir zu - ge - sagt, dich mit Lie - be zu um - ge - ben. Blü - he auf in sei - nem Licht — sei ge-trost, fürch - te dich nicht. Blü - he auf in sei - nem Licht — sei ge-trost, fürchte dich nicht.

Aus: Jeder Tag ist ein Geschenk, 1994. Textrechte: Strube Verlag, München. Musikrechte: tvd-Verlag, Düsseldorf

2. Hab den Mut, aufrecht zu gehn,
auch wenn andre längst sich beugen,
gegen Lügen aufzustehn,
und die Wahrheit zu bezeugen.
Sei ein Mensch, der Frieden schafft,
dazu schenkt dir Gott die Kraft.
Sei ein Mensch, der Frieden schafft,
dazu schenkt dir Gott die Kraft.

3. Stark und zäh dein Wille sei,
gegen Bosheit, Hass und Schrecken;
geh nicht unter, bleibe frei,
Gottes Spuren zu entdecken:
Hier, in der oft kalten Welt,
birgt er dich in seinem Zelt.
Hier, in der oft kalten Welt,
birgt er dich in seinem Zelt.

4. Gott verlässt dich sicher nicht,
Menschen werden dich verlassen.
Gott bleibt deines Lebens Licht,
wird sich stets neu finden lassen:
Dies ist dir fest zugesagt –
Sei getrost und unverzagt.
Dies ist dir fest zugesagt –
Sei getrost und unverzagt.

KLAGE

Sprechmotette mit Kyrie-Kehrversen

L 1 Fast täglich lese ich in der Zeitung, dass Frauen und Kindern
Gewalt zugefügt wird. Von der Not und dem Leiden der
Frauen und Mädchen werden wir jetzt hören:

L 2 Sie sind Opfer von kriegerischer Gewalt. Frauen und Kinder
müssen sich auf die Flucht begeben, wie jetzt in Afghanistan, aus Angst vor kriegerischen Auseinandersetzungen,
die vor allem von Männern eingeleitet und ausgeführt werden. Systematische Vergewaltigungen sind ein historisch
»bewährtes« Kampfmittel, das in jedem Krieg eingesetzt
wird. Wir erinnern uns an die Großmütter, Mütter und

Frauen, die in den beiden Weltkriegen sexueller Gewalt ausgesetzt waren. Wir erinnern uns an die Frauen und Mädchen, die im Krieg 1999 im Kosovo-Albanien systematisch in Gefangenenlagern vergewaltigt wurden.

L 1   In Deutschland ist Vergewaltigung nur dann ein Asylgrund, wenn die Frauen den politischen Hintergrund des Verbrechens nachweisen können. Viele Frauen sind so traumatisiert, dass sie darüber nicht sprechen können. Dazu kommt die Angst, dass sie von ihren Männern im Stich gelassen werden.

L 2   Eine von ihnen sagt:»Ich schäme mich: Mein Mann kann mir die Vergewaltigung nicht verzeihen. Er hält sich von mir fern.«

L 1   Wir wenden uns gegen diese Asylpraxis in Deutschland, die verlangt, dass bei einer Vergewaltigung ein politischer Hintergrund nachgewiesen werden muss!

L 2   Wir sehen aber auch unser eigenes Versagen. Wie oft meiden wir Frauen, die solch ein Schicksal erlitten haben.

EG 178,9 »Kyrie eleison«

L 1   Junge Frauen und Mädchen sind Opfer von Frauenhandel und Prostitution. Sie sind meist zwischen 18 und 25 Jahre alt und kommen aus Afrika, Südamerika, Asien und Mittel- und Osteuropa. Sie kommen aus sozialen Notsituationen und Rechtlosigkeit. Manchmal werden die Mädchen von ihren Familien aus Not an Frauenhändler verkauft.

L 2   Für die Frauenhändler (Schlepper, Zuhälter, Bordellbesitzer, Wohnungsvermieter) ist das Geschäft profitabel und risikolos. Die Opfer sind jung, gequält, sprachlich isoliert, sozial verunsichert, kriminalisiert, haben Angst vor ihren Peinigern und der Polizei.

L 1   Die Nachfrage nach der Importware Sex ist immens. Die Freier sorgen dafür, dass die Ausbeutung und Zerstörung der Frauen ein lohnendes Geschäft ist.

L 2   Frauenhandel ist eine Menschenrechtsverletzung und eine Straftat. Menschenrechte gilt es zu schützen und einzufordern!

»Kyrie eleison«

L 1   Frauen und Mädchen sind medizinischer Gewalt ausgeliefert. Modewelt und Werbung zeigen ein Schönheitsideal, an dem sich viele Frauen messen. Sie quälen sich und ihren Körper, um diesem Ideal nahe zu kommen, indem sie hungern, indem ihre ganze Energie ums Essen kreist, indem sie sich Schönheitsoperationen unterziehen. Dabei verdienen viele gutes Geld.

L 2 »Wenn ich 20 Kilo weniger habe, mag er mich wieder.« – »Wenn mein Busen größer ist, habe ich mehr Selbstbewusstsein« – »Mein Vater wollte immer eine Tochter mit einer Modelfigur.«

L 1 Wer bestimmt über meine Schönheit?

L 2 In manchen Ländern und Kulturen ist eine Frau nur dann eine Frau und für einen Mann begehrenswert, wenn sie beschnitten ist. Auch deutsche Ärzte führen Genitalverstümmelungen durch und verdienen dabei gut. In Deutschland werden an Frauen wesentlich mehr Gebärmutter- und Brustoperationen durchgeführt, als medizinisch notwendig wären.

L 1 Wer bestimmt über meinen Körper?

L 2 Schwangerschaften werden immer mehr zu einem überwachungspflichtigen Produktionsprozess und sind einer Qualitätskontrolle unterworfen. Frauen werden unter Druck gesetzt, das Angebot der pränatalen Diagnostik in Anspruch zu nehmen:

L 1 »Wollen sie etwa ein behindertes Kind haben?«

L 2 Durch neue Entwicklungen in Genforschung und Reproduktionsmedizin werden Frauen zu Produzentinnen von teurem, verwertbarem Erbgut reduziert. Menschliches Leben wird dadurch ein wertvolles, teures Produkt und gleichzeitig missachtet und entwertet.

L 1 Wer bestimmt über meine Schwangerschaft und mein ungeborenes Kind?

L 2 Wir wehren uns dagegen, dass Frauen ärztlicher Willkür, Forschungsinteressen und Geschäftemacherei ausgesetzt sind!

»Kyrie eleison«

L 1 Gewalt gegen Frauen gibt es auch in der christlichen Tradition.

L 2 Jesus Christus hat seinen Weg der Demut und des Leidens freiwillig gewählt. Demut und Leiden als allgemeine christliche Tugend wurde in der Folge speziell Frauen zugewiesen.

L 1 »Du musst immer den untersten Weg gehen.«

L 2 Gewalt gegen Frauen und das Übergehen von Unrecht waren und sind dadurch leichter möglich. Sich gegen Gewalt zur Wehr zu setzen passt zu dieser scheinbar christlichen Tugend nicht.

L 1 Die Familie wird in der christlichen Tradition gefördert, idealisiert und in einen Schutzmantel gehüllt. – Wollen die Kirchen nicht sehen, was in der Familie an Unterdrückung, Gewalt und Machtmissbrauch geschah und geschieht?

L 2 Ist christliche Seelsorge nur an der Linderung von Leiden interessiert oder kann und will sie Leidensursachen wirklich verändern?

L 1 Frauen bekommen zu hören: »Das ist nun schon lange her: Kannst du denn nicht vergeben...« Vergebung ist kein bei den Opfern »einklagbares Recht«, sondern eine Möglichkeit, nach entsprechender Vorgeschichte von Einsicht, Reue und Suche nach Veränderung.

L 2 Wir erwarten und wollen dazu beitragen, dass in der Kirche Frauen nicht in ein scheinbar christliches Leiden hineingezwungen werden, sondern Freiheit und Verständnis erleben!

»Kyrie eleison«

L 1 Häusliche Gewalt und sexueller Missbrauch. Der private Raum ist für Frauen und Mädchen weitaus gefährlicher als der öffentliche Raum. Schlagen, treten, mit der Waffe bedrohen, Vergewaltigung sind die Mittel physischer Gewalt.

L 2 »Die Geduld der Frauen ist die Macht der Männer.«

L 1 Frauen und Mädchen sind nur unzureichend gegen häusliche Gewalt geschützt. Frauen und Mädchen werden sexuell missbraucht durch nahestehende und vertraute Personen: Väter, Stiefväter und Pflegeväter, Onkel, Brüder und Vettern, männliche Verwandte und Bekannte.

L 2 »Wenn du mich anzeigst, bringe ich mich um.« – »Wenn du gegen mich aussagst, schneidest du dich ins eigene Fleisch. Man wird dich für verkommen halten.« »Schwester, schweig still, und nimm dir die Sache nicht so zu Herzen« (2 Sam 13,20).

L 1 Wir stellen fest, dass wir selbst oft aus Hilflosigkeit und Bequemlichkeit wegsehen. Wir brauchen Anlauf- und Beratungsstellen speziell gegen Gewalt im sozialen Nahraum. Wir brauchen offene Augen und die Bereitschaft zu handeln.

»Kyrie eleison«

L 1 Seelische Gewalt und ihre Folgen. Frauen werden auf vielfältige Weisen gedemütigt: »Ich bin materiell abgesichert, aber ich habe meine Würde verloren. Ich bin neben meinem Mann ein Nichts, er beachtet mich nicht, er verdummt mich vor anderen Leuten: Stell dich nicht so blöd an. – Du hast ja keine Ahnung. – Ich bin erstarrt, fühle mich außerhalb meines Leibes, wie neben mir stehend«.

L 2 Frauen nehmen in Schutz und beschuldigen sich selbst: »Ich habe vielleicht zu wenig Verständnis für ihn, er hat eine schwierige Kindheit gehabt, er meint es nicht so ...«

L 1 Frauen leiden unter Familienterror und halten ihn aus: »Ich sage lieber nichts mehr, um ihn nicht zu provozieren« – »Für ihn bin ich nur seine Haushälterin. Er ignoriert mich völlig, ich kann seine Kälte nicht mehr aushalten.« – »Für jede Kleinigkeit muss ich Rechenschaft bei ihm ablegen.« – »Er schlägt mich nicht, aber er verbietet mir zu arbeiten oder auszugehen.«

L 2 Unsere Aufgabe als Christen und Christinnen ist es, dass Schweigen zu durchbrechen. Gewalt geschieht auch unter uns. Lasst uns nicht wegsehen!

»Kyrie eleison«

MUSIK

PREDIGT MIT LESUNG

(von zwei Predigerinnen)

Tamars Geschichte ereignete sich am Hof des Königs David fast 1000 Jahre vor Jesu Geburt. David hatte nach der Sitte der damaligen Zeit mehrere Frauen, mit denen er viele Kinder hatte. Es war wohl auch nicht ganz ungewöhnlich, dass Halbgeschwister miteinander verheiratet wurden. Die unverheirateten jungen Mädchen standen unter dem Schutz ihres Vaters und ältesten Bruders und lebten getrennt von den jungen Männern. Die Ereignisse vor und nach unserem Text handeln von Davids Ehebruch und dem Kampf und den Intrigen um die Macht, in die König David mit seinen Söhnen Amnon und Abschalom verwickelt war.

2 Sam 13,1–21

Eine Geschichte, die mir fast die Sprache verschlägt. Eine Geschichte, die sich über die Jahrhunderte hinweg millionenfach wiederholt hat und sich auch heute immer wieder neu abspielt. Ein Mann begehrt eine Frau, ein junges Mädchen. Er ist ein naher Verwandter. Eigentlich müsste er ihr Schutz und Solidarität geben, aber er legt es gezielt darauf an, sie zu besitzen und zu vergewaltigen. Einer seiner Freunde, auch er ein Verwandter, hilft ihm, eine erfolgreiche Strategie zu entwickeln.

Als dem jungen Mädchen klar wird, worum es geht, wehrt sie sich. Sie benennt die Gewalt und die Folgen für sie selbst und den Täter. Aber er hört nicht auf sie und fällt über sie her. Nach der Vergewaltigung ist er ihrer überdrüssig, ja, sie ekelt ihn direkt an. Er lässt sie, wiederum gegen ihren Protest, dass er damit noch größeres Unrecht an ihr tut, aus dem Haus werfen und die Türe verschließen.

Sie klagt und weint laut, um ihrem Schmerz Ausdruck zu geben. Sie zerreißt ihr Kleid, das äußere Zeichen ihres Status als Königstochter. Abschalom, ihr leiblicher Bruder, weiß sofort, was ihr geschehen ist, und bedeutet ihr zu schweigen. Ihr Vater bringt es nicht über sich, seinen brutalen Erstgeborenen zur Verantwortung zu ziehen.

Sie verstummt und verschwindet, von jedem weiteren Umgang ausgeschlossen. Ist es da ein Trost, dass Abschalom seine Schwester bei der erstbesten Gelegenheit rächt und Amnon zwei Jahre später umbringen lässt? Will er etwas wieder gutmachen dadurch, dass er später seine schöne kleine Tochter Tamar nennt? Wo war die Mutter von Tamar? Hat sie Schwestern, die sie trösten, ihr zur Seite stehen und verstehen, was ihr geschehen ist? Warum war König David zwar zornig, aber doch zu feige, um seinen Sohn zur Verantwortung zu ziehen? Warum war Abschalom nicht Manns genug, sich auf die Seite seiner Schwester zu stellen, wo er sie doch offensichtlich liebte? Ein Skandal, der zum Himmel schreit – und Tamar tut es in ihrer Klage – wird zu einer innerfamiliären Angelegenheit, die niemand etwas angehen soll.

Die Bibel verschweigt und verschleiert nicht, wie es in der Welt – auch in den Königshäusern – zugeht. Sie beschreibt sehr genau, wie Menschen sind. Wenn wir uns auf den Weg machen und eine Antwort suchen auf die Erfahrungen von Missachtung, Ausbeutung und Gewalt, die Tamar im eben gehörten Text erleidet, dann sind es zuallererst die Klagepsalmen, die dem Unsagbaren des Leidens Worte und Bilder leihen können.

(Judith Quack)

Sie hatte Vater, sie hatte Mutter, sie hatte Schwestern, sie hatte Brüder, sie gehörte eigentlich zu einer guten Familie. Sie war schön, sie war geschickt, sie war hilfsbereit, sie war fürsorglich, sie war vertrauensvoll. Alles war in Ordnung mit ihr, der schönen Königstochter Tamar – und doch brach die Katastrophe über sie herein: Ihre Offenheit und ihr berechtigtes Vertrauen, dass ihr Zuhause ein sicherer Ort sei, wurden bis ins Mark verletzt. Am Ende blieb Tamar allein, verstummt, bleibt im Hause ihres Bruders fast wie eine Gefangene, auch gefangen mit inneren Fesseln. Wir hören danach nie wieder etwas von ihr.

Und sie ist – Gott sei es geklagt – seither und durch die Jahrtausende nicht die Einzige, die vergewaltigt oder geschlagen oder seelischem Terror ausgesetzt wurde. Es gibt viele, viel zu viele Tamars auch unter uns, die mit ihrer Geschichte allein geblieben sind: Wo eigentlich Lebendigkeit sein sollte, ist jetzt Scham, dass einem so etwas passiert ist, oder vielleicht auch nur eine große Leere oder Verwirrung oder Gefühllosigkeit; und dazwischen auch immer wieder diese plötzlich aufblitzenden Erinnerungen. Und da ist vielleicht das Gefühl oder auch die Erfahrung, dass man doch so etwas nicht erzählen kann, weil es der eigene Vater, Bruder, Onkel oder sonst geachtete Mann ist – und was würde dann geschehen? Und wenn man es erzählen würde, oder gar allen Mut aufgebracht hat und es schon erzählt hat – es würde einem ja doch nicht geglaubt: »Das kann nicht sein«, und wenn es denn so gewesen wäre, dann »guck doch mal, was da deine Schuld dran ist. Lass die alten Dinge ruhen und sei nicht nachtragend! Du sollst doch vergeben!« Dieses dumpfe, lastende Schweigen, dieses Eingesperrtsein in sich selbst. Verbrannte Erde in der Seele – die Folge der Gewalt.

Und doch sind Sie, liebe Schwestern, aufgestanden, haben sich heute Abend hierher in die Kirche auf den Weg gemacht; Sie, die

Sie selbst betroffen sind und für die der Weg hierher schon sehr viel Mut kostet und sehr viel Kraft, dazu zu stehen – jede mit ihrer eigenen schweren Geschichte. Und da sind Sie, die anderen Frauen und Männer, Verbündete, die Sie nicht mehr nur hinnehmen und zudecken wollen, sondern mit Ihrem Hiersein Schutz geben und unterstützen wollen.

In uns allen lebt so doch noch die Sehnsucht, herauszukommen aus dem Gefängnis, das die Gewalt geschaffen hat. In uns lebt doch noch die Hoffnung, dass der stumme Schrei der Verletzten und Missbrauchten gehört wird, dass er Stimme bekommt.

Der stumme Schrei, der sich seinen Weg bahnt: im geduckten Körper; in der unvermittelt auftretenden Konfusion und Verwirrung, dass man gar nichts mehr sagen kann und nur noch wie dumm da steht. Der stumme Schrei, der sich einen Umweg bahnt, im Schuldgefühl, das irgendwie gar nicht passt, und in dieser Scham, dass es mir passiert ist.

Wir bringen unseren stummen oder vielleicht auch ausgesprochenen Schrei und auch unsere Wut und was da sonst noch so ist, gemeinsam hierher zu dem, den menschliche Angst und Machtgelüste am Kreuz zu Tode quälten. Wir bringen den Schmerzensschrei und den Schrei der Verlassenheit, auch der Gott-Verlassenheit zu dem, der ihn kennt und dennoch zu Gott gerufen hat.

Und Tamar hat Schwestern. Betroffene wie manche unter uns, und andere, Verbündete, die sie doch hören und sehen, und ihren stummen Schrei aufnehmen und stellvertretend für sie eintreten, ihr Stimme leihen, ihr Halt geben.

Tamar muss nicht zu ihrem Elend hinzu allein bleiben. Wir können doch zunächst einmal nach ihr fragen, den vielleicht unterdrückten Schrei wahrnehmen und ihm Raum gewähren – Schutzraum. Wir können doch auch aufstehen und Übergriffe und Gewalt als solche benennen. Wir können doch nein sagen, auch helfen, nein zu sagen, wo es dran ist.

Wir können doch auch Wunden verbinden, sie behutsam auswaschen und mit Balsam versorgen. Und wir können auch mit unserem offenen Ohr und unserem Dasein der erstarrten Seele Wärme geben, ihr zeigen, dass sie immer noch und trotzdem schön und kostbar ist, dass ihr niemand ihre gottgeschenkte Würde nehmen kann. Wir können ihr doch von dem Lebensbrot geben, damit sie sich wieder stärken kann, und wir können ihr doch die Hand reichen, damit sie aufstehen kann und sich dann vielleicht auch, wenn es Zeit ist, wieder einreihen kann zum Tanz.

Wir, liebe Schwestern und Brüder, können dies alles doch tun, und wir werden es in Gottes Namen tun. Amen.

(Heidi Abe)

LIED

NW 140 »Im Dunkel unsrer Nacht«

OFFENE PHASE MIT FOLGENDEN ANGEBOTEN

Angebote vorstellen; Hinweis, welche der Frauen vorbehalten sind; Orte und Dauer.

Raum der Stille mit Kerzen
Salbung
Reinigungsritual
Mandala-Malen und meditative Texte von Carola Moosbach
Seelsorgliches Gespräch
Hilfsangebote: Frauenhaus, VIOLA, Wirbelwind
Kreuzweg nach »Schweige nicht zu meinen Tränen«

OFFENE PHASE: SALBUNG und REINIGUNGSRITUAL

Die Heilungsrituale (Salbung und Reinigungsritual) wurden nach folgender Vorgehensweise gestaltet:
- Ankommen gestalten: Begrüßen, Platz anbieten und einladen, sich niederzulassen.
- Klären, wie viel Berührung und Körperkontakt gewünscht wird: Soll gesalbt werden oder salbt sich die Frau selbst; Stirn, Hände, Gesicht, ...?; (für die Reinigung gilt dasselbe); stark duftenden Öle eher vermeiden; Handtücher bereithalten.
- Zum Reinigungsritual: Klären, ob die Reinigung mit einem Segenswort begleitet werden soll, z. B.: »Wasser, kraftvoll und rein, wasche ab, was dich niederdrückt« – »Wasser, köstlich und klar, erfrische und belebe dich neu.«
- Beispiel einer Salbung mit Segenswort: Gesalbt wird, indem auf die Stirn und die linke wie rechte Handinnenseite jeweils

mit Öl ein Kreuz gezeichnet wird. Ein explizit christliches Segenswort lautete z. B.: »Du wirst gesegnet und gesalbt mit Öl, im Namen unseres Herrn Jesus Christus. Er sei bei dir mit der heilenden Kraft seiner Liebe.« Anschließend verabschiedet man sich voneinander mit dem Friedensgruß: »Der Friede sei mit dir.«

- Zeit für aufbrechende Gefühle (Trauer, Wut, Schmerz, ...) lassen.
- Möglichkeit für ein kurzes Gespräch einräumen.
- Abschluss der jeweiligen Situation entsprechend (schlichte Verabschiedung, Segenswort, oder anderes Gebet, ...).

OFFENE PHASE: MANDALA-MALEN UND MEDITATIVE TEXTE VON CAROLA MOOSBACH

In einem Seitenschiff der Marienkirche wurden Mandalas und Gebetstexte von Carola Moosbach ausgelegt. Auf dem Boden wurde eine Mitte gestaltet und Sitzgelegenheiten (Sitzkissen) angeboten, damit die Gottesdienstbesucher beim Mandala-Malen, Lesen bzw. Beten verweilen konnten. Die Gebetstexte wurden zum Mitnehmen auf farbigen DIN-A5-Kopien mehrfach ausgelegt.

Aberglaubensbekenntnis

Tief eingebrannt in die Seele
ist mir die Vaterwunde
bricht auf immer wieder
und fließt mir als Blut aus dem Munde
das heilt nicht mehr
und ist kein Vergessen möglich
und ist kein Vergeben nötig
und ist auch kein Sinn dahinter
kein Herrengottallmachtsmonster
zog da die Fäden
und doch
willst Du mir nicht aus der Seele
Du Aber-Mächtige
öffnest die Todesräume
Schmerz für Schmerz
Wut für Wut wird zurückerobert

wiedergewonnen die Würde
und weiß wer ich bin jetzt
auf schmerzfestem Grund durch die Tage
und noch
ist auch das letzte Wort nicht gesprochen
das sprichst allein Du Gott
versprich es mir

(Carola Moosbach)

Kein Vaterunser

möchte ich sprechen
und auch nicht vergeben
den Schuldigern

Ach käme doch endlich
Dein Reich Gott
geschähe doch endlich Dein Wille
nicht der meines Vaters
das Kind das gequälte
das ich einmal war
braucht Deinen Schrei
und braucht Deinen Zorn
wie das tägliche Brot
das Brot der Gerechtigkeit
bewahre mich Gott
vor der Scham
der täglichen Schweigeversuchung
schütze mich Gott
vor dem Aufgeben
dem Sterben im Leben

Du bist das Ende
der Ohnmacht
der Grund
meiner Hoffnung
ein Windhauch
des Glücks

(Carola Moosbach)

OFFENE PHASE: KREUZWEG

Jede Kreuzwegstation wird hochkopiert und auf einer eigenen Stellwand angebracht. Stellwände wie einen Kreuzweg im Kirchenraum verteilen. Die Gottesdienstbesucherinnen und -besucher können während der offenen Phase den Kreuzweg entlanggehen und die Texte lesen.
In den einzelnen Stationen dieses Kreuzwegs wurden die Themen vertieft, die schon in den Kyrie-Texten zur Sprache kamen. Die vollständigen Texte findet man in dem Buch: »Schweige nicht zu meinen Tränen«.

1. Kreuzwegstation: Kriegerische Gewalt

2. Kreuzwegstation: Frauenhandel

3. Kreuzwegstation: Medizinische Gewalt

4. Kreuzwegstation: Gewalt gegen Frauen in der christlichen Tradition

5. Kreuzwegstation: Sexueller Missbrauch und häusliche Gewalt

6. Kreuzwegstation: Seelische Gewalt

ABSCHLUSS DER OFFENEN PHASE
MIT EINEM MEDITATIVEN TANZ

Die Sammlung nach der offenen Phase geschieht durch einen Tanz: einfacher Pilgerschritt, dem sich die Gottesdienstbesucherinnen und –besucher ohne Erklärung und ohne Ansage durch das Mikrofon anschließen können.

BROT TEILEN

Nach dem Tanz bilden die Mitmachenden einen Kreis im Chorraum. Die anderen Gottesdienstbesucherinnen und –besucher werden zum Brotteilen nach vorne gebeten. Dazu werden Fladenbrote weitergereicht und ein Brotwort gesprochen:

Num 26,5; Ps 104,15; Jes 30,20; Mt 6,11; …

MUSIK

FÜRBITTEN

Gott, du Quelle unserer Kraft,
du bist uns zugewandt und siehst uns an,
du stärkst unseren gebeugten Rücken und richtest uns auf.

Stille

Wir bitten dich für alle verletzten Frauen und Mädchen,
wir bitten dich für alle missbrauchten und vergewaltigten Frauen
und Mädchen.
Wir bitten dich für alle, die sich mit ihnen verbünden und zu ihnen stehen.

Stille

Lass uns nicht verstummen.
Gib uns eine laute Stimme, die das Unrecht hinausschreien kann.
Gib uns Kraft, die widerstehen und kämpfen kann.

Stille

Gott, wir wollen glauben,
dass du den Misshandelten Kraft gibst zum Weiterleben
und Zeit zum Heilen
und irgendwann wieder die Fähigkeit,
unbeschwert fröhlich zu sein,
und wenn du uns dazu brauchen kannst,
dann hilf uns zum richtigen Wort
und zur rechten Geste.

Stille

OPFERANKÜNDIGUNG FÜR DAS REUTLINGER
FRAUENHAUS

LIED

»Sei getrost und unverzagt« *(4. Strophe)*

SEGEN

L 1   Gott möge dich aus ihrer Fülle beschenken. Mit bunten Leuten und offenem Blick. Mit Liebe von anderen und aus dir
selber. Mit Fragen und Hunger nach Antwort und Sinn.

L 2   Gott gebe dir Tränen bei Schmerzen und Trauer. Gott
werde dir Hoffnung und Freude und Glück.

Beide   So segne dich Gott. Amen.

Orgelnachspiel

MATERIALIEN

- Carola Moosbach, Lobet die Eine, Mainz 2000; sowie: Gott-
flamme Du Schöne, Gütersloh 1997
- Die Texte der Kreuzwegstationen sind dem Gottesdienstent-
wurf »Schweige nicht zu meinen Tränen« der Verbündeten
Kirche entnommen. Der Gottesdienstentwurf ist über das
Frauenbüro der Evangelischen Landeskirche Württemberg,
Stuttgart, zu beziehen.

Mitwirkende an diesem Gottesdienst: *Heidi Abe, Gertrude Denk,
Susanne Englert, Gerda Eschmann, Monika Feldhahn, Stephanie
Gohl, Ursula Göggelmann, Roswitha Grosser-Günter, Hanna
Hartmann, Irene Köpf, Ursula Muncke, Rosemarie Muth, Judith
Quack, Waltraud Schauler, Gertrud Schüle, Rosemarie Schwei-
zer*

Gertrude Denk

»graceland.« Jugendgottesdienst

Evangelische Kirchengemeinden Tübingen

WO DIESER GOTTESDIENST GEFEIERT WIRD

Die Evangelische Gesamtkirchengemeinde Tübingen besteht aus sieben Kirchengemeinden, die sich alle am Gottesdienstprojekt beteiligen. »graceland.« wird abwechselnd in den Sonntagsgottesdiensten der Gemeinden gefeiert, beginnt also zu einer für Jugendgottesdienste unklassischen Zeit, um 10 Uhr.

WAS DIESEN GOTTESDIENST AUSMACHT

Jugendliche sollen mit Songs für ihre Ohren, Gebetsformen, die sie nachvollziehen und an denen sie beteiligt sein können, Gottesdienst erleben als Ort für kreatives Beten mit starken Songs und bissigen Themen: Kommen, feiern, Gott begegnen – alte Motive mit neuen Methoden. Zentral für den Gottesdienst sind die Songs, ein Theateranspiel und eine anschließende Talkrunde. An der Durchführung sind immer mehrere Personen beteiligt.

WIE ES DAZU KAM

Seit dem 18. Februar 2001 ist der Jugendgottesdienst »graceland.« aus der Tübinger Gottesdienstszene nicht mehr wegzudenken. Nach einer Zeit ohne regelmäßige Jugendgottesdienste der Tübinger Jugendarbeit durch CVJM und Kirchengemeinden stellte sich die Frage nach der Teilnahme und Beteiligung Jugendlicher in den Gottesdiensten – auch das Thema Jugendkirche oder Jugendgemeinde wurde diskutiert. Die Antwort auf diese Frage lautete: Jugendliche kommen kaum noch oder nur aus Zwang oder Tradition zur Konfirmandenzeit zum Gottesdienst. Das war den Praktikern längst bekannt und auch vollkommen einleuchtend, sodass sich das verantwortliche Gremium für die evangelische Jugendarbeit in Tübingen, der Gemeinsame Jugendausschuss Tübingen (aus CVJM und Kirchengemeinderäten), einen neuen Jugendgottesdienst vorgenommen hat. Die Jugendreferenten (CVJM) sollten in Kontakt mit den Pfarrerinnen und Pfarrern ein Konzept entwerfen.

WEN ER ANSPRECHEN WILL UND
WEN ER TATSÄCHLICH ANSPRICHT

»graceland.« ist für Jugendliche und speziell für Konfirmanden gedacht. Die Konfirmandengruppen in der Gesamtkirchengemeinde werden regelmäßig besonders zu diesen Gottesdiensten eingeladen und kommen meist als Gruppe zusammen mit ihren Pfarrerinnen und Pfarrern oder anderen Begleitpersonen. Eine Schwierigkeit sind die unterschiedlichen Konfirmationszeiten, da einige Gemeinden vor Ostern, andere erst im Mai Konfirmation feiern. Dadurch entstehen Lücken in der Teilzielgruppe. Einzelne Jugendliche, denen »graceland.« bei einem ersten Besuch gefallen hat, kommen aber auch ohne besondere Einladung oder erkundigen sich im CVJM Büro, wann und wo der nächste »graceland.« stattfindet. Oft sind es auch junge Erwachsene und dabei auch viele Mitarbeiterinnen und Mitarbeiter aus der Jugendarbeit, denen die Art des Gottesdienstes Spaß macht und die deshalb regelmäßig kommen. Angesprochen fühlen sich außerdem vielfach die älteren Glieder einer Gemeinde, die »graceland.« als Abwechslung und – bei der doch vorhandenen Gewöhnungsbedürftigkeit – als vollkommen in Ordnung für die Jugend empfinden und das auch sagen. Es wurde sogar schon der Wunsch nach einem senior-»graceland.« laut.

WIE ER VORBEREITET UND DURCHGEFÜHRT WIRD

Träger des Tübinger Jugendgottesdienstes ist der CVJM Tübingen e. V. als Beauftragter für die Jugendarbeit der Evangelischen Gesamtkirchengemeinde Tübingen.
Die Gesamtleitung liegt bei einem Jugendreferenten, die Gruppe wird von einem jungen Ehepaar ehrenamtlich geleitet. Dabei hat sich das gesamte Unternehmen team- und konsensorientiert entwickelt. Inhalte werden bis in Details ausdiskutiert, Themen und Gestaltung von »graceland.« gemeinsam festgelegt. Das Team trifft sich wöchentlich. Nicht nur Vorbereitung und Reflexion sind hier im Programm, sondern auch gemeinsame Unternehmungen wie Kinobesuch, Bowling, Geburtstagsfeste gehören dazu. Nachdem das Ziel zunächst war, »graceland.« monatlich, aber wenigstens achtmal jährlich durchzuführen, haben sich das Team und die Kirchengemeinden inzwischen darauf geeinigt,

zwischen jeden Ferien einmal »graceland.« zu feiern. Weitere Gottesdienste sollen nach vorhandener Kapazität durchgeführt werden.

So begann ein Jugendgottesdienstteam zu arbeiten, das aus einem regelmäßigen Bibeltreff für Mitarbeitende entstanden ist, von denen die meisten aus dem CVJM kamen, aber eben auch zu den verschiedenen Tübinger Gemeinden gehören. Das Team besteht aus Jugendlichen, jungen Erwachsenen und einem Jugendreferenten. Eine Band formierte sich aus dieser Gruppe und ein Tontechniker gesellte sich ebenfalls dazu. Um die Verbindung zur Gemeinde herzustellen, kommen meist die Pfarrer des nächsten geplanten Gottesdienstortes oder Kirchengemeinderäte und andere Verantwortliche in der Jugendarbeit ins Team. Dass ab dem dritten Gottesdienst Feedbackflyer verteilt wurden, auf denen auch Themenwünsche genannt werden konnten, hat zwar die Themenfindung nicht wirklich vereinfacht, aber es wurde daraus eine Themenliste, die als Grundlage zur Weiterarbeit dient. Ziel der Liste ist, Themen bei »graceland.« zu bringen, die Jugendliche wirklich beschäftigen.

WELCHE POSITIVEN UND WELCHE NEGATIVEN ERFAHRUNGEN GEMACHT WERDEN

Nach einer geplanten Projektphase von fünf »graceland.«-Gottesdiensten hat das Team seine Erfahrungen gesammelt und ausgewertet, um festzustellen, was sich bewährt hat, was geändert werden muss, was unbedingt hinzugefügt werden soll. Feedback im Team, Feedback-Plakat oder Flyer nach den Gottesdiensten, wo die Teilnehmerinnen und Teilnehmer sich ausdrücken sollen, oder die sichtbare Teilnahme an der Gebetszeit geben Aufschluss über Erfolg oder Misserfolg. Kritische Auseinandersetzung im Team gehört je länger je mehr dazu. Dass die Erwachsenengemeinde der mittleren Generation in den Gottesdiensten weitgehend fehlt, wird zur Zeit irgendwie hingenommen. Nicht mehr hingenommen wird der Wunsch – meist der Pfarrer – die Orgel doch auch spielen zu lassen. Rückmeldungen auf die Gottesdienste beziehen sich oft auf die Lieder und halten sich die Waage, was die Zustimmung und Ablehnung oder den Wunsch nach traditionellem Kirchenliedgut oder neuen charismatischen Songs angeht. Sehr gut angenommen wird die spezielle Gebetszeit.

Sie ist neben dem Singen die größte Chance auf Beteiligung am Gottesdienst. Es wird dabei eingeladen, sich von einem Tisch Kärtchen mit Bibelversen, meist Psalmverse, die passend zum Thema herausgesucht wurden, zu nehmen. Es stehen Teelichter bereit, die als stilles Gebet zum Altar, an ein Kreuz oder auf den Taufstein gestellt werden können. Dabei bildet sich in der Regel eine kleine Prozession, die dann auch wirklich still und konzentriert ihren Weg findet, was nicht in jedem Kirchenraum ohne Hindernisse möglich ist. Außerdem liegen Zettel im Postkartenformat und Stifte aus, wo Gebete geschrieben werden können, die anschließend laut gelesen werden. Zum Konzept gehört auch, Lieder von einem zum anderen Gottesdienst mitzunehmen, das erleichtert die Aufgabe der Band und gibt dem Wiedererkennungseffekt eine Chance. Sehr bewährt hat sich auch der Ausklang im Eingangsbereich der Kirchen bei Chips und Cola, wo man Zeit hat, sich zu unterhalten, und die ersten Stimmen zum Gottesdienst laut werden.

WIE DIE ZUKUNFT AUSSIEHT

Nach der eigentlichen Projektphase, die nach einem Jahr und sechs Gottesdiensten abgeschlossen wurde, ging der Tübinger Jugendgottesdienst ohne große Änderungen in die Konsolidierungsphase über. Heute gibt es nur noch selten einen gemeinsam gesprochenen Psalm und es werden mehr altbekannte deutsche Lieder, dennoch Jugendkreislieder und keine Choräle gesungen.

WIE DER GOTTESDIENST GEFEIERT WIRD

Die hier aufgeführten Bausteine sind grundlegend für jeden »graceland.«-Gottesdienst:
- Lieder mit Begrüßungen zwischendurch, um einen lockeren Einstieg zu schaffen und unbekannte Lieder zu lernen
- Begrüßung und offizieller Gottesdienststart mit Gebet und Themenvorstellung
- Lied
- stilles Gebet mit und ohne gemeinsam gesprochenem Psalm (Kurzversionen)
- Lied

– Theater/Predigt/Talk als Einheit ohne Unterbrechung durch
Lieder, da alle Teile kurz und deutlich aufeinander bezogen
werden; beim Talk gibt es eine Bandbreite von offenem Ge-
spräch und Interview bis zum persönlichen Glaubenszeugnis
– Lied
– Gebetszeit: bitten, danken, klagen und Vaterunser
– Infos
– Lied
– Segen
– Lied

Ein Lied, das in der Anfangsphase immer auf dem Programm
stand:

Shout to the Lord

T u. M: Darlene Zschech

Kv Shout to the Lord all the earth, _ let us sing, ____

pow-er and ma-jes-ty, praise_ to the King.

Mountains bow down and the seas ___ will roar

___ at the sound ___ of Your

name. ____ I sing for joy ___ at the work

___ of Your hands, for-ev-er I'll love You, for-ev-

___ er I'll stand. No-thing com-pares

___ to the prom-ise I have_ in ___ You.

»graceland.«-Gottesdienst im Dezember

Was ist Weihnachten

PROGRAMM

Zeit	Bausteine	Inhalte	verantwort-lich
9.50	Lieder, Begrüßung	Lord I lift your name on high Shout to the lord Vater, deine Liebe Bewahre uns Gott Bahnt einen Weg unserm Gott We want to see	Band/Ralf D.
10.07	Begrüßung, Gottes-dienststart		Peter H.
10.10	Lied	Lord I lift your name	
10.13	Bibeltext Stille	Psalm 8	Peter H.
10.18	Lied	Shout to the Lord	
10.21	Theater, Talk	Was ist Weihnachten?	Team
10.36	Lied	Vater, deine Liebe	
10.39	Gebetszeit	Bitten, danken, klagen Vaterunser	Uwe V.
10.49		Infos/Abkündigungen	KGR
10.51	Lied	Bewahre uns Gott	
10.54	Segen		Uwe V.
10.56 10.59	Lieder	Bahnt einen Weg unserm Gott We want to see Jesus lifted high	
11.02	Ende	Am Ausgang: Chips und Coca Cola, Feedback und Flyer.	

Ein Engel sitzt auf einem Tisch, baumelt mit den Beinen und reinigt ebenso liebevoll wie gründlich seine Posaune. Ab und zu pfeift er die ersten Töne eines Chorals. Ein zweiter Engel hastet auf die Bühne.

Engel 2	Bist du immer noch nicht fertig? Wie lange willst du denn noch an dem Ding rumschrubben?
Engel 1	Holla, holla, seit wann haben wir's hier oben denn so eilig? Die soll glänzen, dass es in den Augen blendet. »Für den Allerhöchsten nur das Beste!« – Manifest der himmlischen Heerscharen, Kapitel zwölf, Abschnitt drei, Zeile sieben, wenn ich dich daran erinnern darf ...
Engel 2	Schon gut, schon gut, aber... Also, wir brauchen dich dringend, und deine Posaune auch. Spezialauftrag vom Chef. Ist mächtig wichtig...
Engel 1	Ich hab's gleich... Das Mundstück ist das Wichtigste, ohne ein ordentlich gepflegtes Mundstück kannst du das ganze Gotteslob vergessen.
Engel 2	Wir sollen nach unten.
Engel 1	Oh nein. Nicht nach unten. Kann da nicht der Neue mit – der macht sich doch schon ganz gut?
Engel 2	Nix da, du bist der Beste, und wie du selbst gesagt hast, Kapitel zwölf ...
Engel 1	Meinetwegen, wenn's sein muss ... Worum geht's?
Engel 2	Wir sollen richtig großen Budenzauber veranstalten, mit Chor und allem Pipapo, Big-Band inklusive, das volle Programm. Auf einem Feld bei ... *(zieht einen Zettel aus der Tasche und liest den Ortsnamen ab)* bei ... Betlehem ...
Engel 1	Wo soll denn das sein?
Engel 2	Irgend so ein Nest in Palästina, ich hör das auch zum ersten Mal. Ich hab da ein paar Hirten was mitzuteilen, na ja, und damit sie's auch wirklich mitkriegen, sollen wir tüchtig auf den Putz hauen ...
Engel 1	Was iss'n das für 'ne Botschaft?
Engel 2	Also ...wenn ich das richtig mitgekriegt hab, dann ist das so was wie 'ne Rettungsaktion.

Engel 1	Eine was?
Engel 2	Ne Rettungsaktion!
Engel 1	Für die da unten? Das ist nicht dein Ernst.
Engel 2	Is' aber so. Ich hab den Text vorhin gekriegt. Is' viel von Frieden und Versöhnung die Rede.
Engel 1	Was soll das denn? *(springt auf und drückt Engel 2 die Posaune in die Arme)* Hat er denn immer noch nicht genug von den Typen? Ich versteh den Chef einfach nicht ... Läuft denen immer wieder hinterher, macht sich krumm für sie, hat diesen Querköpfen schon x-mal aus dem Schlamassel herausgeholfen – *(Engel 2 legt währenddessen die Posaune ab)* und bei der erstbesten Gelegenheit schlagen sie sich doch wieder in die Büsche und scheren sich einen Dreck um ihn. Also, wenn du mich fragst ... *(Pause, dann leiser und mit gesenktem Kopf)* von mir aus können die da unten verrotten, die wollen's ja nicht anders ... *(beginnt wieder, seine Posaune zu putzen)*
Engel 2	*(nach einer Pause)* Er hängt wohl sehr an ihnen ... Und es gibt offensichtlich so was wie einen Plan, um den Karren da unten ein für alle Mal aus dem Dreck zu ziehen.
Engel 1	Ach ja? So was wie die Sintflut, in der Art etwa? Das war ja wohl der totale Flop! Kaum hatten sie den Fuß auf dem Trocknen, haben sie sich schon wieder die Köpfe eingeschlagen ... Immer wenn es hieß: Endlich haben sie's begriffen, fing dann doch wieder alles von vorne an. Komm, hör mir bloß auf mit diesen Nieten ...
Engel 2	Diesmal wird er selbst runtergehen. Das heißt: Er schickt den Sohn runter. Als Mensch.
Engel 1	Das ist nicht dein Ernst.
Engel 2	Tatsache. Ich weiß es von Michael, und der ist ja ziemlich nah dran an der Zentrale.
Engel 1	Was soll denn das? In die Kloake absteigen? Jetzt übertreibt er aber wirklich... *(Pause)* Kapierst du, warum er das macht? Alles was Recht ist, aber – er ist doch immerhin der Chef, ich meine er gehört da einfach nicht hin. Das ist doch Perlen vor die Säue geworfen ...

Engel 2	Er sagt, anders ist es nicht zu schaffen. Er will jetzt ein für alle Mal klar Schiff machen.
Engel 1	*(schüttelt den Kopf)* Ich weiß, er hat ein großes Herz, Hut ab … Trotzdem: Das wird nichts als Scherereien geben, das seh ich jetzt schon. Ich halt das für ziemlich gefährlich. Aber mich fragt ja keiner …
Engel 2	Also, was ist: Bist du jetzt dabei?
Engel 1	Hinterher soll aber keiner kommen und sagen: Hättest ja auch mal was sagen können.
Engel 2	*(ungeduldig)* Die andern warten …
Engel 1	Schon gut, ich komm ja.
Engel 2	Na, dann mal los! *(beide gehen ab.)*

(Norbert Schnabel)

An dieses Theaterstück, das als Pantomime mit Lesung des Textes durch zwei Personen aus dem Off gestaltet wurde, schloss sich eine Talkrunde an, die Erfahrungen mit Weihnachten beleuchtete. Auf eine Predigt wurde hier verzichtet.

Ralf Dörr

Nachtausgabe
Gottesdienst für Suchende

St. Johann Plochingen, Stumpenhof

WAS DIESEN GOTTESDIENST AUSMACHT

Die Nachtausgabe will Raum öffnen für die eigene Erfahrung der Gegenwart Gottes sowie für die Erfahrung von Gemeinschaft untereinander. Es sollen dabei besonders Menschen erreicht werden, die durch die traditionellen Sonntagsgottesdienste nicht oder nicht mehr angesprochen werden.

Neben einen biblisch-thematischen wurde gleich bedeutend ein meditativer Teil gestellt. Von der Thomasmesse haben wir die »offene Phase« übernommen, in der zwischen verschiedenen Angeboten gewählt werden kann.

Nach dem Gottesdienst sind die Besucherinnen und Besucher eingeladen, bei einem Glas Wein oder Saft und kleinen Snacks miteinander ins Gespräch zu kommen.

Ein wichtiges Merkmal der Nachtausgabe ist, dass die Teilnehmerinnen und Teilnehmer selbst entscheiden, wie und woran sie sich im Gottesdienst beteiligen wollen. Es gibt deshalb keine allgemeinen Aufforderungen wie »Wir erheben uns zum Gebet«, sondern jede und jeder nimmt die für sie oder ihn gerade stimmige Haltung ein. Die Mitfeiernden bestimmen selbst das Maß von Nähe und Distanz, mit dem sie sich auf den Gottesdienst einlassen wollen.

Die drei Kernelemente der Nachtausgabe korrespondieren mit drei inneren Haltungen, die für persönlich gelebte Gottesbeziehung bedeutsam sind:

biblisch-thematischer Teil	– sich ansprechen lassen;
meditativer Teil	– »einkehren« bei sich selbst;
offene Phase	– sich ausdrücken.

WIE ES DAZU KAM

Als Pastoralreferent in Plochingen sehe ich, dass wir mit unseren sonntäglichen Gottesdiensten nur einen ganz bestimmten Kreis von Menschen erreichen. Andererseits mache ich die Erfahrung, dass nicht wenige von denen, die unsere Gottesdienste nicht besuchen, trotzdem ein religiöses und spirituelles Interesse haben. Bei Erstkommunionvorbereitungen beispielsweise traf ich auf Eltern, die sich zwar von unseren Gottesdiensten nicht angesprochen fühlen, aber durchaus mit ihren Kindern beten. Ich denke deshalb, dass eine größere Vielfalt von Angeboten notwendig ist, um verschiedene Menschen anzusprechen.

Die Idee für einen »Gottesdienst für Suchende« sprach ich zunächst im ökumenischen Meditationskreis an, den es seit einigen Jahren hier in Plochingen gibt. Die Idee stieß auf große Resonanz. Weitere Interessierte fanden sich schnell. Ein erstes Treffen des zehnköpfigen ökumenischen Vorbereitungsteams fand im März 2002 statt. Es fiel – durchaus im Unterschied zu einigen gemeindlichen Aufgaben – leicht, Menschen zu finden, die Lust und Interesse haben, einen »Gottesdienst für Suchende« gemeinsam zu entwickeln und vorzubereiten. Das zeigt mir, dass es sich hierbei um ein wirkliches Bedürfnis handelt.

WEN ER ANSPRECHEN WILL UND
WEN ER TATSÄCHLICH ANSPRICHT

Die Nachtausgabe möchte vor allem Menschen erreichen, die ein selbstbestimmtes Leben führen wollen und auf eigene Erfahrung Wert legen. Da der Gottesdienst ganz neu konzipiert ist und bisher erst eine Nachtausgabe stattfand, lassen sich noch keine Aussagen darüber machen, wen der Gottesdienst tatsächlich erreicht.

WIE ER VORBEREITET UND DURCHGEFÜHRT WIRD

Das mittlerweile zwölfköpfige Vorbereitungsteam hat sich vor der ersten Nachtausgabe achtmal getroffen. Entscheidend scheint mir, dass wir bei der Vorbereitung von unseren eigenen Anliegen ausgingen. Beim ersten Treffen ging es um Fragen wie: »Wenn ich einen Gottesdienst besuche, suche ich, ...« Auch bei der Themenfindung waren eigene Fragestellungen maßgebend. Die ersten Treffen des Vorbereitungsteams hatten teilweise den Charakter von Glaubensgesprächen. Die Konkretisierungsphase mit dem damit verbundenen Übergewicht organisatorischer Fragen setzte erst relativ spät ein. Viel Zeit war für die Namensfindung sowie für die Entwicklung eines Logos notwendig.

In Zukunft denken wir, dass wir mit vier Treffen vor jeder Nachtausgabe auskommen. Aber auch weiterhin sollen eigene Anliegen als Ausgangspunkt dienen und nicht Fragen wie: »Wo habe ich gerade gutes Material?« Das Vorbereitungsteam ist ökumenisch besetzt (fünf Mitglieder sind evangelisch, sieben katholisch). Veranstalter der Nachtausgabe sind die katholische und evangelische Kirchengemeinde in Plochingen.

WELCHE POSITIVEN UND WELCHE NEGATIVEN ERFAHRUNGEN GEMACHT WERDEN

Eine sehr positive Erfahrung ist für mich die Zusammenarbeit im Vorbereitungsteam. Das Vorbereitungsteam ist nicht nur Mittel zum Zweck, sondern hat einen Eigenwert.
An der ersten Nachtausgabe nahmen 40 Personen teil. Wir halten das für einen guten Auftakt und sind aufgrund der positiven Rückmeldungen zuversichtlich, dass es noch mehr werden.
In einer Kleinstadt wie Plochingen ist es schwierig, freie Termine zu finden. Es würde z. B. auf starke Kritik stoßen, eine Nachtausgabe auf einen Sonntagabend zu legen, an dem schon der Posaunenchor ein Konzert hat. Auch aufgrund der ökumenischen Zusammenarbeit müssen sehr viele solcher Rücksichtnahmen eingehalten werden. Das heißt: Wir müssen sehr langfristig planen.

WIE DIE ZUKUNFT AUSSIEHT

Die erste Nachtausgabe fand am 7. Juli 2001 statt. Für die Zukunft sind drei Nachtausgaben pro Jahr geplant.

WIE DER GOTTESDIENST GEFEIERT WIRD

Wir haben uns im Vorbereitungsteam auf die folgende Grundstruktur verständigt. Sie soll als Orientierung dienen, nicht als Zwangsgerüst. Zentral sind die drei Blöcke: biblisch-thematischer Teil, meditativer Teil und offene Phase.

– Begrüßung/Einführung: sich in die Gegenwart Gottes stellen

– Biblisch-thematischer Teil

- Meditativer Teil: z. B. geführte Meditation, Bildmeditation, Naturalmeditation, Phantasiereise, Meditation mit inneren Bildern, innerliches Gebet, Gebärdengebet

- Offene Phase: z. B. Klagemauer (Anliegen schreiben), Kerzen anzünden, Gestalten mit Ton, Malen, Taizé-Lieder singen, Tanz, sich Segen zusprechen lassen, thematisch bezogene Angebote

- Fürbitten (von der Klagemauer)

- Vaterunser

- Ansagen

- Segen

- Gemeinschaftsteil (Getränke, evtl. einfache Snacks)

Nachtausgabe vom Juli

Gott – wer oder was bist du?

Der Gottesdienst wurde von den Mitgliedern des ökumenischen Vorbereitungsteams gemeinsam gestaltet. Die unterschiedlichen Sprecherinnen und Sprecher sind im Folgenden nicht eigens gekennzeichnet. Alle Mitwirkenden tragen während des Gottesdienstes an ihrer Kleidung einen kleinen Mond aus Pappe, damit sie als Verantwortliche erkennbar und nach dem Gottesdienst ansprechbar sind.

UNVERMITTELTES ANSPIEL

Sie befinden sich hier bei Günther Jauch. In der Sendung »Wer wird Millionär?« Es geht um die Eine-Million-Euro-Frage: »Wer oder was ist Gott?« Vier mögliche Antworten stehen zu Gebote:

Ein Richter	Ein guter Hirte
Eine Quelle	Eine Illusion

Die Gottesdienstbesucherinnen und –besucher werden über den Publikumsjoker mit einbezogen. Unter den Sitzkissen der Stühle liegen jeweils 4 Karten für die Abstimmung.
Trotz eindeutigen Publikumsvotums (90 %: eine Quelle) traut sich die Kandidatin keine Antwort zu: »Ich steige aus.«

BEGRÜSSUNG

In diesem Zusammenhang wurden die Mitfeiernden auch dazu ermutigt, für sich selbst Sorge zu tragen und selbst zu entscheiden, was für eine Haltung sie beispielsweise bei Gebeten einnehmen wollen.

LIED

EH 147,1–4 »Meine engen Grenzen«

LESUNG

Exodus 3,1–15

ANSPRACHE

Liebe Suchende,
Gott – wer oder was bist du? – Unter dieses Thema haben wir unsere erste Nachtausgabe heute gestellt. Und da diese Frage ja an Gott selbst gestellt ist, liegt es nahe, nach einem Text zu suchen, wo Gott selbst sie auch beantwortet. Diesen Text haben wir gefunden und Ihnen vorgelesen. Er steht im biblischen Buch Exodus im dritten Kapitel. Eigentlich wäre damit nun, vorausgesetzt man schenkt dem biblischen Zeugnis Glauben, die Frage beantwortet und die Angelegenheit erledigt – doch so einfach ist es offensichtlich nicht. Vor allem bleibt unklar, wie die Antwort Gottes eigentlich gemeint ist:
Mose will von Gott wissen, wer er eigentlich ist. Denn er, Mose, soll ja schließlich nach Gottes Willen sein Volk, die Israeliten, die in Ägypten als Sklaven behandelt werden, in die Freiheit führen. Er sollte deshalb schon Auskunft geben können, wenn ihn seine Volksgenossen fragen, wer ihn denn zu solchem Tun veranlasst habe. Doch wenn man nun erwartet, die Antwort Gottes schaffe Klarheit, wird man enttäuscht.

Was bedeutet der Gottesname?

Schon die Übersetzung macht Probleme. Der Gottesname hängt aufs engste mit dem hebräischen Wort für »Sein« zusammen. Früher wurde die Antwort Gottes deshalb übersetzt mit: »Ich bin, der ich bin.« Allerdings trifft die Gegenwartsform den hebräischen Text nicht hundertprozentig, denn es handelt sich um eine Art präsentisches Futur. In der Lutherübersetzung heißt es deshalb: »Ich werde sein, der ich sein werde«. Zudem meint nun aber das Wort für »Sein« im Hebräischen nicht in erster Linie eine rein sachliche Existenzaussage, sondern es ist eher »Dasein« im Sinne von »mit jemand sein, bei jemand sein« gemeint. Die Einheitsübersetzung lässt deshalb Gott sagen: Ich bin der »Ich-bin-da.« Hier fehlt aber nun wieder das Futur. Die wohl beste

246

Übersetzung stammt von dem jüdischen Religionsphilosophen Martin Buber. Er übersetzt den Gottesnamen mit: »Ich werde da sein, als der ich dasein werde.«

Eine ganz andere Frage kommt noch hinzu: Ist es überhaupt legitim, den Gottesnamen in der männlichen Form zu übersetzen? Denn auch hier ist das hebräische Wort nicht eindeutig.

Nun stellen Sie sich einmal folgende Szene vor: Mose geht nach Ägypten und eröffnet seinen Volksgenossen, Gott habe ihn beauftragt, sie in die Freiheit zu führen. Diese wollen wissen, wer denn dieser Gott sei, und Mose antwortet: Der Gottesname lautet: »Ich werde da sein, als der oder die ich dasein werde.«

Ob das überzeugend ist? Auf alle Fälle findet man im jüdischen Glaubensleben im Lauf der Zeit eine eigene Lösung für dieses Problem: Aus Ehrfurcht wird der Gottesname überhaupt nicht mehr ausgesprochen. Stattdessen sagt man »adonai«, das bedeutet Herr. »Herr« ist also in der Bibel das menschliche Verlegenheitswort für den nicht greifbaren, nicht benennbaren Gott. Wer das englische Lied »Dona, Dona« kennt und sich bisher nicht erklären konnte, was diese Worte bedeuten, hat nun die Lösung. Es ist das hebräische »adonai«, Herr.

Wenn auch der Gottesname Gott in keiner Weise anschaulich macht, er sagt doch sehr viel aus. Gott sagt sein Dasein zu, seine Gegenwart, seine Beziehung zu den Menschen und seine Nähe zu allen Zeiten.

Gottesbilder drücken Beziehung aus

So können deshalb auch all die Gottesbilder, die wir haben, niemals Gott selbst erfassen, aber sie können die Beziehung ausdrücken, in der wir zu ihm stehen. Wenn man beispielsweise die Psalmen liest, dann fällt auf, dass die Gottesbilder zum einen oft Bilder der Geborgenheit und Sicherheit sind: Gott als mein Fels, meine Burg, als mein Hirte, als die Flügel des Adlers, unter denen ich mich bergen kann.

Dann sind es zum andern Bilder, die mir einen Weg zeigen, also Freiheitsbilder: Gott, der meine Füße auf weiten Raum stellt, der mich hinausführt ins Weite. Und es finden sich auch Bilder der Innerlichkeit: Gott, meine Quelle, meines Lebens Kraft. Aber all diese Bilder fassen Gott nicht objektiv. Gott ist nicht zu begreifen. Unsere Bilder von ihm sind Beziehungsbilder.

Das heißt: Wenn ich über Gott rede, muss ich auch über mich reden. Mein Gottesbild hat mindestens soviel mit mir selbst zu tun wie mit Gott. Der jüdische Religionsphilosoph Martin Buber sagt, deshalb spreche die Bibel auch nicht vom Gott Abrahams, Isaaks und Jakobs, sondern Gott erscheine als der Gott Abrahams, der Gott Isaaks und der Gott Jakobs, denn jeder von ihnen hat seine eigene, unverwechselbare Geschichte mit Gott.

Ich glaube, dass das auch ein Licht wirft auf die Frage, warum Gott dem Mose ausgerechnet in einem Dornbusch erscheint. Der Benediktinerpater Anselm Grün sieht eine verblüffende Entsprechung zwischen dem Dornbusch und der Lebenssituation des Mose: Der Dornbusch gilt für die Israeliten als wertlos, unbrauchbar, als trockenes Kraut am Rande der Wüste.

Und genauso sieht es auch in der Zeit, in die diese Gotteserfahrung fällt, in Mose aus. Mose befindet sich im Lande Midian, das tatsächlich landschaftlich stark von der Wüste geprägt ist. Vor allem aber ist Mose nicht freiwillig dort. Er musste aus Ägypten, wo er aufgewachsen ist, fliehen, und das aus gutem Grund: Er wurde Zeuge, wie ein ägyptischer Aufseher einen Israeliten schlug, und im Zorn hat Mose den Ägypter erschlagen, um ihn dann im Sand zu verscharren. Die Sache wurde aber bekannt – deshalb die Flucht. Nun sitzt Mose in Midian, fern von seinen Volksgenossen. Er ist jetzt Schafhirte, außerdem hat er geheiratet und ist Vater geworden. Aber der Name, den er seinem Sohn gibt, sagt alles über seinen inneren Zustand aus. Er nennt seinen Sohn Gerschom, das heißt: Gast der Öde.

Es ist wohl kein Zufall, dass Mose gerade in dem wertlosen Dornbusch, dem Symbol für die Öde schlechthin, die genau seinen inneren Zustand wiederspiegelt, seine Erfahrung der Gegenwart Gottes macht. Und dann bekommt sein Leben auch wieder Perspektive. Er selbst wird dazu befreit, sein Volk in die Freiheit zu führen. Er findet zu seiner eigenen Berufung.

Was heißt das für uns?

Gott gibt es nicht abstrakt. Der Weg zu Gott führt über unsere eigene Lebenssituation, selbst wenn diese nicht nur rosarot und himmelblau sein sollte. Vielleicht kommt es darauf an, schon einmal vorsichtshalber wie Mose die Schuhe auszuziehen, denn unsere gegenwärtige Lebenssituation ist der heilige Boden, auf dem Gott uns erscheinen könnte.

(Georg Gebhard)

LIED

EH 23,1–4 »Suchende sind wir«

MEDITATION ZUM BRENNENDEN DORNBUSCH

Nehmen Sie eine bequeme und entspannte Sitzhaltung ein. Es kann dabei eine Hilfe sein, wenn beide Füße auf dem Boden stehen. Probieren Sie es aus. Wenn Sie die für Sie passende Haltung gefunden haben, richten Sie Ihre Aufmerksamkeit auf Ihren Körper als ganzen, ohne dabei einzelne Körperteile zu bevorzugen. Wenn sich Verspannungen melden, versuchen Sie diese loszulassen, ohne dies aber erzwingen zu wollen. Nehmen Sie nur wahr. Lassen Sie die Gedanken, die kommen, auch wieder gehen, ohne sich daran festzuhalten. Nehmen Sie wahr, wie Sie jetzt hier sind – hier, in diesem Raum – hier, in diesem Körper – hier, in diesem Augenblick.

Wenn Sie möchten, können Sie sich nun fragen:
– Wie sieht zur Zeit meine Lebenssituation aus? Ist es ein Dornbusch oder vielleicht eine ganz andere Pflanze?
– Wie könnte Gott mich in die Freiheit führen?

Wir hören dazu einige Takte Gitarrenmusik

LIED

EH 109 »Wechselnde Pfade, Schatten und Licht«

OFFENE PHASE

Sie haben 20 Minuten Zeit, um
– Kerzen anzuzünden (Altarraum links),
– Anliegen zu formulieren (Altarraum rechts),
  Die Klagemauer besteht aus aufeinander geschichteten Ziegelsteinen. Auf beiliegende Zettel können Anliegen geschrieben

werden. *Die Teilnehmenden können kennzeichnen, ob sie nachher beim Fürbittengebet vorgelesen werden sollen.*
- Taizé-Lieder zu singen (hinten rechts)
- zu tanzen (im Garten vor der Kirche)
- Mandalas zu malen (hinten links)
- über die Ansprache ins Gespräch zu kommen (im Vorraum)
- umherzugehen
- oder einfach sitzen zu bleiben.

LIED

EH 109 »Wechselnde Pfade, Schatten und Licht«

FÜRBITTENGEBET

aus den Anliegen der Klagemauer formuliert

VATERUNSER

ANSAGEN

Im Ansagenteil wurde in kurzen Worten ein Projekt vorgestellt (Mutter-Kind-Haus auf der Schwäbischen Alb). Es wurde um eine Spende gebeten, die zu 50 % für dieses Projekt und zu 50 % für die Deckung der eigenen Unkosten verwendet werden sollte. Dafür wurden am Ausgang Körbe aufgestellt.

SEGEN

LIED

EH 237,1–2 »Mögen sich die Wege vor deinen Füßen ebnen«

EINLADUNG

Noch bei Wein, Saft und Gebäck miteinander ins Gespräch kommen; denen, die gehen wollen, einen guten Nach-Hause-Weg wünschen.

Georg Gebhard

Guten-Abend-Kirche
Ein ökumenischer Wortgottesdienst für alle Sinne

Stuttgart-Birkach, Evangelische Franziskakirche

WO DIESER GOTTESDIENST GEFEIERT WIRD

Die Guten-Abend-Kirche (GAK) findet als ökumenischer Wortgottesdienst einmal monatlich (außer in den Ferienmonaten April, Juli, August) sonntags um 19 Uhr meist in der evangelischen Franziskakirche Birkach statt. Im Sommer einmal als Freiluftgottesdienst im exotischen Garten der Universität Hohenheim und künftig zweimal im Jahr in weiteren Kirchen der Trägergemeinden. Wichtig und kommunikativ ist darüber hinaus das anschließende Vesper in der Kirche bzw. im lauschigen Pfarrgarten mit Getränken und Fingerfood.

WAS DIESEN GOTTESDIENST AUSMACHT

Dieser Gottesdienst für alle Sinne steht jeweils unter einem bestimmten Thema. Er will die Mitfeiernden auf unterschiedlichen Erfahrungsebenen ansprechen und wird so vielfältiger, bunter und erreicht sie nicht nur durch das Wort. Passend zum Thema beginnt dies mit der Gestaltung des Raums mit Tüchern, Bildern, Gegenständen, Düften, der überlegten Nutzung der begrenzten räumlichen Möglichkeiten, wie z. B. der Empore, der Kanzel, der Loge, und reicht bis zur entsprechenden Auswahl der Lebensmittel für das Vesper und zur Festlegung der Kollekte. Besonderen Wert legen die Vorbereitenden darauf, dass das Thema mit verschiedenen Elementen erschlossen wird, auf unterschiedlichste Weise zum Klingen gebracht und mit vielen Sinnen erfahrbar und spürbar wird. Nicht nur das Hören und Sehen, sondern ebenso das Fühlen und Bewegen, das Riechen und Schmecken kommen zum Zug.
Die aktive Beteiligung der Mitfeiernden ist durchaus erwünscht und trifft auf positive Resonanz und aufgeschlossene Teilnahme (z. B. Benennung persönlicher Anliegen und Segnung einzelner

mit Zuspruch; Salbung mit Öl, Austausch mit dem Nachbarn, liturgischer Tanz, Auswahl aus mehreren Stationen der Vertiefung, angeleitete Körpererfahrung, Erschließung der Stille). Die Vielfalt von Gestaltungselementen schließt Medien wie Film, Folie, Dia mit ein und zeigt sich zudem im Mitgeben eines Gegenstands, eines Meditationsbildes oder eines Segenswunsches. Verschiedene Wortbeiträge wie Anspiel, Dialog, Szene, persönliche Stellungnahmen und Texte aus der Literatur verlebendigen das Thema und machen deutlich, dass nicht nur einer, sondern viele etwas zu sagen haben. Neben der Vorbereitungsgruppe wirken weitere aus dem Leitungsteam und darüber hinaus mit, die für Technik und Beleuchtung, für das Vesper, die Musik, die Begrüßung und die Ankündigung des nächsten Gottesdienstes, die Unterstützung des Gottesdienstteams verantwortlich sind. Diese große Zahl von Mitwirkenden ist einerseits notwendig und eröffnet andererseits ganz unterschiedliche Beteiligungsmöglichkeiten der Einzelnen. Sie zeichnet diesen Gottesdienst aus.

Ein ganz wichtiger Akzent wird durch die Musik und die Lieder eingebracht, die nur in Ausnahmefällen mit der Orgel, meist jedoch mit einer großen Vielfalt wie Band, Chor, Instrumentalisten mit Flöte, Gitarre, Streichinstrumenten, mit CD, Kassette, Sologesang, modernen Liedern zu Gehör gebracht wird.

WIE ES DAZU KAM

Rolf Lehmann, ein Kirchengemeinderat der evangelischen Gemeinde Birkach, entwickelte Gedanken zu einem Abendgottesdienst in Absprache mit dem evangelischen Pfarrer Dieter Eitel im März 1998. Zur Vorbereitung eines »Feierabendmahls« beim Stuttgarter Kirchentag im Juni 1999, das in den Gemeinden vor Ort stattfinden sollte, bot es sich an, in einer Art »Probelauf« einen spirituellen und meditativen Abendgottesdienst in etwa monatlichem Rhythmus zu wagen. Eine ökumenische Beteiligung war ausdrücklich erwünscht, u. a. wegen der zahlreichen konfessionsverschiedenen Ehen, sodass ich als der katholische Pfarrer angefragt wurde. Da ich dieser Idee aufgeschlossen gegenüberstand, war ich als einziger katholischer Vertreter beim konstituierenden Vortreffen anwesend, wobei wir jedoch später weitere Mitgestalter aus unserem Birkacher Gemeindeteil gewinnen konnten.

Etwa 10–15 Personen von den Eingeladenen, überwiegend aus der evangelischen Kirchengemeinde und dem Haus Birkach, dem evangelischen Pfarrerseminar, Theologen und ehrenamtlich Engagierte, kamen im Juni, Juli und September 1998 zusammen, um erste Vorüberlegungen anzustellen. Als »Vorlage« und Anregung diente uns der Nachteulengottesdienst in Ludwigsburg, wobei es uns nicht darum ging, diesen zu kopieren. Vielmehr entwickelten wir dadurch angeregt unsere eigenen Vorstellungen und trugen sie zusammen. Wir sammelten Themen, legten Termine fest, gaben dem Kind einen Namen und entwickelten Logo, Plakat und Flyer. Die Werbung lief über Plakate und Handzettel, die Presse, die kirchlichen Gemeindebriefe und eine briefliche Einladung an die 35–55-Jährigen in den evangelischen und katholischen Kirchengemeinden in Birkach und Plieningen. So konnte das Projekt »Guten-Abend-Kirche« erstmalig am 25. Oktober 1998 mit dem Thema »Zwischen Schwarz und Weiß da sind die Farben« einen guten Auftakt erleben.

WEN ER ANSPRECHEN WILL UND WEN ER TATSÄCHLICH ANSPRICHT

Der Gottesdienst ermöglicht durch seine anspruchsvolle Gestaltung und durch seine zeitliche Festlegung am Sonntagabend denen einen Zugang, die einen etwas anderen Gottesdienst suchen, und eröffnet denen, die sich mit ihren Ideen und Vorstellungen einbringen wollen, ein reiches Erfahrungsfeld.

Aufgrund des weitgehenden Ausfalls der mittleren Generation in unseren Gottesdiensten entschlossen wir uns ganz bewusst, diese anzusprechen. Da in unseren Gemeinden, u. a. mitverursacht durch die Universität Hohenheim, die gute Wohnlage, die relativ gehobene berufliche Qualifikation, durchaus viele Gemeindemitglieder mit einem höheren Bildungsniveau leben, wollten wir ihnen ein Angebot machen. Anfangs war diese Gruppe sehr stark in der GAK vertreten; dazu auch einige Jüngere und Jugendliche. Inzwischen sind die Teilnehmenden nach fünfjähriger Laufzeit der GAK älter geworden und hat die Zahl der Älteren, die neu hinzukamen, zugenommen. Die meisten Teilnehmenden kommen von evangelischer Seite aus der Birkacher Gemeinde, während aus den übrigen Gemeinden eher einzelne Teilnehmer vertreten sind. Es fanden aber auch aus den Nachbargemeinden

Mitfeiernde den Weg hierher. Von katholischer Seite erlebe ich die Streuung deutlich breiter, sodass auch Plieninger gut vertreten sind. Ein Teil der katholischen Teilnehmer rekrutiert sich aus der Kerngemeinde, sodass es für sie zum Teil der zweite Gottesdienst am Sonntag ist, ein anderer Teil kommt aus konfessionsverbundenen Partnerschaften, andere feiern eher sporadisch mit bzw. stehen aufgrund ihrer besonderen Lebensgeschichte (Scheidung, zweite Partnerschaft usw.) in einer gewissen Distanz zu den sonntäglichen Eucharistiefeiern. Zudem fühlen diejenigen, die eine anspruchsvollere Gestaltung suchen, sich hier angesprochen. Die Zahl der Teilnehmenden hat sich von ca. 200 reduziert und im Lauf der Jahre normalisiert auf 150 bis 100, wobei davon ca. 20 bis 30 Personen im weitesten Sinn Mitarbeitende der Guten-Abend-Kirche sind.

WIE ER VORBEREITET UND DURCHGEFÜHRT WIRD

Obwohl die fünf evangelischen Kirchengemeinden und die eine katholische Gemeinde Trägerinnen dieses Projekts sind, konzentriert sich die aktive Beteiligung weitgehend auf die Initiatoren, wobei es die anderen durch Werbung, vereinzelte personelle und finanzielle Unterstützung mitragen. Das Leitungsteam, das sich mit mehr oder weniger Fluktuationen durchhält, trägt die Gesamtverantwortung. Von seinen Mitgliedern übernehmen die meisten leitend und federführend bzw. mitwirkend die Vorbereitung und Durchführung von ein bis zwei Gottesdiensten im Jahr. Manchmal sucht der oder die Verantwortliche selbst weitere Mitgestaltende außerhalb des Teams. Das Leitungsteam traf sich am Anfang regelmäßig zur Vor- und Nachbesprechung der Gottesdienste, nachdem jedoch die Anlaufphase abgeschlossen war und sich die Abläufe eingespielt hatten, konnte man die Häufigkeit der Treffen reduzieren. Dabei ging es primär um Rück- und Ausblick auf die Gottesdienste, um Kritik und Verbesserung, um Unterstützung und Verstärkung.

Die Vorbereitungsteams, meist mit vier bis sechs Mitgliedern, häufig mit einem Theologen bzw. einer Theologin, einem Pfarrer oder einer Pfarrerin verstärkt, zeichnen sich inzwischen durch eine bewusste ökumenische Zusammensetzung aus. Dies eröffnet ein weiteres Kooperationsfeld nicht nur der Haupt-, sondern auch der Ehrenamtlichen zwischen den Gemeinden. Die unterschiedlichen Sichtweisen von der jeweils anderen Glaubensgeschichte her ergeben eine neue und ungewöhnliche Perspektive, die gerade bei kontroversen und konfessionell geprägten und besetzten Themen wie Heilige, Rechtfertigung, Fasten zum Tragen kommt.

In einer etwa dreimonatigen Vorbereitungszeit trifft man sich regelmäßig, bespricht das Thema, entwickelt Ideen zur Umsetzung, bemüht sich um die Ausgestaltung und verteilt die anstehenden Aufgaben. Die Fülle der Vorschläge und Einfälle ist jedoch nicht immer leicht zu strukturieren und zu konzentrieren. Sehr hilfreich ist es, wenn die Vorbereitenden Erfahrungen in der Gottesdienstgestaltung mitbringen, wobei dies jedoch keine Voraussetzung sein muss, sondern genauso »Anfänger« es vereinzelt wagen, sich einzubringen. Andere schrecken davor eher zurück.

Da der Gottesdienst nicht auf eine vorgegebene Struktur oder einen bestimmten Ablauf festgelegt ist, eröffnet er den Interessen und Wünschen große Frei- und Gestaltungsräume, die jedoch durch das Thema konkretisiert und strukturiert werden, sodass der Gottesdienst einen eher besinnlichen oder anregenden, einen bewegenden oder nachdenklichen, einen gemeinschaftlichen oder persönlichen, einen unterhaltsamen oder provokativen Charakter entfaltet.

Jeder Gottesdienst hat seine eigene, unverwechselbare Gestalt, die ihm sein besonderes Profil gibt. Jedoch haben sich im Lauf der Zeit feste Teile herausgebildet: Begrüßung, Entfaltung und Durchführung des Themas mit Bezug auf Bibel und Glauben, meditativer Teil, Gebetsteil mit Fürbitten, Psalm, Gebet, Segen.

Die Vorbereitenden leiten gemeinsam den Gottesdienst und verteilen die Aufgaben, sodass nicht einer alleine die Leitung wahrnimmt oder besonders herausgehoben im Mittelpunkt steht. Ab und an gab es bei der Fülle des nicht verwendeten Materials oder bei einem kurzen Filmausschnitt im Gottesdienst das Angebot, bei einem Gesprächs- oder z. B. Filmabend das Thema zu vertiefen.

Die Themen, die bei der Jahresplanung vom Leitungsteam bzw. durch die Rückmeldung der Mitfeiernden eingebracht und festgelegt werden, lassen sich vier Schwerpunktbereichen zuordnen:

Glaube und Religion
Mädchen Maria – Mutter Madonna; Spuren der Engel; Franz von Assisi, nur ein Aussteiger?; Reformation – Allerheiligen; Lebens-

stufen – Segenszeiten; Bilderverbot/Bild von Gott; Wie erfährt man Gott heute?; Die weibliche Seite Gottes

Schöpfung und Kultur
Wasser ist Leben; Erde; Bäume; Zeit; Glocken – Sinnbilder für Zeit; Fasten – Festen; Garten; Hände; Atem; Licht und Dunkelheit, Zahlensymbolik; Reise; Masken – Entlarvt euch; Im Wein liegt Wahrheit; Immer wieder sonntags ...

Individuum und Ethik
Lebensmitte; Esel – der anderen Last tragen; Mit Leib und Seele da sein; Ende – Wende –Neuanfang; Zwischen schwarz und weiß da sind die Farben; Vom Sinn der Muße; Klang der Stille

Gemeinschaft und Politik
Beziehungs-Weise; Kinder – Kinder; Liebe, Lust und Leidenschaft; Allein in der Menge; Verkehr – Verkehrt; Arbeit ist ein großer Segen

WELCHE POSITIVEN UND WELCHE NEGATIVEN ERFAHRUNGEN GEMACHT WERDEN

Positiv ist anzumerken, dass durch die offene Struktur der GAK sich ein Gestaltungsfeld eröffnet, das in einem strukturierten Gottesdienst so nicht vorhanden ist. Dies wird wirklich in einem erstaunlichen Maß genutzt und stößt bei den Mitfeiernden auf positive Resonanz. Die Vorbereitungsteams sind hoch motiviert, sich mit einem Thema auseinander zu setzen, es ideenreich umzusetzen und ermöglichen vielen, sich einzubringen. Dieser so genannte Zweitgottesdienst bietet denen, die eine anspruchsvollere inhaltliche und formale Gestaltung suchen, eine sachliche und auch zeitliche Alternative zu den traditionelleren Gemeindegottesdiensten am Sonntagvormittag.
Besonders hilfreich erscheint mir der ökumenische Aspekt, der durch die Form des Wortgottesdienstes und die projektbezogene Vorbereitung Beziehungen untereinander und Verständnis füreinander ganz selbstverständlich wachsen lässt. Ich empfinde die GAK teilweise auch in ihrer hinführenden und erschließenden Funktion (z. B. Salbung, Segnung, Stille, Besinnung), wie dies sonst selten oder gar nicht vorkommt, als wegweisend für Distanziertere und als erhellend für die regelmäßigen Kirchgänger.

Denn bestimmte Zeichen sind für viele heute nicht mehr aus sich heraus verständlich, sodass im Sinne einer schrittweisen Annäherung neue Zugänge gewonnen werden oder sie in einer intensiveren, persönlicheren Form erfahren werden. Die GAK spricht durch ihren Erfahrungs- und Lebensbezug in besonderer Weise an, weil sie die Welt der Mitfeiernden stärker einholt und in den Horizont des Glaubens stellt. Sie hat eine stärkere kommunikative Dimension, die im Anschluss durch das Vesper und das Gespräch von vielen wahrgenommen wird.

Kritisch ist anzumerken, dass manche Gottesdienstteile überfrachtet und langatmig bzw. belehrend wirkten und den Gottesdienst teilweise wortlastig machten. Das hängt oft auch damit zusammen, dass viele Vorbereitende nicht bereit sind, zu kürzen, wegzulassen, sich zu konzentrieren und ihnen ein Gespür für die Länge abgeht. Am Anfang bestand ein Druck der Steigerung, den Gottesdienst jeweils noch aufwendiger, besser und vielfältiger zu gestalten. Doch dies hat sich in der Zwischenzeit wieder auf ein Normalmaß reduziert und eingependelt. Die Resonanz ist zum allergrößten Teil sehr positiv, wobei einzelne kritische Stimmen nicht verschwiegen werden sollen. Als Wunsch wurde genannt, dass man solche Elemente in den normalen Gottesdienst einbringen sollte und seine Kraft nicht für derartige Experimente verschwenden dürfe. Manche empfinden für sich persönlich den Sonntagabend als einen ungünstigen Termin.

Diese Form von Gottesdienst braucht einen breiteren Trägerkreis und ist meines Erachtens kaum vom Potential einer Gemeinde allein zu leisten. Im konkreten Fall wäre sie ohne die stärkere evangelische Basis und die Mithilfe durch einige Mitarbeiter des Pfarrerseminars von katholischer Seite allein nicht möglich gewesen. Bei den Vorbereitenden braucht es in der Regel eine liturgische Qualifikation, sodass der Kreis recht begrenzt ist. Die GAK selbst erscheint mir als relativ isolierte und vereinzelte Veranstaltung, die auf andere Gottesdienste bisher kaum ausstrahlt.

WIE DIE ZUKUNFT AUSSIEHT

Im Laufe der Jahre haben sich manche Gemeinden aus der näheren und weiteren Umgebung auch von unserer GAK anregen und inspirieren lassen, eigene Projekte auf die Beine zu stellen, sodass inzwischen eine größere Zahl vergleichbarer Gottesdienste stattfindet und der Zulauf aus der näheren und weiteren Umgebung nachgelassen hat.

Nach einer längeren Phase der Konsolidierung hat eine Reflexion mit Blick auf die Zukunftsperspektiven stattgefunden. Überlegungen und Vorschläge wurden gemacht, wie die GAK wieder stärker ins Bewusstsein treten und die Adressaten besser ansprechen könnte. Zweimal im Jahr soll sie künftig in anderen Kirchen des Distrikts stattfinden, um stärker in den übrigen Gemeinden vor Ort wahrgenommen zu werden. Das äußere Erscheinungsbild der Werbematerialien soll verbessert und überarbeitet werden, evtl. kann durch Aktionen die GAK stärker in der Öffentlichkeit platziert werden. Eine Konzentration der Gottesdienste auf das Winterhalbjahr soll vorgenommen werden, weil im Sommer eine nachlassende Teilnahme zu verzeichnen ist.

Festgehalten wurde, dass sich unsere mit recht hohem personellen, zeitlichen und sachlichem Aufwand veranstaltete GAK sich aufgrund der aufgeschlossenen und beteiligten Zielgruppe und des sehr engagierten Leitungsteams als besonderer Zweitgottesdienst lohnt. Als einen besonderen und herausragenden Gottesdienst möchte ich die GAK nicht missen, wobei sich mir durchaus die Frage stellt, wie lange sie in dieser Form so weitergeführt werden kann, da sich im Leitungsteam personelle Veränderungen u. a. mit dem Wechsel in der Gesamtleitung und Ausstiege abzeichnen. Als zukunftsträchtig sehe ich besonders das starke Engagement vieler Gemeindemitglieder, die dadurch liturgische, praktische, personale Kompetenz und auch einen Zuwachs an theologischer Kompetenz gewinnen. In ihm drückt sich das gemeinsame Priestertum aller Gläubigen gut aus. Er zeigt als positives Beispiel, wie ein Gottesdienst *auch* sein kann und wie sehr ein starres Schema einschränkt und festlegt. Angesichts des Priestermangels auf katholischer Seite scheint er mir ein durchaus zukunftsfähiges Projekt zu sein, das u. a. auch die Qualifizierung möglicher Gottesdienstleiterinnen und -leiter ermöglicht.

Alois Schenk-Ziegler

Guten-Abend-Kirche im Februar

Masken

GESTALTUNG

Schwarzer und gelber Samt hängen nebeneinander von der Kanzel herab. Auf der dunklen Stoffbahn sind helle Masken befestigt, auf der gelben dunkle. Der Altar ist in der Mitte mit einem regenbogenfarbenen Tuch, auf der einen Seite mit einem schwarzen auf der anderen Seite mit einem gelben Tuch bedeckt. Auf dem dunklen Tuch steht eine helle Kerze, auf dem hellen Tuch eine schwarze Kerze. Viele Masken und Fratzenabbildungen sind an Fäden befestigt und baumeln im Kirchenraum. An den Seitenwänden sind große dekorative Masken in Scherenschnitt- und Klapptechnik angebracht. Kostüme für die einziehenden Narrenfiguren stellte eine Narrenzunft zur Verfügung.

BEGRÜSSUNG

Einen schönen guten Abend!
Sie sehen, die Kirche hat sich entsprechend der närrischen Zeit etwas verwandelt. Heute waren in Bad Cannstatt tausende Menschen unterwegs, um den Umzug historischer und anderer Masken zu bewundern. Etwas Faszinierendes geht von Masken aus. Dieses Spiel der Verwandlung reizt die Menschen seit alters her, Masken sind so alt wie die Menschen selbst. Auch im Alltag schlüpfen wir in verschiedene Rollen, setzen wir uns Gesichter auf, sodass wir manchmal nicht mehr wissen, was unser wirkliches, ureigenstes Gesicht ist. Wir laden Sie ein, uns heute auf einem Maskenweg durch den Gottesdienst zu folgen.
Wir beginnen nun den Gottesdienst im Namen des Leben schaffenden Gottes, im Namen von Jesus von Nazareth, der unser Leben geteilt hat und durch seine Höhen und Tiefen gegangen ist, und im Namen des Geistes. Die Israeliten nannten sie die Ruach, die weht und wirkt, wann und wo sie will. Möge uns ihr Windhauch begleiten.
Amen.

EINZUG DER MASKENFIGUREN

Folgende Masken ziehen unter Johlen, Rufen und Geschell ein:
Fleckennarr mit Schellen, Hemdglockner, Schönmaske, Afrikani-
sche Kriegermaske.
Eine neutrale Person läuft mit zur Ruhe auffordernden Gesten
hinterher:

Neutrale Person	Ruhe, bitte ruhig, was macht ihr denn hier? Dies ist eine Kirche, merkt ihr das nicht, ihr könnt euch doch nicht so aufführen hier!
Fleckennarr	Wir wissen wohl, dass wir hier in einer Kirche sind, genau darum sind wir ja da. Bald beginnt doch die Fastenzeit, und dazu gehört schon seit vielen Jahrhunderten die Fastnacht, oder der Fasching oder der Karneval.
Neutrale Person	Und da müsst ihr euch so aufführen, was soll das mit Kirche zu tun haben?
Hemdglockner	Ho, ho, das will ich dir erklären; die Fastnacht entstand um den Menschen besonders drastisch vor Augen zu führen, was uns von Gott wegführt, die Eitelkeit, die Lieblosigkeit, Habsucht, Eigenliebe und so fort. Wir Narren kehren die normale Ordnung auf den Kopf, wir tragen sozusagen das Bett auf die Straße, wie du an mir siehst.
Fleckennarr	Die Flecken auf meinem Gewand sind bunt und lustig anzusehen, aber sie haben einen ernsten Ursprung: Sie symbolisieren die Flecken auf unserer Seele, unsere menschlichen Schwächen. Das wollen wir den Menschen zeigen und sie bereit machen, sich auf den Weg auf Ostern zu zu begeben, zur Erlösung und Befreiung hin.
Hemdglockner	In der Faschingszeit werden aber auch die bestehenden Herrschaftsstrukturen außer Kraft gesetzt, und den Regierenden darf

	ungeniert die Meinung gesagt werden. Die Narren regieren die Welt. Früher wurden z. T. die Rangfolgen neu ausgelost, für ein paar Tage war z. B. der Küchenjunge der Fürst und der Fürst der Gärtner.
Neutrale Person	Aber Luther fand das doch nicht so gut, der hat die Fastenzeit abgeschafft, weil man nicht durch Werke, sondern allein durch die Gnade zu Gott kommt. Na ja, und dann hat natürlich die Fastnacht auch keinen Sinn mehr, nach dem was ihr erzählt habt. Jetzt versteh' ich auch, warum die Stuttgarter keinen richtigen Fasching feiern können.
Schönmaske	Dabei tut es auch einfach gut, mal in eine andere Rolle zu schlüpfen, seine Alltagsmaske abzulegen, mir gefällt die Verwandlung, das Ausprobieren.
Neutrale Person	Aber jetzt möchte ich noch wissen, was die vielen Schellen und der ganze Krach damit zu bedeuten haben.
Fleckennarr	Das sollst du gleich erfahren. Hör gut zu!
Eine andere Person	Wenn ich in den Sprachen der Menschen und Engel redete, hätte aber die Liebe nicht, wäre ich ein dröhnendes Erz und eine gellende Schelle (nach 1 Kor 13,1).

LIED

EH 276 »Nada te turbe« *(viermal gesungen)*

WEITERER THEMATISCHER EINSTIEG

Ich habe viele Gesichter. Menschen bergen in sich sehr verschiedenartige Möglichkeiten zu sein, denkt man an die Vielfalt des Ausdrucks und der Verhaltensweisen in den unterschiedlichen Kulturen oder in Romanen und Filmen.

Jeder von uns hat Seiten, die er oder sie an sich mag, mit denen man sich gerne zeigt, und solche, die man lieber versteckt, aber um die man trotzdem weiß. Ich nenne sie unsere Helden- und Schattengesichter. In manchen Augenblicken spüren wir auch, dass in uns noch ganz andere Seiten stecken, als die, die wir kennen und nach außen zeigen. Jeder trägt in sich die Sehnsucht, der oder die zu sein oder zu werden, der und die man eigentlich ist; eine Sehnsucht, ganz zu werden, eine Sehnsucht nach Integration der ungelebten Seiten.

Denkt man an Kinder und ihre Spiele, so kann man sehen, wie diese viel ungenierter damit umgehen, spielerisch neue Seiten an sich auszuprobieren und so neue Rollen und Verhaltensweisen einzuüben, z. B. durch Cowboy- und Indianerspiele. Sie lernen Mut, Kampfgeist, Stärke und Schläue.

Als Erwachsener bleibt man meist bei seinem vertrauten Repertoire an Ausdrucksmöglichkeiten. Die Fastnacht bietet einen Anlass, sich bewusst daran zu erinnern, dass in uns noch etwas ganz anderes steckt; dass es noch andere Seiten gibt, als die, die ich mir im Alltag erlaube zu leben. Masken können dabei helfen, diese anderen, ungelebten Anteile in sich zum Vorschein zu bringen: wild und stark zu sein wie ein Löwe, unabhängig wie ein Katze, zart und hoheitsvoll wie eine Prinzessin, feurig und verführerisch wie eine Spanierin usw.

Sich zu verkleiden und zu schminken kann uns als Erwachsenen auch helfen, mit unseren ungelebten Seiten in Berührung zu kommen und uns spielerisch mit ihnen vertraut zu machen. Wenn wir uns heraustrauen aus unserer Alltagshaut, können wir ihnen nachspüren und ausprobieren, wie sie uns »zu Gesicht stehen«, inwiefern sie zu uns passen und ob sie vielleicht auch in unserem Alltag wichtig und hilfreich sein könnten.

In diesem Gottesdienst wollen wir an diese Sehnsucht nach Ganzwerdungen anknüpfen. Wir wollen Sie dazu ermutigen, ihren anderen Seiten nachzugehen, sie lebendig werden zu lassen und sie vielleicht auch außerhalb der Karnevalszeit mehr in Ihren Alltag zu integrieren. In ein paar kleinen Szenen wollen wir verschiedenen Gesichtern näherkommen.

LIED

NW 42,1–2 »Vergiss es nie«

Ein Plakat wird hochgehalten mit der Aufschrift »Menschen-masken – Masken im Leben«. Sechs verschiedene Maskenfiguren treten auf, teilweise begleitet von Musik. Die erste Figur trägt eine Maske »immer nur lächeln«. Dazu Musik »Don't worry be happy« von Bobby Mc Ferrin. Dann folgt ein »Macho«, der bekleidet mit Sonnenbrille und passenden Klamotten nach vorne marschiert. Dazu spielt die Band. Als dritte Figur kommt jemand, der auf »verführerisch« macht. »Kann denn Liebe Sünde sein« von Zarah Leander wird dazu eingespielt.

Sprecher: Masken bieten Schutz; Masken verfestigen sich; eine Maske kann zerbrechen.

Anspiel der lächelnden Maske

Zwei Spielerinnen (A und B), zwei kommentierende Personen (K 1 und K 2), drei Sprecherinnen (S 1 bis 3)

A   Frau Lachenmeier, ich muss sagen, das haben Sie nicht besonders gut gemacht, das sollten Sie sich nächstens besser überlegen.

B   Ach, da haben Sie wohl recht.

B lächelt gekünstelt, A geht ab. K 1 und K 2 stehen rechts daneben und tuscheln miteinander.

K 1   Frau Lachenmeier ist es wohl eher zum Weinen als zum Lachen zumute.

K 2   Ja, sie hat sich so in die Aufgabe reingekniet.

K 1   Ich glaube, ich würde an ihrer Stelle kochen vor Wut.

K 2   Zeige mal deine wahren Gefühle in der heutigen Arbeitssituation. Da musst du oft gute Miene zum bösen Spiel machen.

K 1   Ja, immer nur lächeln, doch wie es da drinnen aussieht, geht niemand was an. *(wendet sich an die Mitfeiernden in der Kirche)*
Geht es Ihnen zuweilen auch so, dass Sie Ihr »Schutzlächeln« aufsetzen? Mögen Sie es mal probieren, das »keep smiling«? Ein merkwürdiges Lächeln, nicht wahr? Schön ist es, wenn es wirklich was zum Lächeln oder zu Lachen gibt; wenn auch die Augen, das ganze Gesicht, ja der ganze Mensch mitlächeln kann. Wie gern fangen wir einen freund-

lichen und warmen Blick auf. Lächeln wird hier zum Geschenk an uns, das uns heiter stimmt. Dieses durchgängige Lächeln lässt sich aber nicht so leicht erzeugen. Vielleicht können Sie sich an etwas Heiteres, Erfreuliches erinnern und dann probieren Sie ein Lächeln. Wenn Sie mögen, wenden Sie Ihr Gesicht dann einem Nachbarn, einer Nachbarin zu.

Musik

Kommentar zum Macho-Typ und zur Verführerischen

K 2 »Die Welt gehört mir; ich bin der Größte« – wirklich? Ist es nicht eine Fassade, die den weichen, überempfindlichen Kern verdecken soll?

K 1 Wer hat den Mut wie sie, zu zeigen, dass sie sich nach Liebe sehnt.

Maske als Schutz

S 1 Mein Gesicht ist der Teil meiner Seele, der sich nach außen zeigt. (C. G. Jung spricht von der Persona.) Ich habe gelernt, mich den Erwartungen der Umwelt anzupassen. Damit habe ich eine Maske zur Verfügung, die mich davor schützt, mit meinen Gefühlen und Stimmungen den Menschen um mich herum preisgegeben zu sein.
Wenn es mir z. B. zum Heulen zumute ist, weil ich gerade eine unerfreuliche, zermürbende Auseinandersetzung hinter mir habe, und ich meinem Gegenüber über den Grund meiner Wut und Trauer keine Auskunft geben mag, bin ich sehr froh, wenn ich mich verstecken kann hinter der Maske der Gelassenheit oder gar der Fröhlichkeit.

Die Maske verfestigt sich

Ein weiterer Mitspieler hat eine Maske auf und will sie abziehen, es geht nicht, er bleibt resigniert stehen.

S 2 Es war ein kleines Mädchen, das wollte nicht so aussehen wie Vater und Mutter. Bei der Mutter hatten sich tiefe Sorgenfalten in die Stirn gegraben, beim Vater verliefen zwei Furchen zwischen Nasenflügel und Mundwinkel. Das Mädchen versuchte nun diese beiden Partien möglichst unbewegt zu halten, was ihr erstaunlich gut gelang. Als sie einige Jahre später Lust hatte, in der Theater-AG der Schule mitzuspielen, be-

merkte sie, dass der eine oder andere Gesichtsausdruck nicht
recht gelingen wollte. Die bisher unbeweglich gehaltenen Partien um Stirn und Mund waren wie festgefroren, das er-
schreckte sie. Die beiden Richtungen schön und unbeweglich
oder lebendig und ausdrucksvoll kämpften nun eine Weile
miteinander, bis langsam Lebendigkeit in das Gesicht des
Mädchens kehrte, aber es kostete einiges an Umgewöhnung.

Der Mitspieler nimmt die Maske ab, legt sie auf den Altar.

Maske zerbricht, Fassung verloren

S 3 Ich möchte eine gute Mutter sein, geduldig, liebevoll, ruhig,
erhaben über Druck und Stress. Besonders wenn wir unter
Leuten sind, beim Einkaufen, beim Arzt, im Gottesdienst
und natürlich, wenn Besuch da ist. Und dann provozieren
mich die Kinder ohne Rücksicht auf Besuch und Leute um
uns herum. Ich versuche das Lächeln und die Geduld auf-
rechtzuerhalten, solange es geht. Doch dann bricht es plötz-
lich aus mir heraus: Ich schreie los gegen die Kinder. Ich
habe die Fassung verloren, die Maske der vorbildlichen, ge-
duldigen, freundlichen Mutter ist zerbrochen.

LIED

»Vergiss es nie«, Strophe 3

VERTIEFUNG

»Macho« legt einen Zettel auf das Lesepult.

Sehnsucht nach dem wahren Gesicht
Als Professor Tobias Brocher aus Frankfurt in Luisiana, USA, einen Vortrag halten wollte, trat ein mit Bart und Brille ver-
mummter junger Mann an ihn heran und legte ihm auf das Red-
nerpult einen Zettel, mit der stummen Aufforderung, ihn
durchzulesen. Auf dem Zettel stand:
Bitte, höre, was ich nicht sage! Lass dich nicht von mir narren.
Lass dich nicht durch mein Gesicht narren. Ich mache den Eindruck, als sei alles sonnig und heiter in mir, als sei mein Wesen
Vertrauen und Kühle, so als könnte ich über alles bestimmen
und bräuchte niemanden. Aber glaube mir nicht. Ich erfinde ver-

zweifelte Masken, hinter denen ich mich verbergen kann. Dabei wäre gerade ein erkennender Blick meine Rettung. Wenn er verbunden wäre mit Angenommenwerden, mit Liebe, das würde mir die Sicherheit geben, die ich mir selbst nicht geben kann, die Sicherheit, dass ich etwas wert bin ...

Es wird nicht leicht für dich sein. Die lang andauernde Überzeugung, wertlos zu sein, schafft dicke Schutzmauern. Je näher du mir kommst, desto blinder schlage ich zurück. Ich wehre mich gegen das, wonach ich schreie. Meine Hoffnung liegt darin, dass Liebe stärker ist als jeder Schutzwall. Versuche, diese Mauern einzureißen mit sicheren, behutsamen Händen. Das Kind in mir ist verletzlich. Wer bin ich, fragst du? Ich bin jemand, den du sehr gut kennst. Ich bin jedermann, den du triffst – jeder Mann und jede Frau, die dir begegnet.

INSTRUMENTALSTÜCK

Zum Beispiel Melodie von »Amazing grace«

IMPULSE

S 1 Wer bin ich? Welches ist mein wahres Gesicht? Kenne ich mich selbst? Bin ich diejenige, die andere in mir sehen, oder bin ich nur so, wie ich mich selbst sehe und erlebe?

Es kann eine kurze Übung angeregt werden: Ertasten sie langsam und behutsam ihr Gesicht. Spüren Sie ihrem Tasten nach.

S 2 Wir erkennen unser wahres Gesicht in der Begegnung. In der Begegnung mit uns selbst und insbesondere in der Begegnung mit anderen... Martin Buber sagt: »Das Ich wird am Du«. Begegnung kann aber nur stattfinden, wo Masken fallen, wo ich mich traue, mich zu zeigen, wie ich bin. Wir alle sind auf der Suche nach der bedingungslosen Liebe, nach Angenommensein. Weil wir nicht mehr im Paradies leben, oder noch nicht, weil Menschen nicht vollkommen lieben können, setzen wir Masken auf, die uns schützen vor Verletzungen, die uns an unsere ungelebten Potentiale heranführen und die uns helfen, bestimmte Ziele zu erreichen. Wenn wir uns unserer Masken bewusst sind, sie kennen, wenn wir unsere Masken auch wechseln können, sodass uns keine festwächst, wenn wir uns unsere Masken auch abnehmen lassen können, wo es notwendig und möglich ist, werden wir lebendig bleiben, werden wir fähig zur Begegnung, werden wir auf dem Weg sein, unseren Frieden zu finden.

LIED

»Amazing grace«

FORTSETZUNG DER IMPULSE

Begegnung mit Gott

S 3 Wenn jede und jeder von uns nach Angenommensein, nach echter Begegnung hungert und wir nur dadurch zum Ich werden, uns gleichzeitig aber aus Angst und Unsicherheit mit Masken schützen müssen, wie können wir dann aus diesem Dilemma herauskommen?
Da, wo wir in Berührung kommen mit der Wirklichkeit, die größer ist als wir. Wo Begegnung mit Gott stattfindet, so überraschend, so kurz und flüchtig sie sein mag, so sehr sie oft auf das menschliche Antlitz angewiesen ist; wo wir ahnen können, wer wir in Wirklichkeit sind: Gottes geliebter Sohn, Gottes geliebte Tochter, da werden wir freigesetzt, uns liebend erkennen zu lassen, hinter allen Masken. Da können wir uns entlarven lassen trotz aller Angst, da gewinnen wir einen Vertrauensvorschuss, der es uns leichter macht, uns unserem Gegenüber zu erkennen zu geben.

LIED

Ich will dich so, so wie du bist *(Band und Vorsängerin)*

T u. M: Gery Foley

Kv Ich will dich so, so wie du bist, mit dem Ge -

sicht, das du mir zeigst, denn ich weiß je-des-

mal: Das bist du. Ich will dich so, so wie du

bist, in den Mo - men-ten, die du mit mir teilst,

und die-se Au - gen - bli-cke tau-sche ich mit

nie-mand auf der Welt, denn das bist du.

1. Auch wenn du oft ganz an-ders bist, als

ich mir vor - ge - stellt. Auch

wenn ich mich ver - wir - ren las - se,

wenn du plötz-lich kommst, doch ich will dich Kv

2. Wenn ich dir auch nicht das Fest bereite, wie ich es gerne
würde,
wenn ich oft viele Stunden brauche, bis ich dich erkenne, doch
Refrain: Ich will dich so …

3. Gib dich mir zu erkennen, wenn du auf mich wartest,
denn ich brauch dich mehr als die ganze Welt, und meine große
Liebe bist du, und
Refrain: Ich will dich so …

FORTSETZUNG DER IMPULSE

S 4 Im Hohelied der Liebe im Ersten Korintherbrief des Apos-
tels Paulus, den ersten Vers daraus haben wir eben schon gehört, heißt es nach der Übersetzung von Jörg Zink weiter:
»Stückwerk ist, was wir wissen, Stückwerk, was wir erkennen. Wenn wir die Fülle schauen werden, wird das Stückwerk enden. Einst war ich ein Kind. Ich sprach wie ein Kind,
ich war klug wie ein Kind, ich träumte kindliche Träume.
Als ich erwachsen war, legte ich die Kindheit ab. Heute
ahne ich die Wahrheit wie mein eigenes Gesicht im kup-
fernen Spiegel, fremd, verschattet und rätselvoll. Morgen
schaue ich, nahe und klar, sein Angesicht. Stückwerk ist,
was ich verstehe. Dann aber werde ich schauen, wie Gott
mich heute erkennt« (1 Kor 13,9–12).

KÖRPERWAHRNEHMUNG

Um uns selbst sehen zu können, schauen wir in den Spiegel.
Menschen, die nichts sehen, benutzen ihre Hände, um Dinge
wahrzunehmen. Ich lade Sie heute ein, mit Ihren Händen Ihr Gesicht zu »erkunden«:
Setzen Sie sich dazu bequem hin. Reiben Sie sich kurz Ihre
Hände, damit sie warm werden. Legen Sie nun beide Handflä-
chen auf Ihr Gesicht, lassen Sie die Wärme einströmen und spüren Sie nach, wo Ihre Hände auf weichen oder härteren Stellen
aufliegen. Umkreisen Sie Ihr Gesicht. Streichen Sie die Stirn aus,
auch die Sorgenfalten zwischen den Augen. Umkreisen sie behutsam die Augen, wie fühlt sich die Haut im Augenbereich
an? Umkreisen Sie Ihre Wangen. Fahren sie der Nase und den

Nasenflügeln entlang, unter der Nase den Ohren zu, hier können Sie Ihre Kummerfalten ausstreichen.
Zeichnen Sie Ihren Mund nach, wie fühlt sich diese Haut an? Streichen Sie nun dem Kinn entlang. Legen Sie zum Schluss die Hände nochmals auf Ihr Gesicht: Ihr ureigenstes Gesicht, wie es sich über die Jahre hin geformt hat.

LIED

EH 276 »Nada te turbe« *(dreimal gesungen)*

GEBET

Tag für Tag, Gott meines Lebens, will ich vor dir stehen, Auge in Auge, mit gefalteten Händen, Herr aller Welten, will ich vor dir stehen, Auge in Auge.
Unter dem hohen Himmel, in Einsamkeit und Schweigen, demütigen Herzens, will ich stehen vor dir, Auge in Auge.
In dieser mühevollen Welt, die voll Lärm ist, voll Mühsal und Kampf, unter hastenden Menschenmengen, will ich stehen vor dir, Auge in Auge.
Und wenn mein Werk getan ist in der Welt, du König der Könige, will ich stehen vor dir, allein und wortlos, Auge in Auge.

(nach Rabindranath Tagore)

FÜRBITTEN

Sie werden vom Vorbereitungsteam reihum vorgetragen. Nach jeder Fürbitte wird der Liedruf gesungen: »Du, Gott stützt mich«.

Gott, wir bitten dich, gib uns Mut, Neues auszuprobieren; Verdecktes, Verstecktes, das in uns leben will, ans Licht zu bringen und ihm Gestalt zu verleihen.

Gott, gib uns einen klaren Blick, damit wir unterscheiden können, wann wir zu unserem Schutz eine Maske brauchen und wann nicht.

Gott, gib uns die Kraft, unsere guten und weniger guten Seiten anzuschauen und unseren Mitmenschen auch unbequeme Seiten von uns zuzumuten.

Gott, gib uns einen liebevollen Blick für die Maskierungen unserer Mitmenschen.

Gott, schenke uns die Kraft, vor dir unsere Schutzmasken abzunehmen, damit wir dir und auch einander wahrhaftig begegnen können.

SEGEN

Das Vorbereitungsteam steht vorne im Halbkreis und spricht:
So segne und behüte uns der gütige und lebensspendende Gott. Er lasse sein Angesicht leuchten über uns und sei uns gnädig. Er erhebe sein Angesicht auf uns, auf dass wir uns von Angesicht zu Angesicht gegenüber stehen können, und schenke uns seinen Frieden.

ABKÜNDIGUNGEN

LIED

Sana, sanina

T u. M: aus Südafrika

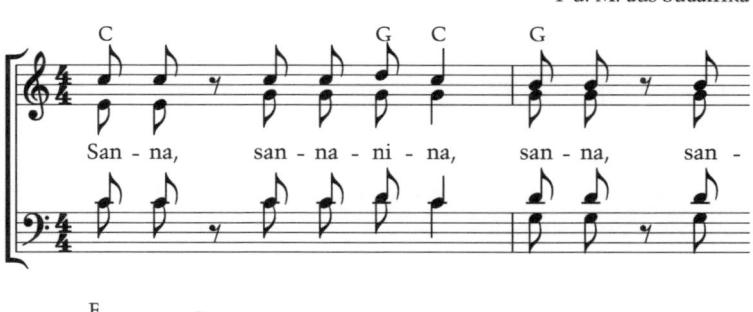

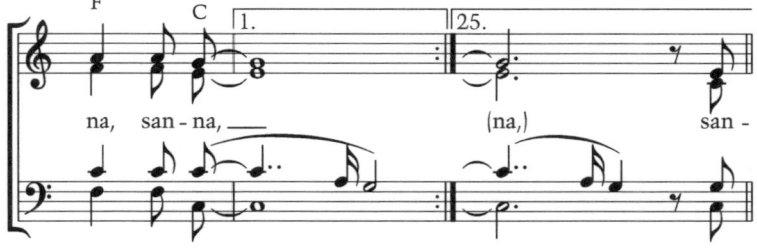

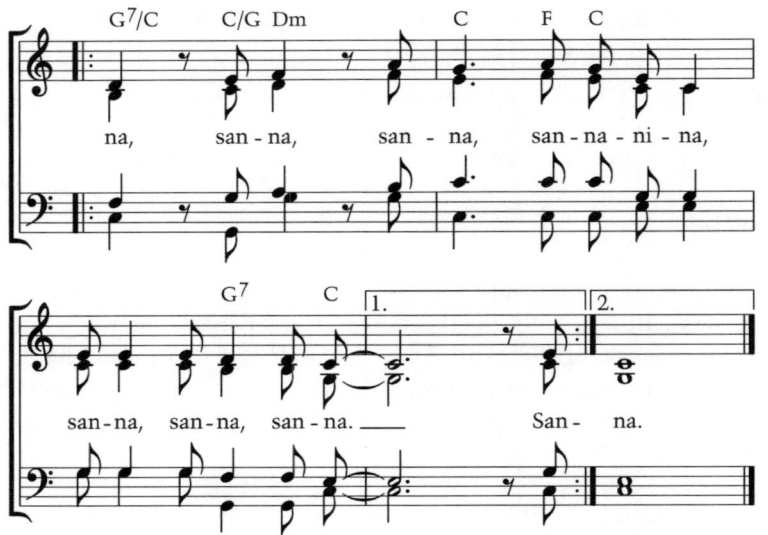

AUSKLANG MIT INSTRUMENTALMUSIK

EINLADUNG ZUM GEMEINSAMEN ESSEN UND TRINKEN
UND ZUM AUSTAUSCH

MATERIALIEN

- CD »The best of Bobby Mc Ferrin«, Blue notes, New York
- CD »Kann denn Liebe Sünde sein« von Zarah Leander, EMI
  Music, Austria.

Christine Neider

Guten-Abend-Kirche im September

Wasser ist Leben

VORBEMERKUNGEN UND HINWEISE ZUR GESTALTUNG

Die GAK steht u. a. unter dem Motto: ein Gottesdienst für alle Sinne. Bei diesem Gottesdienst »Wasser ist Leben«, im frühen Herbst gelegen, steht das Hören auf das, was in Form von Sprache und Musik von außen kommt, und das Hören nach innen im Mittelpunkt.

Der Musiker Dirk Brettschneider aus Pforzheim entwickelte Hörbilder mit Regenstäben, Klangsieben, Klangschalen, Percussioninstrumenten und Flöten und stimmte mit ihnen auf die Wortbeiträge ein. Er leitete mit seiner Musik auch zu den Liedern über. Die Ausgestaltung des Kirchenraumes hatte eher einstimmende Funktion. In der Franziskakirche in Birkach liegen die Kanzel, der Altar und der Taufstein in der Mittelachse der Kirche. Eine lange hellblaue, leicht durchsichtige Stoffbahn verlief von der Kanzel in einem Bogen über die Mitte des Altars. Seitlich oben deuteten geraffte, durchscheinend weiße Stoffe Wolken und den Wasserkreislauf an. Zwei Glasschalen rechts und links auf dem Altar bildeten die Grundlage für Gestecke mit Iris, Wasserlilien und Wasserpflanzen. In der Mitte des Altars strömte Wasser über die Kugel eines Zimmerbrunnens aus Keramik. An den Seitenwänden der Kirche hingen Photos und Gedichte sowie Psalmentexte zu den Hörbildern.

Im Eingangsbereich war durch Stoffbahnen in Blauschattierungen eine »blaue Grotte« entstanden, wo dann die Handwaschung stattfand. So wurde auch der Seh- und Tastsinn angesprochen.

Das In-Bewegung-Kommen durch die Bewegungsmeditation tat nach dem vielen Hören gut. Die Lieder und Gebete wurden stehend gesungen und gesprochen.

BEGRÜSSUNG UND WASCHUNG IM EINGANGSBEREICH

Zwei Frauen empfangen die Menschen im Eingangsbereich der Kirche und bieten die Möglichkeit, mit Wasser in Berührung zu kommen. Zwei große Schüsseln stehen bereit, das Wasser aufzu-

fangen. Die Frauen gießen das Wasser aus einem Krug über die Hände der Ankommenden.

Musik zum Einstimmen

BEGRÜSSUNG UND HINFÜHRUNG ZUM THEMA

Zur heutigen abendlichen Feierstunde begrüße ich Sie herzlich. Das Thema »Wasser« beschäftigt uns schon eine ganze Weile. Fünf Frauen, Frau Schwegler, Frau Rieß, Frau Reckhaus, Frau Radeke und ich versuchten, sich dem vielgestaltigen Element anzunähern, es zu umkreisen, Schwerpunkte zu setzen, ohne es je ausschöpfen zu können. Unterstützt werden wir vom Musiker Dirk Brettschneider.

Es erwartet sie heute ein eher meditativer Gottesdienst. Am Eingang hatten Sie Gelegenheit, hautnah mit Wasser in Berührung zu kommen. Waschungen spielen in vielen Religionen gerade zu Gottesdienstbeginn eine wichtige Rolle. Es geht darum, sich für das Kommende bereit zu machen und das, was beschwert, was uns festhält, abzuspülen. Dass Wasser hier hilfreich sein kann, bemerken wir, wenn wir uns morgens den Restschlaf aus dem Gesicht waschen oder mit einer belebenden Dusche die Nachtgeister vertreiben.

Halten Sie kurz inne, vergegenwärtigen Sie sich, was Sie heute Abend hinter sich lassen wollen, was Sie gefangen hält – lassen Sie das strömende Wasser in Gedanken nochmals über ihre Hände rinnen mit dem Wunsch, es möge dies alles aufnehmen.

Wasser reinigt und erfrischt, und es kann noch mehr. An vielen Orten quillt und strömt Wasser, dem Heilkraft zugesprochen wird. Dort entstehen Heilbäder. Menschen suchen Linderung und Heilung für ihre Leiden. In Badeorten am Meer setzen sich Menschen an die Stellen, wo heilkräftiges Wasser frisch aus dem Untergrund heraussprudelt. Dieses bewegte Wasser konnte schon manchen steifen Arm beweglicher machen und manchen lädierten Rücken beschwerdefrei.

Ein russisches Sprichwort sagt: Wasser, das fließt, ist voller guter Eigenschaften, kommt es zum Stillstand, verliert es sie.

Vertrauen wir uns den Wasserkräften an und dem, der sie gemacht hat; mögen diese Kräfte uns in Fluss bringen.

LIED

EG 504 »Himmel, Erde, Luft und Meer«

THEMATISCHER EINSTIEG

Der Text wird in verteilten Rollen von verschiedenen Plätzen der Kirche aus gelesen.

Das Prinzip aller Dinge ist das Wasser (Thales von Milet). Wasser, H_2O, besteht aus Wasserstoff und Sauerstoff; es ist flüssig, geruchlos, geschmacklos, farblos.

Wasser ist veränderlich. Es kann fließen, gefrieren, schmelzen, und als Wasserdampf in die Atmosphäre verdunsten. Gefroren wird Wasser zwar hart wie Stein, ist aber leichter als flüssiges Wasser. Wäre es anders, würden die Ozeane und alle Wasserbecken der Erde im Winter vom Grund bis zur Oberfläche zufrieren und die Erde in eine Eiswüste verwandeln.

Wasser hat Kraft. Gefrorenes Wasser sprengt das härteste Gestein. Es schafft Täler und Schluchten. Es treibt Wasserräder und Turbinen an und erzeugt somit Energie.

Wasser kann lösen. Im Wasser gelöst werden die Nährstoffe zu den einzelnen Organen und Zellen des Körpers transportiert. Mit Wasser können wir uns und unsere Sachen reinigen.

Wasser transportiert Wärme. Es speichert die Sonnenenergie, befördert sie mit den Meeresströmen oder den Wolken weiter und bestimmt somit unser Klima und Wetter.

Wasser löscht Feuer.

Wasser ist Lebensraum. Eine Vielzahl von Tieren und Pflanzen können nur im Wasser leben.

Wasser ist der Hauptbestandteil der Lebewesen. Zwei Drittel des menschlichen Körpers bestehen aus Wasser. Die Entwicklung des Lebens beginnt im Wasser. Im Laufe der Evolution stiegen die Lebewesen gleichsam vom Wasser aufs Land und nahmen ihre Wasserumgebung mittels komplizierter Anpassungsmechanismen mit.

Wasser ist unser wichtigstes Lebensmittel. Täglich müssen wir 2,5 bis 3 Liter zu uns nehmen. Übrigens, eine Kuh trinkt täglich 80 Liter. Weltmeister im Wassersaufen ist das Kamel. Es kann auf einmal 240 l saufen und dafür bis zu 10 Tage ohne einen Tropfen Wasser leben. Wir überleben 30 Tage ohne Nahrung, aber nur 3 Tage ohne Wasser.

Gibt es genug Wasser? Die Erde besteht wie unser Körper zu ⅔ aus Wasser. Genau 71,8 % der Erde sind von Meeren bedeckt. Unser Planet trägt eigentlich den falschen Namen. Nicht Erde, sondern »Wasser« müsste er heißen.

Das Wasser auf der Erde geht nicht verloren. Es zirkuliert in einem ewigen Kreislauf aus Wolken, Regen, Schnee oder Nebel, aus unterirdischen Strömen, Flüssen und Meer um die Welt.

Also Wasser im Überfluss? 97 % des gesamten Wassers auf der Erde sind Salzwasser. Knapp 3 % sind Süßwasser. Die dem Menschen insbesondere als Trinkwasser zur Verfügung stehende Wassermenge ist sehr gering, da das meiste Süßwasser in Form von Polar- und Gletschereis gebunden ist bzw. als Wasserdampf in der Atmosphäre oder als tief liegendes Grundwasser unzugänglich ist.

Wasser ist knapp, warum? Wasser ist ungleich auf der Erde verteilt. Nicht überall kommt das Wasser wie bei uns aus dem Wasserhahn. In Stuttgart beschenkt uns die Natur mit ihren Schätzen: Jeden Tag sprudeln 22 Millionen Liter Mineralwasser in Bad Cannstatt aus der Erde. 20 Staaten auf der Erde leiden ständig an Wassermangel. Auseinandersetzungen und Kriege werden um Wasser geführt.

Wasser ist gefährdet durch Verschmutzung. Wir brauchen Wasser zum Putzen, als Toilettenspülung und vor allem in der Industrie. Nach dem Gebrauch leiten wir es beladen mit Abfallstoffen und Giften wieder in die Flüsse zurück. Täglich sterben weltweit 25 000 Menschen, nicht weil sie verdursten, sondern weil sie krank machendes Wasser zu sich nehmen.

Wasser kann gefährlich sein. Wo Wasser nicht gebändigt werden, bringen sie leichter den Tod als das Leben, oft als Folge eines Eingriffs des Menschen in die Natur: Überschwemmungen, Sturmfluten, Bergrutsche zerstören und töten. Wo Regen ausbleibt, vertrocknet das Land, verlieren Mensch und Vieh ihre Lebensgrundlage und verdursten.

GEBET

Guter Gott, wir danken dir, dass du uns reichlich mit Wasser beschenkst.
Hilf uns, daran zu denken, wie kostbar das Wasser für uns ist, damit wir nicht den Brunnen unseres Lebens vergiften.

WASSER- UND HÖRBILDER

Beim Betrachten der Bilder wird jeweils zuerst eine 2–3-minütige, zum Bild passende Musik gespielt bzw. eingespielt.

Eine Quelle

Sie sprudelt und plätschert, feine Tropfen schweben durch die klare Luft. Da ist sie endlich, die Quelle. Tief aus dem Innern des Berges kommt dieses reine Wasser. Immer wieder neu eine Überraschung und ein Geschenk. Wasser, sonst aus dem Hahn oder aus der Flasche, hier schmeckt es gut, viel besser, so ursprünglich und wunderbar.
In Birkach habe ich die Quellen noch nicht entdeckt, viele von ihnen werden sie kennen oder erinnern sich jetzt an »ihre Quelle«, wo sie köstliches Wasser getrunken haben.
Meine erste Quelle, die ich mit sieben Jahren staunend erklettert habe, das war die Oderquelle in Tschechien. Ich bin an der Oder geboren, habe in ihr schwimmen gelernt, ihre Fische geangelt und stundenlang an ihrem Ufer gesessen und das Wasser, die Strömung beobachtet. Dass die Oder nur 30 km weiter ins Haff geht und dann in die Ostsee, war mir klar, nur wo das viele Wasser herkam, war mir ein Rätsel. Und auch heute bin ich erstaunt über das viele Wasser im Fluss und die kleine Quelle.
Wenn ich mir Gottes Liebe vorstelle, dann ist das wie eine Quelle, die nie versiegt und zu einem Strom wird, der mich trägt und mit sich nimmt.

Vom Bach zum Fluss

Bäche und Flüsse haben es mir seit meiner Kindheit angetan. Das Haus meiner Großeltern stand zwischen zwei Bächen, der eine reißend, für Kinder gefährlich, der andere fließt eher gemütlich dahin. Vor einiger Zeit zog es mich wieder an einen Bach. Mit Freuden sah ich, wie das helle, klare Wasser über Stock und Stein hüpft, an manchen Stellen sich gurgelnd niederlässt, an anderen sich brausend und gischtend verspritzt. Mir kommt dieses Wasser wie junges, unbekümmertes Leben vor.

Im Waldboden gräbt sich dieses Bächlein eine tiefe Rinne, die Ränder sind gesäumt von Moos und weiter unten von dichtem Laubwerk, sodass ich den weiteren Verlauf nicht recht überblicken kann. Verliere ich die Fährte?

Das Murmeln und gelegentliche Plätschern führt mich weiter, und da sehe ich, wie sich ein anderes Rinnsal dazu gesellt, das Bächlein wird zum Bach und fließt nun kraftvoll dahin, bis es flachere Gefilde erreicht. Hier schlängelt sich der Bach in weiten Bögen durch Wiesen. Vorbei an Stauden und Sträuchern, manchmal ist die Strömung kaum wahrzunehmen. Noch ein Bach gesellt sich dazu, bald könnten die Wasser ein Mühlrad drehen oder eine Turbine in Bewegung setzen, dazu müsste er gestaut werden oder kanalisiert.

Der Bach verbreitert sich dagegen mehr und mehr, bald kann ich kaum ausmachen, wo das Ufer beginnt. Der Bachlauf wird zur Sumpflandschaft, da stehen Schilf und Sumpflilien und braune Wasser. Endet der Bach hier? Ist das alles gewesen? Nein, einige Wasser haben sich tiefer eingegraben und einen Abfluss gesucht, schmaler fließt der Bach weiter, bald wird er wieder aufgefüllt.

Durch Dörfer und Städte kommt er, Brücken verbinden die Ufer, neue Bäche fließen zu, der Bach wird zum Fluss und trägt jetzt Schiffe. Man sieht, die Ränder sind befestigt, über weite Strecken ist der Fluss kanalisiert. Er kann nicht die Schleifen ziehen, die er möchte. Bei Hochwasser hat man beobachtet, dass sich der Fluss das alte Bett sucht und dorthin ausufert, wo die Menschen jetzt ihre Häuser und Felder haben.

Gleichmäßig und schwer, immer die gleichen Wellen bildend, fließt das Wasser vorüber, es lässt sich nicht halten – ein Bild für die Zeit, für das Leben. Mein Fluss vereinigt sich mit einem größeren und sucht mit dessen Wasser das Meer.

Das Meer

Gewaltiges Urmeer bedeckte einst die ganze Erdoberfläche und ist noch heute ein schier endloses Meer, bis zu einer Tiefe von elftausend Metern. Am Äquator von der Sonnenhitze warm, an den Polen des Nordens und Südens in eine Eishülle erstarrt. Schier endlos ist die Scheibe Meer, lebendig in ungezählten Wellen stößt eine stete Unruhe aus den Tiefen.

Wellen und Weite, Wasser und Sand, Wind und Sonne malen um die Wette. Das Wasser prägt seine Bewegungen in den Sand. Die Ebbe hinterlässt am Strand und im Watt ein verwirrendes Muster von Rillen, die Wellenschlag und Strömungsverlauf gebildet haben. Ebbe und Flut, ein ewiges Hin und Her der Gezeiten mit immer neuen Bildern und Stimmungen. Das Meer kommt und geht, Spuren hinterlassend, ankommend am Ufer und weggehend, wie wir Menschen. Die Flut geht über alles hin, von den Spuren des Lebens ist nichts mehr zu sehen.

Gott ist mir nicht nur nahe, sondern sehr fern zugleich. Er ist einem Meer sehr ähnlich, das mich mit unendlicher Stille umschließt oder mich hin und her wirft, einer Nussschale gleich. Ich suche Halt mitten in der Brandung. Wo ist das Land, auf dem ich stehen kann? Gott, gib meinem Kleinglauben und Zweifel einen festen Halt in der Brandung.

Der Brunnen

Aufsteigt der Strahl und fallend gießt
er voll der Marmorschale Rund,
Die, sich verschleiernd, überfließt
in einer zweiten Schale Grund.
Die zweite gibt, sie wird zu reich,
der dritten wallend ihre Flut.
Und jede nimmt und gibt zugleich
und strömt und ruht.

(Conrad Ferdinand Meyer)

An diesem Brunnen möchte ich gerne sitzen, dem Plätschern zuhören, meine Gedanken strömen lassen, zu mir selber finden, mich im Wasser spiegeln und wieder weiter fließen. Geht nicht eine große Ruhe und Verlässlichkeit von dem Brunnen aus, obwohl er unermüdlich in Bewegung ist? Scheinbar mühelos und unerschöpflich fließt er dahin, nichts scheint ihn erschüttern zu können. Immer wieder steigt unsichtbar lebendiges Wasser hinauf, fällt herab und füllt die Schalen. Hier sammelt es sich, hier ruht vielleicht Versunkenes unter der Oberfläche, die schöpferische Kraft meiner Seele, bis sie überfließt, sich ergießt, nach neuer Erfüllung drängt.

Ich möchte auch so eine Kraft in mir spüren, die mir in fröhlichen und stürmischen Zeiten Ruhe und Gelassenheit gibt. Dass ich strömen kann und ruhen, geben und empfangen, mich hingeben und erfüllt werden, Kraft schöpfen, reich werden und andere bereichern, ruhen, aber nicht stehen bleiben, fließen, aber nicht atemlos zerfließen …

… und strömt und ruht.

Eigene Wasserbilder

Beim Lauschen auf die Musik, beim Hören auf die vorgestellten Bilder hat Sie die eine oder andere Stelle besonders angesprochen, sind Sie an einer hängen geblieben. Vielleicht haben sich auch eigene Erinnerungen eingestellt.

Setzen Sie sich entspannt hin, die Beine nebeneinander gestellt, eher etwas auseinander gerückt mit festem Bodenkontakt. Spüren Sie, wie sie auf der Bank sitzen, und richten Sie sich so weit auf, dass Sie frei atmen können. Schließen Sie nun die Augen und gehen Sie zu dem Bildteil zurück, der Sie besonders ansprach oder »schauen« sie das Bild, das sich spontan einstellte, vielleicht kommt es von einem Ferienerlebnis.

Ein Klang, eine Klangfarbe ließ Sie vielleicht aufhorchen. Vertiefen Sie Sich für einige Minuten in Ihr Bild, in Ihre Wassermusik.

LIED

EH 141 »Ins Wasser fällt ein Stein«

SPRECHSPIEL: DIE SAMARITERIN AM BRUNNEN

Spiel einiger Frauen am Taufbrunnen, der sich in der Franziskakirche einige Meter vor dem Altar befindet. Drei bis vier Frauen kommen nacheinander zum Brunnen und schöpfen schweigend

Wasser. Sie setzen sich seitlich rechts vom Altar zusammen und unterhalten sich, tuscheln. Die Samariterin kommt dazu und hält ihr Selbstgespräch.
Biblische Grundlage ist Joh 4,1–26

Hier war es, ja, ich weiß noch alles ganz genau. Ich war gerade beim Wasserschöpfen, eine mühevolle Arbeit, aber vor mir schöpften schon viele Wasser. Es ist der Brunnen von Vater Jakob, aber was erlebte ich vor Tagen?
Da kam ein Mann, ja da kam ER. ER wollte einen Schluck Wasser zu trinken haben, so was, er ein Jude, ich eine samaritische Frau. Die Juden wollen doch mit uns nicht reden. Ich wollte ihm auch nichts zu trinken geben, außerdem hatte er keinen Eimer bei sich. Und dann seine Antwort: »Wenn du wüsstest, wer dich um Wasser bittet...«, komisch, ich habe zuerst gar nicht verstanden; und was heißt da »lebendiges Wasser«, das Wasser da tief unten, wie soll das gehen, lebendig?
Und dann die nächste Antwort, wie war das noch? Zweierlei Wasser – wenn ich von dem ersten Wasser trinke, werde ich wieder durstig sein; klar, wir Menschen müssen doch viel trinken. Was sollte dieser Mensch für anderes Wasser haben? »Wer aber von dem Wasser trinkt, das ich ihm geben werde, wird niemals mehr Durst haben«. Das ist ja super, einmal trinken und dann keinen Durst mehr haben. Ich sagte: »Schnell, gib mir von dem Wasser« und dachte, dann muss ich nicht mehr herkommen und mühevoll das Wasser schöpfen.
Ja, und was dann kam, darüber konnte ich nur staunen. Dieser Mann wusste alles über mein Leben, meine Beziehungen, meine Tiefpunkte. Da wurde mir ganz unheimlich, vor mir stand nicht irgend ein Mann, er musste ein Prophet sein. Und er wollte nicht irgend ein Wasser reichen, sondern ein besonderes Wasser, das Wasser des Lebens.
Da musste ich schnell ins Dorf laufen und den Leuten erzählen, wer da am Brunnen war. Der Mann, der Wasser gibt, das ewiges Leben schenkt. Wasser, das in uns zur sprudelnden Quelle wird. Ist es nicht so, dass jeder Mensch Durst hat nach Liebe und Zuneigung? Ist es vielleicht das, was wir mit dem Wasser bekommen, diese Zuwendung? Ja, das Wasser macht heil, wenn es in Bewegung kommt; es wird belebendes, reinigendes, erfrischendes, erneuerndes Wasser.

Die Frauen klinken sich ein:

Erste Frau	Lebendiges Wasser, wenn ich das bekäme, vielleicht wäre ich dann nicht ständig müde und niedergeschlagen.
Zweite Frau	Wahrscheinlich könntest du dich dann besser wehren, würdest dir nicht so viel gefallen lassen und eher das tun, was du eigentlich möchtest.
Dritte Frau	Ich stecke mir dauernd etwas zu essen in den Mund, ersatzweise, und werde doch nicht satt. Ach, ich möchte so gerne richtig lebendig, fröhlich sein, ob mir da dieses Wasser hilft?
Vierte Frau	Will uns dieses Wasser von dem dieser Mann spricht, zu unserem wirklichen Leben führen? Aber wie sieht das dann aus? Dies scheint mir ein großes Thema zu sein, das können wir so schnell nicht ausschöpfen. Ich werde darüber nachdenken. Jetzt muss ich nach Hause, sonst hängt der Haussegen schief! Adieu!

Sie gehen nacheinander und zu zweien ab.

Zwischenmusik

ANLEITUNG ZU EINER BEWEGUNGSMEDITATION
ZUM THEMA BRUNNEN

Wie könnte lebendiges, Not wendendes Wasser in Ihrem Leben aussehen? Eine Bewegungsmeditation könnte Sie dahin leiten. Gleichförmige, sich wiederholende Bewegungsabläufe können Gedanken in Fluss bringen und Bilder entstehen lassen, die Hinweise geben.
Sie können dazu auf Ihrem Platz sitzen bleiben, wir sollten uns versetzt hinsetzen, ein Mensch hinten angelehnt an der Sitzbank, der andere vorn an der Kante, so gewinnt jede und jeder seitlich genügend Bewegungsraum. Ob Sie nun die Bewegungsabfolge mitmachen oder lieber still für sich dasitzen, das versetzte Sitzen brauchen wir auf jeden Fall, damit Sie ungestört sind.
Die Bewegungen knüpfen an das Brunnenbild an. Wir gehen mit beiden Händen, die Handoberflächen aneinander gelegt, vom Herzen aus, zwischen den Beinen (vorn Vorsicht Kante) tief nach

unten – holen das Wasser nach oben, heben es vor uns nach oben über den Kopf, öffnen die Arme seitwärts und lassen so das Wasser strömen; wir sammeln es wieder vor uns, indem wir mit den Händen eine Schale bilden. Hier lassen wir das Wasser zur Ruhe kommen und beginnen den Bewegungsablauf von neuem.

Die Bewegungen führen Sie in Ihrem Tempo aus. Nach einiger Zeit beginnt ruhige Musik zu spielen, vielleicht verändert sich Ihre Geschwindigkeit, das muss aber nicht sein. Wenn Sie genug haben, hören Sie auf und setzen sich still hin, lassen Sie die Bewegung nachklingen und achten Sie auf Bilder, Gefühle, Worte, die sich einstellen.

LIED

»Ich sing dir mein Lied« *(s. S. 114)*

SEGEN

Das Wasser des Lebens
überschütte dich mit Segen,
dass du trinkst und nicht dürstest,
dass alles um dich grünt und blüht!

Das Wasser des Lebens
tauche dich hinein in seinen Segen,
dass du fließest und nicht starr bist,
dass du dich tragen lässt und
nicht stark sein musst!

Das Wasser des Lebens
gebe dir Kraft und Mut,
wenn die Lebenswogen hoch gehen
und du zu versinken drohst.

Das Wasser des Lebens
mache dich froh und
hellhörig für deine Lebensmelodie
und segne dich in allem,
was du tust und lässt.

LIED

EH 110 »Bewahre uns, Gott«

ABKÜNDIGUNGEN

Kollekte, nächste GAK.

EINLADUNG ZUM GEMEINSAMEN ESSEN UND TRINKEN
UND ZUM AUSTAUSCH

Christine Neider

Kreativ – kommunikativ – kundenorientiert

Was die neuen Gottesdienstformen ausmacht

NEUE GOTTESDIENSTFORMEN – WAS IST NEU DARAN? WAS IST ANDERS?

1. Zunächst vor allem eines: Sie finden überwiegend *am Sonntag, bevorzugt am Sonntagabend statt,* und sind ein zusätzliches Angebot zum herkömmlichen Gemeindegottesdienst, der in der Regel am Sonntagmorgen oder auch am Samstagabend gefeiert wird.
Während bislang alle besonderen Gottesdienstformen entweder innerhalb des Gemeindegottesdienstes (z. B. Jugendgottesdienste, Familiengottesdienste) oder zu Randzeiten unter der Woche (z. B. Werktagsmessen für Frauen, Frühschichten) gefeiert wurden, werden diese neuen Gottesdienstformen bewusst für den Sonntag und als Alternative zum Sonntagsgottesdienst entwickelt.
Dadurch erhöht sich trotz eines gegenläufigen Trends aufgrund des Priestermangels das sonntägliche Angebot und differenziert sich gleichzeitig. Gottesdienstbesucherinnen und -besucher zumindest im städtischen Bereich können jetzt am Sonntag z. B. zwischen der Eucharistiefeier, dem Wortgottesdienst am Sonntag, der ThomasMesse und der Sternstunde auf der Diezenhalde wählen.

2. Bei den meisten neuen Gottesdienstformen handelt es sich *nicht um Eucharistiefeiern.* Für sie reicht die vorhandene Zahl klassischer Gottesdienstnamen nicht aus. Sie alle als Wortgottesdienste zu bezeichnen, obwohl sie zahlreiche andere Elemente wie Bewegungen, inszenierte Musik, Gespräche und Symbolhandlungen enthalten, wäre zu einfach und vor allem zu einfallslos. Ihre spezifischen Bezeichnungen wie Last-Minute-Gottesdienst, Abendrot, Auszeit oder Sternstunde zeigen, dass sie nicht mehr in ein Raster passen, sondern *sehr individuelle, kontextuelle und manchmal durch bestimmte Personen geprägte Feierformen* darstellen.

3. Nicht mehr besondere Zielgruppen der Gemeinde (wie z. B. Jugendliche) tragen diese alternativen Gottesdienste, sondern *aktive Gemeindemitglieder und andere Ehrenamtliche*, denen das liturgische Angebot nicht mehr ausreicht oder die durch alternative Erfahrungen zu neuen Formen inspiriert wurden.

Entweder initiieren die hauptamtlichen Seelsorgerinnen und Seelsorger selbst die Suche nach neuen Gottesdienstformen, oder es sind die eben genannten Ehrenamtlichen, oder beide Gruppen tun sich zusammen und entwickeln gemeinsam.

Aus dem eigenen Suchen und Fragen ergibt es sich, dass die Gottesdienste von den persönlichen Bedürfnissen ausgehen. Die Initiatorinnen und Initiatoren fragen sich, welchen Gottesdienst sie feiern wollen, um ihn als Gottes Dienst an den Menschen zu erleben. Sie kreieren eine Feier, die ihrem religiösen Suchen entspricht, und nehmen an, dass viele Menschen ihrer Zeit ähnlich empfinden und daher das neue Angebot wahrnehmen werden.

4. Die neuen Gottesdienstformen werden in der Mehrzahl *kollegial geleitet.* Ein Leitungsteam oder eine Leitungsgruppe, die mindestens aus zwei Personen besteht, steht dem Gottesdienst vor. Es gibt nicht einen eigentlichen Chef und eine Gruppe, die mitmacht, sondern das gesamte Leitungsteam ist gleichrangig an der Gottesdienstleitung beteiligt. In der Regel trifft dies auch dann zu, wenn das Leitungsteam aus ehrenamtlichen und hauptamtlichen Personen besteht.

5. Die neuen Gottesdienstformen werden mit *viel Aufwand an Zeit und Energie vorbereitet.* Meistens liegt die Vorbereitung in der Hand einer größeren Vorbereitungsgruppe, aus deren Kreis auch die Durchführenden der einzelnen Gottesdienste kommen. Oft besteht die Vorbereitungsgruppe aus einem Stamm von festen Mitgliedern und einer Anzahl Personen, die sich projektartig für eine bestimmte Zeit oder für diesen bestimmten Gottesdienst zur Verfügung stellen.

Mehrere Treffen für die Vorbereitung sind keine Seltenheit. Viel Wert wird dabei auch auf die Raumgestaltung und die Inszenierung im Raum gelegt. Nicht selten finden Generalproben statt, damit die einzelnen Schritte reibungslos ablaufen können.

6. Die neuen Gottesdienstformen wollen bestimmte Zielgruppen erreichen, jedoch nicht die üblichen Zielgruppen der Sondergot-

tesdienste wie Jugendliche, Kinder, Familien und ältere Frauen. Zum Großteil wollen sie *Personen mittleren Alters (30–50 Jahre) ansprechen, die nicht zur Kerngemeinde gehören, kirchlich nicht gebunden oder kirchenmüde geworden sind.* Als Alternative zum herkömmlichen Sonntagsgottesdienst wollen sie niemanden aus dem Sonntagsgottesdienstpublikum abwerben, sondern diejenigen ansprechen, die den Gemeindegottesdienst nicht oder nicht mehr besuchen. Die 30–50-Jährigen fehlen dort größtenteils. Der Abendtermin legt nahe, dass Erwachsene gemeint sind – Frauen und Männer, die ihre Kinder zu Hause lassen können, die keine haben oder Singles sind. Umso überraschender die Erfahrung mancher Angebote, dass sich auch Familien davon ansprechen lassen. Auch die alternativen Jugendgottesdienste wollen Jugendliche erreichen, die den Kontakt zu Gemeinde und Kirche bereits verloren haben.

Allerdings gilt für die meisten neuen Gottesdienstformen, dass sie mindestens zur Hälfte von Personen aus der »Binnenklientel« besucht werden – also von Frauen und Männern, die auch den Gemeindegottesdienst besuchen, bei einem Alternativangebot aber auf dieses zurückgreifen.

7. Beim Bemühen um eine Klientel aus dem Kreis der kirchlichen Kunden und Kundinnen (Michael Ebertz) *werden Gemeindegrenzen ohne Zögern gesprengt.* Die Gottesdienstangebote gelten stadtweit oder für eine bestimmte Region und sind offen für alle Besucherinnen und Besucher. Die Suche nach einem anderen Gottesdienst und das Feiern mit Gleichgesinnten bestimmen den Besuch, nicht die Zugehörigkeit zu einer Kirchengemeinde. Der Gottesdienst für Kirchenmüde der Gemeinschaft Immanuel in Ravensburg könnte auch und vielleicht besser Gottesdienst für Gemeindemüde heißen.

8. Die neuen Gottesdienstformen sind überwiegend ein *städtisches Phänomen.* Sie entstehen im städtischen Raum und suchen ihr Publikum im gesamten Stadtgebiet. Nach und nach schließen sich ländliche Gemeinden mit Experimenten an, dies jedoch weitgehend auf der evangelischen Seite.

9. Viele neue Gottesdienstformen sind *im evangelischen Kontext entstanden, einige sind ökumenisch, wenige sind allein katholisch.* Der schwache Gottesdienstbesuch in der evangelischen

Kirche legt nahe, nach Alternativen zu suchen und im symbolisch-sinnlichen Bereich Neues zu entwickeln. Katholischerseits ist zum einen der Druck noch nicht so groß, zum anderen bremst die Vorschrift, dass der Sonntag der Eucharistiefeier (bzw. dem Ersatz »Wortgóttesdienst am Sonntag«) vorbehalten ist. Die ökumenische Anbindung, aber auch die Tatsache, dass an vielen Orten weniger Eucharistiefeiern stattfinden können, eröffnet mehr Möglichkeiten.

10. Die neuen Gottesdienstformen zeichnen sich durch *kommunikative, ganzheitlich ansprechende und offene Formen* aus. Es gibt Impulsfragen mit Austauschgruppen, Predigt mit Kreuzverhör oder eine offene Phase, bei der jede Person selbst entscheiden kann, ob sie sich zurückziehen oder austauschen möchte. Viele Elemente beziehen den Körper mit ein oder sind nonverbale Symbolhandlungen. Meditative Elemente eröffnen Raum für Gebet und Stille, sensibilisieren die Wahrnehmung und bringen die Mitfeiernden in Berührung mit sich selbst. Einladungen nach dem Gottesdienst zu Snack und Gespräch sind keine Seltenheit. Die neuen Gottesdienstformen wollen die Teilnehmenden während und nach dem Gottesdienst in Beziehung bringen, beabsichtigen aber keine Kommunikation auf Dauer. Spätestens nach dem Snack darf jede und jeder wieder in die Anonymität abtauchen, aus der er oder sie gekommen ist.

11. *Die Gestaltungselemente* der neuen Gottesdienstformen *sind mannigfach.* Sie sind in der Mehrzahl nicht neu, sondern finden sich vereinzelt auch im Gemeindegottesdienst oder bei Gottesdiensten zu besonderen Anlässen. Neu ist die sorgfältige Raumgestaltung und die Fülle experimenteller Formen, wobei auch traditionelle Elemente, die verloren gegangen sind, verwendet werden, wie z. B. eine längere Stille, eine Prozession, eine Salbung.

12. Die einzelnen Gottesdienste stehen in der Regel *unter einem Thema, das »in der Luft liegt«* – eine gewisse Aktualität besitzt, an die Jahreszeit bzw. das Kirchenjahr anknüpft oder die Lebens- und Glaubenssituation der Teilnehmenden betrifft. In allen Gottesdiensten wird versucht, dieses Thema christlich-religiös zu deuten und geistlich auszudrücken. Dies geschieht durch biblische oder andere Texte, Gebete, Musik, Symbole bzw. Symbol-

handlungen und Inszenierungen. Die neuen Gottesdienstformen erweitern die biblische Verkündigung um die religiöse Botschaft von Liedern, Gebeten, Gedichten, Symbolhandlungen und deren Deutung.

13. Die neuen Gottesdienstformen wollen alle *spirituell* sein. Zwar sprechen sie den herkömmlichen Gottesdiensten eine spirituelle Qualität nicht ab, aber sie selber formulieren es als expliziten Anspruch. Mit ihm verbindet sich der Wunsch, dass die Gottesdienste eine geistliche Dichte entwickeln, die von den Teilnehmenden unmittelbar erlebt werden kann. Die Gottesdienste sollen »Energiequellen« sein, in denen die Kraft Gottes leibhaftig erfahren werden kann.

14. Die meisten neuen Gottesdienstformen besitzen *einen sorgfältig ausgesuchten und sprechenden Namen* und ein passendes Emblem. Beides soll ihre unverwechselbare Identität ausdrücken und dem Marketing dienen. Die Gottesdienste werden intensiv beworben: mit Plakaten, Handzetteln, Presseartikeln, Internetseiten und Erinnerungsmails.

NEUE GOTTESDIENSTFORMEN – WELCHE PERSPEKTIVEN TUN SICH AUF? WAS IST ZU BEACHTEN?

1. Die neuen Gottesdienstformen stellen ein *Phänomen der individualisierten Religion* dar. Sie machen ein Angebot für Menschen, die einen auf ihre Bedürfnisse zugeschnittenen Gottesdienst suchen und sozusagen im Vorbeigehen daran teilnehmen wollen. Jenseits von Gemeindezugehörigkeit und Konfession bieten diese Gottesdienste eine neue Form der Vergemeinschaftung, die intensiv und kurzlebig ist. Es treffen sich Menschen, die »etwas anderes und andere« suchen und dafür durchaus eine längere Anreise auf sich nehmen. In einer Feier wie dem Nachteulengottesdienst können sich die 1000 Besucherinnen und Besucher als Teil einer großen Suchbewegung nach spiritueller Tiefe verstehen.

Die neuen Gottesdienstformen stehen für ein Gottesdienstangebot, das individueller und differenzierter werden wird, das sich mehr an Bedürfnissen und weniger an Normen ausrichtet, und das dennoch keine vereinzelte Religionsausübung bedeutet. Die Formen der Vergemeinschaftung sind aber ebenfalls differenziert, individuell und befristet – je nach biographischer Lebensphase, Lebenssituation und Bedürfnis.

Auch die Intervalle der neuen Gottesdienste entsprechen einer individualisierten Religiosität. Ein gottesdienstliches Angebot wird nicht mehr wöchentlich, sondern monatlich, vierteljährlich oder bedürfnisorientiert zu einer bestimmten Jahreszeit bzw. zu einem bestimmten Thema gesucht.

2. Die neuen Gottesdienstformen sind keine statische Größe, sondern *Experimentierfeld*. Neue Varianten werden hinzukommen und andere wieder verschwinden. Die Verantwortlichen arbeiten weiter an der Struktur, den Inhalten und der Durchführung ihrer Gottesdienste und überprüfen, ob ihr Angebot noch den Bedürfnissen der Teilnehmenden (und der Vorbereitenden) entspricht oder ob es verändert oder ergänzt werden muss. Die Gemeinschaft Immanuel zum Beispiel bietet seit kurzem zusätzlich zur »Auszeit« einen weiteren Gottesdienst namens »Durchstarten« an, der den Fokus auf das Kraft-Tanken und das anschließende Handeln legt.

Nicht alle Experimente gelingen, und manchen Gottesdiensten merkt man an, dass sie sich noch im Entwicklungsstadium befinden. Trotzdem ist die Bewegung verheißungsvoll, weil sich Theologinnen, Theologen und religiös Interessierte gemeinsam Gedanken machen, was sie von einem Gottesdienst erwarten und wie er gestaltet werden muss, damit er sie religiös anzusprechen vermag. Indem den Gedanken auch Taten folgen, kommt eine eingefahrene liturgische Praxis wieder in Bewegung. So geraten auch die Kirchengemeinden unter Zugzwang, die Qualität ihrer Gottesdienste zu verbessern oder ein ähnliches spezifisches Experiment zu wagen. Möglicherweise sieht die Zukunft so aus, dass sich verschiedene Träger – Kirchengemeinden, Seelsorgeeinheiten, Bildungswerke, Gemeinschaften – *auf je ein spezifisches Gottesdienstangebot spezialisieren, mit dem sie ein bestimmtes Publikum ansprechen und einen bestimmten Bedarf decken.*

3. Den neuen Gottesdienstformen gelingt es, zumindest auch *Personen anzusprechen, die dem Gemeindegottesdienst* fernbleiben. Michael N. Ebertz bezeichnet diese Klientel gemäß seinem Verhalten als Kunden und Kundinnen, die nach Bedarf und Geschmack eine Sache kaufen oder eben nicht kaufen. Michael

Hochschild nennt diese Gruppe nach ihrer Neigung Sympathisantinnen und Sympathisanten. Er sieht gerade Großstadtgemeinden mit einem erheblichen Dunstkreis an solchen Personen konfrontiert und stellt fest, dass die Gemeinden dieses Potential auch rituell brachliegen lassen, weil ihnen das notwendige liturgische Instrumentarium dazu fehlt.

Der missionarische Impuls der neuen Gottesdienstformen ist nicht zu unterschätzen. Hier gelingt die religiös-rituelle Versorgung einer Gruppe, die sich vom Gemeindegottesdienst ästhetisch, spirituell und intellektuell nicht mehr angesprochen fühlt. Am Raster der Milieustudie Gerhard Schulzes angelegt (vgl. den Beitrag Wolfgang Fischers) werden verstärkt auch Personen aus dem Selbstverwirklichungsmilieu, vereinzelt auch aus dem Niveaumilieu angesprochen. Die Jugendlichen werden durch diese Studie allerdings nicht erfasst. Es handelt sich also um gebildete Personen im Alter zwischen 35 und 50 mit hoher Ausbildung und qualifizierten Berufen. Die kommunikativen und die ästhetischen Elemente der neuen Gottesdienstformen entsprechen deren Bedarf und deren Fähigkeiten. Es sind eben bestimmte Menschen, die Stille aushalten, sich in der Kleingruppe unterhalten, auf einen Zettel schreiben und anspruchsvolle Musik hören wollen und können.

Meistens reflektieren die Veranstaltenden der neuen Gottesdienstformen nicht darüber, dass sie eine bestimmte Auswahl von Menschen ansprechen, sondern haben den Anspruch, »alle Außenstehenden« zu erreichen. Die Auswahl, die sie faktisch dennoch treffen, geschieht zufällig und resultiert vor allem daraus, dass der Kreis der Vorbereitenden und Durchführenden selber diesen Milieus angehört.

Das *missionarische Potential der neuen Gottesdienstformen sollte in Zukunft bewusst und reflektiert entfaltet werden,* indem die Adressatinnen und Adressaten differenzierter und analytischer in den Blick genommen und die Angebote spezifischer auf den unterschiedlichen Bedarf abgestimmt werden.

4. Die neuen Gottesdienstformen wollen lebensnaher, ansprechender, ganzheitlicher und musikalischer sein. Vor allem aber wollen sie *christlicher Gottesdienst sein, ein feierliches, ritualisiertes Gottesbegegnungsgeschehen in der Gemeinschaft,* das sich durch die dialogische Struktur »Gottes Dienst an den Menschen –

der Menschen Dienst an Gott« auszeichnet. Dabei liegt der Akzent auf der Inszenierung der Begegnung mit dem christlichen Gott, weniger auf dem Vollzug eines festgelegten Ablaufs.

Die Struktur der Gottesdienste ist zum Teil an den katholischen Wortgottesdienst oder an den evangelischen Predigtgottesdienst angelehnt, zum Teil eine freie Anordnung von Gebet, Gesang, Verkündigung. Allerdings kristallisieren sich innerhalb der einzelnen neuen Gottesdienstformen klare Strukturen heraus, die den regelmäßiger Teilnehmenden eine gewisse Sicherheit und Vertrautheit geben. Neben neuen Elementen wie Gespräch und Tanz werden viele traditionelle Elemente verwendet wie Predigt, Hymnus und Prozession, allerdings in neuen Anordnungen und zum Teil mit neuen Akzentsetzungen.

Der Ausbruch aus den traditionellen Gottesdienstordnungen stellt die Frage nach dem Gottesdienst neu. Was einen Gottesdienst zum christlichen Gottesdienst macht, lässt sich nicht mehr nur formal beantworten (ein bestimmter Ablauf, eine bestimmte Leitung), sondern muss vor allem von den Inhalten und vom aktuellen Geschehen her bestimmt werden.

5. Das Basiskriterium eines christlichen Gottesdienstes besteht in seinem dialogischen Charakter: »Dienst Gottes an den Menschen – der Menschen Dienst an Gott. Keine Seite darf zugunsten der anderen vernachlässigt werden. Kontrollfragen lauten daher:

• Inwieweit aktualisiert diese Feier Gottes Heilszuwendung in Jesus Christus zu den Menschen?
• Inwieweit ermöglicht sie die lobpreisende, verehrende, bittende Antwort der Menschen an Gott?
• Inwieweit bildet die Feier in Inhalt und Form das geeignete Mittel, dass sich Gott und der Mensch begegnen können? In der Bewertung gottesdienstlicher Experimente dürfen jedenfalls Mittel und Ziel nicht verwechselt werden: Der Gottesdienst ist ein Mittel, er ist nicht die Begegnung selbst.

Anders formuliert:

• Schafft der Gottesdienst Raum und Zeit für Gottes Zuwendung, für seine Kontaktaufnahme mit uns Menschen, für sein Ansprechen, sein Annähern, seinen Hauch? Oder wird Gott niedergeredet, erklärt, auf die Sekunde festgelegt und mit Handlungen und Worten besetzt?

- Bietet der Gottesdienst Raum und Zeit für die Hinwendung des Menschen zu Gott – dankend und bittend, klagend und fragend, lobend und preisend? Oder hat der Mensch keine Gelegenheit, bei sich selbst anzukommen, wird von Inhalten zugekleistert und mit Themen und Theorien befrachtet, dass er Gott im Gottesdienst vergisst?
- Ermöglicht der Gottesdienst Begegnung von Mensch zu Mensch, in der Menschen nicht funktionalisiert werden, sondern Achtung und Anerkennung erfahren?

Aus dem dialogischen Charakter ergeben sich weitere Kriterien, die für einen christlichen Gottesdienst wichtig sind:
- *Die zweckfreie Gottesbegegnung nimmt mehr Raum ein als die ethischen Impulse.* Zunächst und zuerst soll der Mensch vor Gott da sein dürfen und sich dem Gott anvertrauen dürfen, der ihm vorbehaltlos begegnet. Ethische Impulse sind dem »Begegnungsraum« nachzuordnen und dürfen die grundsätzliche Priorität des Religiösen vor dem Ethischen nicht aufheben.

- *Über Gott und den Menschen bleibt mehr verborgen als offengelegt, erklärt und gedeutet wird,* denn der Gottesdienst ist Feier des Geheimnisses der Gottesbegegnung. Auch wenn sich der Mensch angesichts Gottes selber begegnet, bleibt er sich letztlich Geheimnis. Auch wenn der Mensch Gott begegnet, eigentlich Gott dem Menschen begegnet, bleibt Gott mehr verborgen und unbekannt als offenbar und bekannt.

- *Der Gottesdienst darf keine Lüge sein,* sonst wird er zur blutleeren Farce. Er darf nicht mehr Gottesbegegnung vorspielen, als aktuell möglich ist. Sonst wird »auf der Bühne das große Spiel von Tod und Leben aufgeführt« (die Eucharistiefeier), und keiner, nicht einmal die Hauptakteure, spielen mit.

6. Wenn nach dem christlichen Gottesdienst gefragt wird, muss auch *über die Kirche und über Jesus Christus* gesprochen werden. Die herkömmlichen Gottesdienste verkörpern offizielle kirchliche Liturgie: Sie sind in langer Tradition entstanden und von der Kirchenleitung eingerichtet worden. Das trifft auf die neuen Gottesdienstformen nicht zu, auch wenn sie viele traditionelle und offizielle liturgische Elemente verwenden.
Die oben genannten Kriterien machen deutlich, dass der Tatbestand der offiziellen Liturgie noch keinen christlichen Gottes-

dienst im Sinne der Erfahrung garantiert. Eine offizielle Liturgie kann Gottesbegegnung genauso behindern wie eine frei erfundene. Trotzdem muss Kirche einen Standard vorgeben, der gleichzeitig Spielraum gewährt und Grenzen setzt. Dieser Standard muss neue Gottesdienstformen ermöglichen (und nicht verhindern) und gleichzeitig ihre christliche Qualität sichern. Er wird nicht mehr nur als formaler Katalog möglich sein, sondern muss als individuelle Regiearbeit für individuelle Gottesdienste zum Tragen kommen. Dies allerdings nicht zuerst, um Gottesdienste auf ihre Kirchlichkeit hin zu prüfen, sondern *um sie im Sinne einer Qualitätssteigerung christlich und kirchlich zu optimieren.*

In einem traditionellen Gottesdienst fällt der Name Jesus Christus sehr oft – angefangen beim Kreuzzeichen zu Beginn bis zum Schlusssegen am Ende. In einer neuen Gottesdienstform kann es vorkommen, dass von Jesus Christus kein einziges Mal die Rede ist. Eine Verurteilung dieser Tatsache würde zu kurz greifen.

In der gegenwärtigen Religionsausübung ist der Glaube an Jesus Christus zum Problem geworden, und das nicht nur in feministischen Kreisen. Heutige Menschen wagen es, unmittelbarer mit Gott zu kommunizieren und halten daher einen Mittler zwischen Menschen und Gott für obsolet. Sie suchen weniger eine menschliche (gesellschaftskritische oder moralisch vorbildliche) Identifikationsfigur als vielmehr Deutungs- und Sinnmuster, die die rein menschliche Ebene übersteigen. Feministinnen haben mit dem männlichen Mittler Jesus ihre Schwierigkeiten und wenden sich lieber direkt an eine weder männliche noch weibliche Gottheit.

Die neuen Gottesdienstformen orientieren sich daher eher an biblischen Bildern als an der konkreten Gestalt des Jesus von Nazaret. Sie deshalb zu disqualifizieren hieße, die Glaubensfragen und -probleme heutiger Menschen nicht ernst zu nehmen. Trotzdem ist Jesus Christus die zentrale Annäherungshilfe an Gott, die uns Christinnen und Christen verbindet. Jesus Christus ist sozusagen der Anker, an den wir uns alle halten können, um uns selbst und einander in unserer Gottsuche nicht zu verlieren. Zudem bildet Jesus Christus das Exemplar der »besten« Gottesbegegnungsgeschichte, die uns in Zeugnissen zugänglich ist. Wenn wir im Gottesdienst Gottesbegegnung suchen, ist Jesus Christus das eigentliche Vorbild, der Weg, wie es der Evangelist Johannes formuliert.

Die gegenwärtige Lösung dieses Dilemmas sehe ich darin, dass die neuen Gottesdienstformen nicht aufhören, mit dem Jesus von

Nazaret, dem Christus, zu ringen, die Fragen zuzulassen und die Beziehung zu ihm zu suchen. Vielleicht werden sich neue gottesdienstliche Umgangsformen mit Jesus, dem Christus, herauskristallisieren.

7. Durch die neuen Gottesdienstformen treten *Gottesdienste in Konkurrenz miteinander,* ein Phänomen, das durch die klaren Grenzen der Kirchengemeinden bislang verhindert werden sollte. Allerdings ist die Konkurrenzsituation nicht neu, denn die christlichen Gottesdienste stehen schon lange in Konkurrenz mit zahlreichen profanen Veranstaltungen oder schlichtweg mit Fernseher und Computer. Jetzt konkurrieren sie auch untereinander, und man darf hoffen, dass eine konstruktive Konkurrenz die liturgische Landschaft belebt.

Christiane Bundschuh-Schramm

Die Gottesdienste auf einen Blick

Termine und Adressen

Nachteulengottesdienst
jeden 3. Sonntag im Monat
(Dez.: 2. Sonntag)
zur Sommerzeit um 19.00 Uhr,
zur Winterzeit um 18.00 Uhr
in der Friedenskirche Ludwigsburg, Stuttgarter Straße
42 (B 27).

Veranstalter:
Evangelische Friedens-
kirchengemeinde
Neuffenstraße 7
71638 Ludwigsburg
Fon 0 71 41/92 90 71
Fax 0 71 41/92 21 39
www.nacht-eulen.de

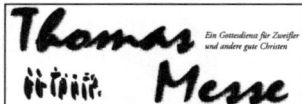

ThomasMesse
immer am 3. Sonntag in den
»ungeraden« Monaten
zur Sommerzeit um 19.00 Uhr,
zur Winterzeit um 18.00 Uhr
in der Marienkirche
Reutlingen.

Infos:
Ursula und Adolf
Hirschmüller
Fon 0 71 21/2 24 21
Ute und Johannes Eißler
(Pfarrer)
Kaiserstraße 81
72764 Reutlingen
Fon 0 71 21/49 28 74
Fax 0 71 21/49 35 67

www.thomasmesse.org
Maildienst:
info.rt@thomasmesse.org
www.gemeindekolleg.de

FlaminGo-Jugendgottesdienst
in der Regel am 2. Sonntag im
Monat,
zur Sommerzeit um 19.00 Uhr,
zur Winterzeit um 18.00 Uhr
in der Nikolaikirche
Reutlingen.

Kontakt:
Evangelisches Bezirksjugendwerk
Fon 0 71 21/75 47 28
www.flamin-go.de

Auszeit
jeden 3. Sonntag im Monat,
jeweils um 11.00 Uhr
im Zentrum der
Gemeinschaft Immanuel
Ravensburg e. V.
Schubertstr. 28
88214 Ravensburg.

www.immanuel-online.de

wir laden ein
zum Abendgottesdienst
für alle Sinne

Sternstunde auf der Diezen-halde
vierteljährlich am Sonntag-abend um 19.00 Uhr
im Ökumenischen Gemein-dezentrum der evangelischen
und katholischen Kirchen-gemeinde Böblingen-Diezen-halde.
Offenburger Str. 92
72034 Böblingen

Kontakt:
Fon 0 70 31/27 88 77
(kath. Kirchengemeinde)
Fon 0 70 31/22 96 97
(evang. Kirchengemeinde)

Nacht-Wandler:
Abendgesänge
Ensemble Entzücklika,
Spiritualität & Musik
Klosteranlage 4, 89611 Ober-marchtal.
Fon und Fax
07 00/Zuversicht (988 377 42)
·www.entzücklika.de

Materialien, Noten und CDs
können angefordert werden
über den
Klosterladen Obermarchtal,
Klosteranlage 4
89611 Obermarchtal
Fon und Fax 07 00/Zuversicht
(988 377 42).

Erde und Himmel

jeden 1. Sonntag im Monat
um 18.00 Uhr
in der St. Josefskirche in Ludwigsburg-Hoheneck.

Kontakt:
Dekanatsgeschäftsstelle
Schorndorfer Str. 31
71638 Ludwigsburg
Fon 0 71 41/96 18 10

BRÜCKENbauen

alle 2 Monate sonntagabends
in der Winterzeit jeweils um
18.00 Uhr, in der Sommerzeit
um 19.00 Uhr;
Katholische Heilig-Geist-
Kirche Ergenzingen, Evangelische Christuskirche Ergenzingen, St. Martinus Eutingen-
Weitingen (katholisch) im
Wechsel.

Kontakt:
Albrecht Reiner
Heugärtenweg 5
72108 Rottenburg
Albrecht.Reiner@t-online.de

Abendrot.

Der etwas andere Gottesdienst.

jeden 3. Sonntag im Monat
am frühen Abend im Ökumenischen Zentrum Burgholzhof
Mahatma-Gandhi-Str. 7
70376 Stuttgart

Kontakt:
Fon 07 11/81 04 10 44
Fax 07 11/81 04 10 45
OekumeneZentrumBurgholzhof@web.de

LAST-MINUTE-ANGEBOTE

Last-Minute-Angebote
ca. 4-mal im Jahr
in der Kirchengemeinde
St. Magnus
Kirchheimer Str. 114,
73249 Wernau

Kontakt:
Fon 0 71 53/30 51 11;
Fax 0 71 53/30 51 25
E-Mail: *Gkpfwernau@aol.com*

Gewalt an Frauen wahrnehmen und überwinden
bisher einmalig
in der Marienkirche in
Reutlingen

Kontakt:
Roswitha Grosser-Günther
Hans-Reyhing-Str. 24
72762 Reutlingen
Fon 0 71 21/21 08 33

graceland.
monatlich, aber wenigstens 8-mal jährlich,
jeweils als Sonntagsgottesdienst 10.00 Uhr morgens
in den evangelischen Kirchen
der evangelischen Gesamtkirchengemeinde Tübingen plus
Lustnau.

Kontakt:
CVJM Tübingen
Gartenstr. 81
72074 Tübingen
Fon 0 70 71/2 66 26
tuebingen@cvjm.de

Nachtausgabe
3-mal im Jahr
sonntagabends 19.00 Uhr
in St. Johann, Plochingen-
Stumpenhof.

Kontakt:
Pastoralreferent
Georg Gebhard
Katholisches Pfarramt
St. Konrad
Hindenburgstr. 57
73207 Plochingen
Fon 0 71 53/8 25 12 17
Fax 0 71 53/8 25 12 18

Guten-Abend-Kirche
sonntags um 19.00 Uhr.
Die Termine werden durch
Werbung bekannt gemacht.
Franziskakirche,
Alte Dorfstraße 47
Plieningen-Birkach.

Kontakt:
Kath. Pfarramt St. Antonius
Hohenheim
Wollgrasweg 11
70599 Stuttgart
Telefon 07 11/4 58 65 72

LITERATUR

Berger, Teresa: Sei gesegnet, meine Schwester. Frauen feiern Liturgie. Geschichtliche Rückfragen, praktische Impulse, theologische Vergewisserungen, Echter, Würzburg 1999.

Domay, Erhard (Hrsg.): Integrative Gottesdienste. Gottesdienste mit behinderten und nicht behinderten Menschen, Alten, Obdachlosen, Gehörlosen und Aussiedlern, Gütersloher Verlagshaus, Gütersloh 2000.

Douglass, Klaus u. a.: Ein Traum von Kirche. Wie ein Gottesdienst für Kirchendistanzierte eine Gemeinde verändert, Projektion J, Asslar 1998.

Douglass, Klaus: Gottes Liebe feiern. Aufbruch zum neuen Gottesdienst, C & P Verlag, Emmersbühl 1998.

Entzücklika: CD Nacht-Wandler, Schwabenverlag, Ostfildern 2001.

Dies.: Nacht-Wandler. Abendgesänge. Liederbuch, Schwabenverlag, Ostfildern 2001.

Grethlein, Christian: Grundfragen der Liturgie. Ein Studienburch zur zeitgemäßen Gottesdienstgestaltung, Gütersloher Verlagshaus, Gütersloh 2001.

Haberer, Tilmann: Die ThomasMesse: ein Gottesdienst für Ungläubige, Zweifler und andere gute Christen, Claudius, München 2000.

Claudia Hofrichter/Albrecht Reiner (Hrsg.): Wir bauen Brücken. Alternative Gottesdienstmodelle (Feiern mit der Bibel Bd. 16), Verlag Katholisches Bibelwerk, Stuttgart 2003.

Keck, Dagmar: Ideenwerkstatt Gottesdienste 7, Herder, Freiburg 2002.

Knoblauch, Jörg/Bräuning, Heiko: Gottesdienst à la carte. Warum wir zielgruppenorientierte Gottesdienste brauchen, Projektion J, Asslar 1999.

Kranemann, Benedikt/Nagel, Eduard/Nübold, Elmar: Heute Gott feiern: Liturgiefähigkeit des Menschen und Menschenfähigkeit der Liturgie, Herder, Freiburg/Basel/Wien 1999.

Kranemann, Benedikt/Richter, Klemens/Tebartz-van Elst, Franz-Peter (Hrsg.): Gott feiern in nachchristlicher Gesellschaft: die missionarische Dimension der Liturgie, Verlag Katholisches Bibelwerk, Stuttgart 2000.

Mette, Jürgen (Hrsg.): Impulsbuch offener Gottesdienst. Material für Gottesdienste mit Kirchendistanzierten, Brockhaus, Wuppertal 1998.

Ottmar, Georg/Hitzelberger, Peter (Hrsg.): Wir träumen eine Kirche. Kreative Gottesdienste für Hellwache, Verlag Junge Gemeinde, Stuttgart 1999.

Poensgen, Herbert (Hrsg.): Rituelle Experimente. Gottesdienst – mitten im Leben?, (Veröffentlichungen des Theologisch-Pastoralen-Instituts Mainz 2), Spenner, Waltrop 2000.

Schalles, Michael: Der Himmel spielt mit. Gottesdienste kreativ gestalten mit Anspielen und Kurztheaterstücken, Brunnen, Giessen 1997.

Schilson, Arno/Hake, Joachim (Hrsg.): Drama »Gottesdienst«: zwischen Inszenierung und Kult, Kohlhammer, Stuttgart/Berlin/Köln 1998.

Schlemmer, Karl: Ausverkauf unserer Gottesdienste? Ökumenische Überlegungen zur Gestalt von Liturgie und zu alternativer Pastoral. Echter, Würzburg 2002.

Schulze, Gerhard, Die Erlebnisgesellschaft. Kultursoziologie der Gegenwart, Campus-Verlag, Frankfurt 1992.

Schützler, Georg/Zimmer, Siegfried: »Wohin gehen Nachteulen«? – Argumente, Geschichten und Phantasien für Gottsucher und solche, die es werden könnten, Gütersloher Verlagshaus, Gütersloh 1998.

Stolt, Peter (Hrsg.): Kulte, Kulturen, Gottesdienste: Öffentliche Inszenierung des Lebens, Vandenhoeck und Ruprecht, Göttingen 1996.

Stutz, Pierre: Gottesdienste ganzheitlich feiern. Modelle für Gruppen und Gemeinden, Rex, Luzern 1995.

Thönnes, Dietmar: Gebetswerkstatt: Selbst formulieren, passend auswählen, Butzon & Bercker, Kevelaer 2000.

Vellguth, Klaus/Heidemanns, Katja (Hrsg.): Gott feiern in der Einen Welt: Liturgische Modelle und Bausteine, Don Bosco, München 2000.

Vorländer, Gerold: Gott feiern mit Leib und Seele, Brockhaus, Wuppertal 2000.

Zimmer, Siegfried/Schützler, Georg: »Nachteulen-Gottesdienste« – Spirituelle Angebote für Kirchenferne, Kreuz Verlag, Stuttgart 2001.

zusammengestellt von Judith Gaab

Textnachweis

(Bei einigen Texten konnten wir keine Quellen bzw. Rechtsinhaber ausfindig machen. Für Hinweise sind Herausgeberinnen und Verlag dankbar.)

S. 31   Erika Grube, Ein Schmetterling, aus:»Das Thema«, 1977.

S. 34   Wenn Freiheit wahr wird, aus: Gottesdienst menschlich, hrsg. v. Fr. K. Barth/G. Grenz/P. Horst, Peter Hammer Verlag, Wuppertal, Gesamtausgabe 1990.

S. 38   Marie-Luise Kaschnitz, Wenn einer sich vornähme ... aus: Steht noch dahin, Insel Verlag, Frankfurt 1982.

S. 43/44   Peter Friebe, Germering. Alle Rechte beim Autor.

S. 112   M. Blum, H. D. Hüsch, Das kleine Buch zum Segen, tvd-Verlag, Düsseldorf 1998.

S. 127   Uwe Seidel, Der lange Atem, aus: H. D. Hüsch/Uwe Seidel, Ich stehe unter Gottes Schutz, tvd-Verlag, Düsseldorf 6 2002, S. 98.

S. 132/133   Wilhelm Willms, weißt du, wo der himmel ist? aus: der geerdete himmel, wiederbelebungsversuche, Verlag Butzon & Bercker, Kevelaer, 7. Aufl. 1986.

S. 177/178   Arnold Stadler, Psalm 91, aus:»Die Menschen lügen. Alle. und andere Psalmen«, Insel Verlag, Frankfurt/Leipzig 1999.

S. 178/179   Klaus Douglass, Die neue Reformation. 96 Thesen zur Zukunft der Kirche, Kreuz Verlag, Stuttgart 2001, S. 296.

S. 201   Ulla Kintrup-Limbrock, Liebeslied an meinen Gott, aus: Ulla Kamps-Blass/Eva Maria Ziebertz (Hrsg.), Wenn Frauen beten, Kösel, München 1989.

S. 208/209   Jeder Stern ist ein Gebet, nach Cae Gaunt, Every Star is a Prayer, Text Cae Gaunt, von der CD Oh Cae, Pila Music GmbH, Dettenhausen.

S. 226/227   Carola Moosbach, Aberglaubensbekenntnis und Kein Vaterunser, aus: Lobet die Eine, Schweige- und Schreigebete, Matthias-Grünewald-Verlag, Mainz 2000, Rechte bei der Autorin.

S. 238–240   Norbert Schnabel, Spezialauftrag vom Chef, aus: In Szene gesetzt. 27 neue Theaterstücke für den Gottesdienst. Abdruck- und Aufführungsrechte: Brunnen Verlag, Gießen 2001.